Makiko Itoh

Das Bento-Box Kochbuch

Meal Prep auf Japanisch

riva

Bibliografische Information der Deutschen Nationalbibliothek:
Die Deutsche Nationalbibliothek verzeichnet diese Publikation in der Deutschen Nationalbibliografie. Detaillierte bibliografische Daten sind im Internet über http://d-nb.de abrufbar.

Für Fragen und Anregungen
info@rivaverlag.de

1. Auflage 2019

Nymphenburger Straße 86
D-80636 München
Tel.: 089 651285-0
Fax: 089 652096

Übersetzung: Dr. Birgit Gläser
Redaktion: Caroline Kazianka
Umschlaggestaltung: Laura Osswald, Pamela Machleidt
Umschlagabbildungen und Abbildungen im Innenteil: Makiko Itoh
Satz: ZeroSoft, Timisoara
Druck: Firmengruppe APPL, aprinta Druck, Wemding
Printed in Germany

ISBN Print 978-3-7423-0646-3
ISBN E-Book (PDF) 978-3-7453-0202-8
ISBN E-Book (EPUB, Mobi) 978-3-7453-0203-5

Dieses Buch ist den über die ganze Welt verteilten Lesern meines ersten Kochbuchs *Bento für jeden Tag* und aller anderen meiner Publikationen gewidmet, die im Lauf der Jahre veröffentlicht wurden, sowie den Besuchern meiner Webseiten JustBento.com und JustHungry.com.

Ohne eure ständige Unterstützung, eure Vorschläge und euren Zuspruch wäre ich nicht da, wo ich bin. Vielen Dank und euch allen eine herzliche Umarmung.

Inhalt

EXPRESS-BENTOS

Einführung

Als ich vor einigen Jahren das erste Kochbuch *Bento für jeden Tag* geschrieben habe, war der Begriff »Bento« außerhalb von Japan noch kaum jemandem bekannt. Während vorbereitete Bentos zum Mitnehmen von japanischen Lebenmittelhändlern und Imbiss-Läden dann immer öfter angeboten wurden und die überaus dekorativen und schönen Charaben (Charakter-Bentos) im Internet superangesagt waren, fristete das bescheidene, aus dem japanischen Alltag nicht wegzudenkende Bento-Box-Mittagessen ein noch wenig beachtetes Dasein.

Heutzutage ist das Bento-Konzept nicht mehr so ungewöhnlich. Bento-Boxen kann man mittlerweile bei vielen Anbietern beziehen, etwa den großen Online-Händlern oder auch im Fachhandel. In vielen Ländern gibt es Hersteller dieser Boxen, so etwa in den USA, in Frankreich und in Großbritannien. Und auf der ganzen Welt ist es heute üblich, ein selbst gemachtes Mittagessen dabeizuhaben, appetitlich verpackt in einer stabilen, handlichen Box.

Mit diesem Buch möchte ich gerade Menschen, die wenig Zeit haben, Ideen liefern, um Bentos noch einfacher und schneller herstellen zu können. Gute Organisation ist einer der Schlüssel dazu, um morgens so wenig Zeit wie möglich mit der Zubereitung Ihres Bento-Lunchs zu verbringen. Daher sollten möglichst viele Zutaten schon vorbereitet und griffbereit sein. Ich ermutige meine Leser immer dazu, sich einen Vorrat von Zutaten anzulegen, die man nur noch in die Box packen muss – einen Bento-Vorrat, wie ich es nenne. Daher habe ich diese leicht vorzubereitenden Zutaten in den Mittelpunkt dieses Buches gestellt. Im Kapitel »Im Voraus zubereitete Bentos« zeige ich Ihnen, wie Sie sich so rasch und einfach wie möglich einen entsprechenden Zutaten-Pool anlegen können – und auch, wie Sie schnell ein attraktives, appetitliches Bento für jeden Tag zusammenstellen. Hierfür nutze ich Rezepte, die sowohl von den traditionellen japanischen Bento-Gerichten, mit denen ich aufgewachsen bin, inspiriert sind als auch von der Küche der verschiedenen Länder, in denen ich als Kind und Erwachsene gelebt habe.

Manchmal geht das Leben aber eigene Wege und lässt einem keine Zeit zur Vorbereitung. Im Kapitel »Express-Bentos« finden Sie schnelle, leckere, sättigende und gesunde Bentos, die Sie in maximal 15 Minuten quasi aus dem Nichts zusammenstellen können.

Ein Bento-Box-Lunch stellt sicher, dass Sie und Ihre Lieben ein köstliches, gesundes, hausgemachtes Mittagessen genießen können, auch wenn Sie nicht zu Hause sind. Ich hoffe, dass das Bento-Box-Kochbuch Ihnen und Ihrer Familie bei der praktischen Umsetzung hilft und den Bento-Lunch zum Teil Ihres Alltags macht.

Meine Bento-Grundregeln

Bentos für jeden Tag sollten lecker, sättigend, gesund und appetitlich sein – und dazu noch praktisch. Also genau das, was man von jeder anderen Mahlzeit auch erwartet. Beim Bento kommt jedoch noch hinzu, dass es leicht zu transportieren sein und auch ein paar Stunden nach dem Anrichten noch lecker schmecken soll. Ich bemühe mich immer, meine Bentos bunt und attraktiv zu gestalten, schließlich sollen unsere Mahlzeiten das Auge ebenso wie unsere Geschmacksknospen erfreuen. Allerdings braucht man es meiner Meinung nach hiermit auch nicht zu übertreiben.

Unter Berücksichtigung dieser Grundsätze kommen hier meine besten Regeln für die Zubereitung leckerer, gesunder Bentos für jeden Tag – und dies mit minimalem Zeitaufwand.

Im Laufe der Zeit sind meine Grundregeln etwas einfacher geworden – ein Tribut an meine Faulheit!

Bereiten Sie so viele Bento-Zutaten wie möglich im Voraus zu

Sie sollten so viele Zutaten wie möglich parat haben, um diese dann kochen (falls nötig), in die Box füllen und mitnehmen zu können. Das ist der Schlüssel zur mühelosen Bento-Herstellung und gleichzeitig die Philosophie, die diesem Buch zugrunde liegt. Selbst wenn Ihnen im Vorfeld die Zeit fehlt, um Dinge vorzukochen und im Vorrat aufzubewahren, ist es am Morgen schon viel einfacher, wenn wenigstens alle Zutaten gleich zur Hand und kochfertig sind. Da ich es hasse, morgens mein Schneidbrett hervorzukramen, versuche ich am Vorabend wenigstens noch das Gemüse für den nächsten Tag zu schneiden. Gut funktioniert es übrigens, wenn Sie die Bento-Vorbereitungen am Vorabend gleich miterledigen, während Sie das Abendessen zubereiten.

Legen Sie Wert auf gesunde Zutaten

Wer seinen Lunch selbst zubereitet und zusammenstellt, weiß genau, was drinsteckt – ein unschlagbarer Vorteil. Und der ist die Arbeit, die Sie in die Vorbereitung stecken, allemal wert.

Stellen Sie Bentos aus Zutaten zusammen, die Sie und Ihre Familie mögen

Meiner Meinung nach ist ein Mittagessen zum Mitnehmen nicht die geeignete Spielwiese, um mit ungewohnten Lebensmitteln zu experimentieren. In diesem Buch gibt es sicherlich einige Rezepte mit für Sie ungewöhnlichen Zutaten – etwa den aus Japan stammenden, die ich ab und zu verwende. Wenn Sie neugierig darauf sind, probieren Sie die Gerichte erst einmal beim Mittag- oder Abendessen zu Hause aus und finden Sie heraus, ob sie Ihrer Familie schmecken.

Würzen Sie jeden einzelnen Baustein in Ihrem Bento gut

Wenn Speisen abkühlen, wird ihr Geschmack milder. Daher sollten Sie die Bento-Zutaten ein wenig mehr würzen als sonst, damit sie nicht zu fad schmecken. Das bedeutet aber nicht, einfach mehr Salz zu verwenden – die hier vorgestellten Rezepte liefern viele Vorschläge, um mehr Geschmack hineinzubringen, ohne den Natriumgehalt zu sehr zu erhöhen.

Benutzen Sie die richtigen Hilfsmittel beim Kochen

Die Utensilien, die Sie täglich benutzen, sollten jederzeit griffbereit sein. Ich verwende für meine Bentos immer dieselben Gerätschaften (siehe »Ausstattung für die Bento-Zubereitung«, Seite 121), die stets bereit liegen, damit ich sofort loslegen kann. Im Idealfall warten sie auf der Arbeitsplatte oder dem Kochfeld auf ihren Einsatz. Wenn das nicht möglich ist, sollten Sie zumindest wissen, wo sie sind, damit Sie nicht lange danach suchen müssen.

Machen Sie Ihr Bento bunt und attraktiv

Sie brauchen keine kostbare Zeit darauf zu verwenden, Ihr Bento aufwendig zu verzieren. Ich glaube, dass appetitlich arrangiertes Essen schon für sich allein eine Augenweide ist und ohne großartige Verzierungen auskommt. Ab und zu füge ich aber eine zu einer Blume geschnittene Möhre hinzu. Doch je länger ich die Praxis der Bento-Zusammenstellung ausübe, desto stärker tendiere ich dazu, auf allen Schnickschnack zu verzichten und das Bento für sich selbst sprechen zu lassen.

Planen Sie im Voraus

Wenn Sie ein Neuling in Sachen Bento sind, ist es sinnvoll, Bentos für die ganze Woche vorauszuplanen. Da ich schon seit vielen Jahren Bentos mache, muss ich heute nur noch rasch die Abfolge festlegen und die entsprechende Einkaufsliste schreiben. Wenn Sie mit der Zeit immer mehr Erfahrung gewinnen, ist es vorteilhaft, sich in der Küche einen Vorrat anzulegen – mit einer Auswahl an Zutaten, aus denen sich schnell »Bentos für alle Fälle« zubereiten lassen, die garantiert jedem schmecken.

Der Bento-Vorrat
Bento-Zutaten herstellen und richtig lagern

Unter Bento-Vorrat verstehe ich sowohl die Bento-Gerichte, die ich im Voraus zubereite, als auch im Laden gekaufte Zutaten, die bei der Zusammenstellung von Bentos hilfreich sind. Das Geheimnis der einfachen, stressfreien Zubereitung von Bentos liegt darin, zumindest ein paar Bestandteile schon fertig zur Hand zu haben. Hier kommen einige Tipps, wie Sie sich Ihren eigenen Bento-Vorrat anlegen können. Dieser Vorrat lässt sich übrigens nicht nur für Bentos nutzen – er kann die Essenszubereitung generell deutlich erleichtern.

Vorrat in der Gefriertruhe

Das Kapitel »Im Voraus zubereitete Bentos« enthält jede Menge Rezepte für Bento-Gerichte, die man in der Gefriertruhe aufbewahren kann. Doch auch wenn Sie nicht genug Zeit haben, um viele Speisen im Voraus zuzubereiten, legen Sie sich einen Vorrat aus den im Folgenden genannten Zutaten an: Dies wird Ihnen nicht nur bei der Bento-Zubereitung helfen, sondern auch bei allen anderen Speisen, die Sie zu Hause kochen.

- **Eingefrorener vorgekochter Reis und anderes Getreide.** Die meisten traditionellen japanischen Bentos verwenden Reis als Grundbaustein. Ganz gleich, ob Sie hierfür weißen oder braunen Reis oder ein anderes Getreide nehmen – wer jeden Tag Bentos herstellt, spart wirklich Zeit, wenn er diese Grundzutat einfach nur auftauen und gleich verwenden kann. Im Kapitel »Reis und anderes Getreide richtig kochen« (Seite 116) finden Sie Hinweise zum Einfrieren von Getreide.

- **Geriebener und gehackter frischer Ingwer bzw. Knoblauch.** Es gibt so viele Gerichte, in denen Knoblauch oder Ingwer benötigt werden, dass ich beim Kochen oft einfach mehr davon hacke oder reibe und den Rest dann einfriere. Manchmal hacke oder reibe ich auch eine größere Menge in der Küchenmaschine. Den zerkleinerten Ingwer oder Knoblauch gebe ich dann in einen verschließbaren Gefrierbeutel und drücke ihn vor dem Einfrieren flach, sodass eine Platte entsteht, von der ich dann so viel abbrechen kann, wie ich gerade brauche. Alternativ verarbeite ich Ingwer oder Knoblauch in der Küchenmaschine mit einem Öl meiner Wahl – insbesondere dann, wenn ich Pfannengerichte damit würzen möchte. Diese Mischung aus Ingwer bzw. Knoblauch und Öl hält sich in einem dicht verschlossenen Gefäß mehrere Wochen im Kühlschrank.

- **Gehackte Zwiebeln (Speisezwiebeln und Frühlingszwiebeln).** Genau wie Knoblauch und Ingwer kommt die Zwiebel in vielen Rezepten zum Einsatz, daher ist es praktisch, davon einen bereits gehackten Vorrat zur Hand zu haben. Pluspunkt: Wenn man Zwiebeln einfriert, brechen ihre Fasern ein wenig auf, sodass sie beim Andünsten schneller weich werden. Verarbeiten Sie Zwiebeln für Ihren Vorrat genau wie Ingwer und Knoblauch (siehe oben).

- **Gehackte frische Kräuter.** Friert man Kräuter wie Petersilie und Schnittlauch ein, bleiben Geschmack und Aroma sehr viel besser erhalten als beim Trocknen. Frieren Sie diese Gewürze genau wie Ingwer und Knoblauch ein (siehe oben), flach gedrückt in einem verschließbaren Gefrierbeutel, sodass Sie die benötigte Menge einfach von der Platte abbrechen können. Falls Sie einen Mehrwegbehälter bevorzugen, kratzen Sie mit einer Gabel die erforderliche Menge an gehackten Kräutern heraus.

- **Dashi-Brühe und andere Brühen.** Eine gute hausgemachte Brühe bzw. *dashi* (das japanische Wort für Brühe) gibt vielen Gerichten erst den richtigen Kick. Wann immer möglich, friere ich etwas davon ein. Entsprechende Rezepte finden Sie im Kapitel »Dashi-Brühe richtig zubereiten« (siehe S. 119).

- **Eingefrorenes Gemüse.** Gemüse können Sie bereits tiefgefroren kaufen oder blanchieren und selbst einfrieren. Kleine Mengen an gefrorenem Gemüse können dann leicht aufgetaut und entweder pur zubereitet oder verschiedenen Gerichten zugegeben werden – und zwar im Handumdrehen, ohne vorheriges Waschen und Putzen.

- **Fleisch und Fisch portionsgerecht abpacken.** Wenn Sie zu beschäftigt sind, um für Ihren Vorrat Gerichte im Voraus zuzubereiten, nehmen Sie sich nur ein paar Minuten Zeit, um den gerade eingekauften Fisch bzw. das Fleisch in Einzelportionen (oder Portionen für ein Gericht) aufzuteilen.

Vorrat in Kühlschrank und Küche

Viele dieser Zutaten haben Sie vermutlich ohnehin vorrätig. Für die Bento-Zubereitung sind sie von besonderem Nutzen..

- Eier, roh und gekocht
- Bacon – super als geschmacksintensive Zutat
- Käse
- Thunfisch, Sardinen und anderer Fisch in Dosen
- Corned Beef in der Dose
- Tofu im Tetrapack, der sich ohne Kühlung hält
- Bohnen in der Dose
- Gemüse in der Dose, etwa ganze Maiskörner und weißer Spargel
- Dosenfrüchte im eigenen Saft
- Gemüsesäfte

Gewürzvorrat

Abgesehen von Salz und Pfeffer kommen hier die Gewürze, die ich immer zur Hand habe, sowohl für Bentos als auch für andere Gerichte.

- Sojasauce, sowohl dunkle als auch helle (das Wort »hell« bezieht sich hier auf die Farbe, nicht auf den Salzgehalt. Helle Sojasauce, in Japan *usukuchi* genannt, ist de facto salzhaltiger als dunkle Sojasauce. Falls Sie möglichst wenig Salz zu sich nehmen möchten, greifen Sie zu Sojasauce mit reduziertem Salzgehalt).
- Miso, verschiedene Spielarten
- Sake
- Mirin
- Weißwein, Sherry und Brandy
- Essig: Reis-, Wein- und Apfelessig, Balsamico, schwarzer Essig
- Sesamöl
- Ketchup
- Mayonnaise
- Japanische Worcestershire-Sauce (etwa die Marke Bulldog) und ähnliche Saucen wie zum Beispiel Tonkatsu
- Englische Worcestershire-Sauce (etwa die Marke Lea & Perrins)
- Austernsauce
- Getrocknete rote Chiliflocken
- Cayennepfeffer
- Sansho-Pfeffer
- Gochujang – eine würzige Miso-Chili-Paste aus Korea
- Doubanjiang – eine sehr würzige Paste auf Bohnenbasis aus China

- Tianmianjiang – eine süße Bohnenpaste aus China
- Zucker, Honig, Ahornsirup, Marmelade
- Currypulver und Garam Masala
- Chinesisches Fünf-Gewürze-Pulver
- Getrocknete Kräuter: Thymian, Rosmarin, Oregano, Lorbeer
- Frische Kräuter: Basilikum, Shiso, Petersilie
- Zitrone, Limette und Yuzu (Saft und Schale)
- Sesamsamen, gemahlener Sesam, Tahini

Richtige Vorratshaltung

Schaffen Sie Platz für Ihre Vorräte

Ganz gleich, wie klein Ihre Küche auch sein mag: Der Platz, um ein paar Dinge zu lagern, findet sich immer. Eine meiner Leserinnen, eine College-Studentin, hat es sogar geschafft, Vorräte in ihrem Zimmer im Studentenheim und in dem winzigen Fach zu lagern, das ihr im Gemeinschaftskühlschrank gehörte. Da der Gefrierschrank der beste Platz für viele Vorräte ist, versuchen Sie, dort ein wenig Platz für Zutaten zu schaffen, die Sie schnell in Ihre Bento-Box packen können. Und wenn Sie im Kühlschrank wenigstens einen Teil eines Faches für Dinge reservieren, die Sie rasch herausnehmen können, hilft dies dabei, kostbare Vorbereitungszeit zu sparen. Für Zutaten, die man bei Zimmertemperatur lagern kann (wie etwa getrocknete Zutaten oder solche in Dosen), kann sogar ein Bücherregal zweckentfremdet werden.

Halten Sie grundlegende Zutaten vorrätig

Wenn Sie an einem Tag ein paar Stunden fürs Kochen erübrigen können und die selbst hergestellten Speisen dann sorgfältig wegpacken und für künftige Mahlzeiten aufheben, gibt Ihnen dies ein wunderbares Gefühl von Effizienz. Gleichzeitig wird dadurch die gesamte Zubereitung der Mahlzeiten – nicht nur der Bentos – um so viel einfacher. Sie müssen nicht an jedem Wochenende auf Vorrat kochen – einmal im Monat reicht völlig aus. In diesem Buch finden Sie einige Grundrezepte, mit deren Hilfe Sie eine große Vielfalt an Bento-Menüs zaubern können – wenn Sie die entsprechenden Gerichte griffbereit in Ihrem Vorrat haben. Hierzu zählen:

- Grundrezept: Pochierter Fleischteig (siehe Seite 17)
- Grundrezept: Tomatensauce (siehe Seite 20)
- Grundrezept: In der Mikrowelle gedämpftes Hähnchen (siehe Seite 24)
- Grundrezept: »Hähnchenschinken« (siehe Seite 25)
- Grundrezept: Roastbeef-Scheiben (siehe Seite 44)
- Grundrezept: Hart gekochte Eier (siehe Seite 49)
- Grundrezept: Eingesalzener Lachs (siehe Seite 54)
- Grundrezept: Reis (siehe Seite 116)
- Grundrezept: Dashi-Brühe (siehe Seite 119)

Planen Sie Reste im Voraus mit ein

Wenn Sie weder die Zeit noch den Platz haben, um größere Mengen vorzukochen (siehe oben), können Sie ganz einfach Ihren Vorrat aufstocken, indem Sie immer ein wenig mehr kochen, als voraussichtlich gegessen wird. Nutzen Sie die Reste am nächsten Tag für Ihr Bento oder frieren Sie sie für später ein. Sie brauchen auch nicht zweimal das Gleiche zu essen; in diesem Buch finden Sie eine Fülle von Ideen, um die Grundrezepte mithilfe verschiedener Saucen und Gewürze zu variieren.

Ergänzen Sie den Vorrat mit gekauften Zutaten

Es gibt eine Menge gebrauchsfertiger Zutaten, die sich super für Bentos eignen. Kaufen Sie Produkte, die nicht oder nur schwach gewürzt sind, sodass Sie selbst die Aromen zufügen können, die Sie gern mögen. Wegen des Geschmacks und der Konsistenz greife ich lieber zu tiefgefrorenem Gemüse als zu Gemüsekonserven, doch habe ich immer Fisch und Fleisch, Tomaten und Früchte in Dosen vorrätig.

Beschriften Sie die Vorräte ordentlich

Wenn Gefrierbeutel und Behälter nicht beschriftet sind, lässt sich ihr Inhalt, gerade wenn er eingefroren ist, kaum noch identifizieren. Ich habe immer eine Rolle beschriftbares Klebeband und einen Filzstift griffbereit in der Küchenschublade, sodass ich schnell ein Stückchen Klebeband abreißen, es beschriften und auf den Behälter oder Beutel kleben kann. Notieren Sie nicht nur den Inhalt, sondern auch das Datum, an dem Sie das Lebensmittel eingefroren haben. Gekochte Speisen halten sich generell etwa einen Monat in der Gefriertruhe. Bei allen Rezepten in diesem Buch finden Sie Hinweise, wie lange sich das betreffende vorgekochte Gericht tiefgefroren hält.

Verstauen Sie Ihre Vorräte akkurat

Am liebsten packe ich Einzelportionen in Bento-Förmchen aus Silikon, die es in vielen Größen, Farben und Formen gibt. Sie lassen sich auch direkt in eine Bento-Box integrieren. Sie können hierfür auch die Silikon-Formen nehmen, in denen Sie Muffins und Cupcakes backen, diese sind allerdings etwas größer als Bento-Förmchen. Silikon-Formen eignen sich gleichermaßen für die Mikrowelle, den Ofen, die Herdplatte (dann allerdings in eine Bratpfanne setzen) und den Geschirrspüler. Sie können auch Förmchen aus Papier oder Alufolie benutzen.

Ebenfalls nützlich sind Vorratsbehälter aus Plastik, Glas oder Emaille, die über einen Deckel mit Schnappverschluss verfügen. Da Silikon-Formen keine Deckel haben, stelle ich die mit leckeren Dingen bestückten Förmchen einfach dicht an dicht in einen Behälter aus Plastik oder Glas, schließe den Deckel und stelle das Gefäß in die Gefriertruhe oder den Kühlschrank.

Und für alle Fälle habe ich auch immer verschließbare Gefrierbeutel in verschiedenen Größen zur Hand.

Tipps für Bento-Förmchen

Einige Bento-Förmchen sind aus Plastik, nicht aus Silikon. Achten Sie darauf, nur solche aus Silikon zu kaufen, falls Sie sie in der Mikrowelle nutzen möchten – Plastik würde hier schmelzen!

Tipps für die Ausrüstung

Im Bereich Baby-Artikel finden Sie in der Regel viele kleine Gefäße und Plastik-Utensilien, die für die Bento-Zubereitung nützlich sind. Ein Geschirrspülmaschinen-Einsatz, der eigentlich für Babyflaschenzubehör wie Sauger und Deckel gedacht ist, eignet sich prima dafür, kleine Silikon-Förmchen und anderes Bento-Zubehör im Geschirrspüler zu reinigen.

Tipps für die Lagerung

Flüssige Zutaten wie Saucen füllt man am besten in einen verschließbaren Gefrierbeutel, schließt diesen und legt ihn flach ausgebreitet hin, bis der Inhalt gefroren ist. Sie können dann die jeweils benötigte Menge ganz leicht abbrechen. Diese Methode funktioniert auch gut bei fein gehackten Kräutern – einfach als Platte einfrieren und so viel abbrechen, wie gebraucht wird. Wenn Sie die flach gedrückten Beutel in der Gefriertruhe aufeinanderstapeln, spart dies viel Platz..

Bento-Sicherheitstipps

Wer eine Bento-Box befüllt, muss sicherstellen, dass die im Vorfeld zubereiteten Zutaten nicht verderben, bevor sie gegessen werden. Wenn Sie die folgenden Regeln beachten, haben Sie garantiert keine Probleme mit einem verdorbenen Magen.

Auf Hygiene achten

Reinigen Sie die Bento-Utensilien gründlich, insbesondere die Ecken und Kanten der Boxen, die man leicht übersieht. Dasselbe gilt für die Deckelränder und die Verschlussbänder. Falls Sie einen Geschirrspüler haben, kaufen Sie möglichst Bento-Boxen und -Accessoires, die hierfür geeignet sind.

Die Lebensmittel so wenig wie möglich mit bloßen Händen berühren

Stellen Sie Ihr Bento zügig zusammen und benutzen Sie hierfür am besten geeignete Hilfsmittel (nicht die Finger), insbesondere, wenn Sie die hübschen Charaben (Charakter-Bentos) zubereiten. Die meisten japanischen Charaben-Künstler verwenden kleine Spieße und Essstäbchen, um ihre Bentos zusammenzustellen. Wenn Sie die Lebensmittel immer wieder anfassen müssen, tragen Sie Einweghandschuhe für die Profiküche.

Die Zutaten vor dem Befüllen der Bento-Box vollständig abkühlen lassen

Alle in diesem Buch verwendeten gekochten Bento-Bestandteile werden kalt gegessen. Nicht ausreichend abgekühlte, noch lauwarme Zutaten bilden einen idealen Nährboden für Bakterienwachstum – achten Sie daher darauf, dass alle Bestandteile vollständig abgekühlt sind, wenn sie in die Box kommen. Wenn es draußen sehr warm ist, verpacken Sie Ihr Bento zusätzlich in eine Kühltasche und legen einen Eisbeutel oder Kühlakku dazu. Falls die Lebensmittelsicherheit für Sie problematisch ist (etwa weil Sie in einer feucht-warmen Klimazone leben), überlegen Sie, ob Sie nicht einen Thermo-Behälter (siehe Seite 123) anschaffen.

Kalte und rohe Bestandteile getrennt von gekochten anrichten

Viele Leute fürchten sich vor verdorbenem Fleisch oder Fisch, doch rohes, ungekochtes Gemüse kann ebenfalls schädliche Bakterien beinhalten. Achten Sie darauf, das Gemüse gut zu waschen, und halten Sie es in der Bento-Box getrennt von gekochten Zutaten.

Das Bento innerhalb von wenigen Stunden nach dem Anrichten oder Aus-dem-Kühlschrank-nehmen verzehren

Nachdem Sie das Bento zusammengestellt bzw. aus dem Kühlschrank genommen haben, sollte es innerhalb der nächsten paar Stunden verzehrt werden. Befüllen Sie die Bento-Box am Morgen, um das Bento erst am Abend zu essen, sollten Sie die Box tagsüber im Kühlschrank oder in einer gut isolierten Tasche mit einem Eisbeutel oder Kühlakku lagern.

Für Bentos ungeeignete Lebensmittel

- Fisch, Fleisch und Eier, wenn sie roh bzw. nicht ausreichend durchgegart sind, sowie frischer, ungekochter Tofu. Sushi aus durchgegarten Zutaten ist in Ordnung, ebenso gebratener Tofu, der sehr viel weniger Feuchtigkeit enthält als frischer und daher weniger rasch verdirbt.
- Reste von Mahlzeiten, die nicht mehr ganz frisch sind – es ist besser, diese wegzuwerfen, als hinterher an Magenproblemen zu leiden.
- Hausgemachte Mayonnaise und andere Salatsaucen, die Eier oder Milchprodukte enthalten (mit Ausnahme von Käse). Gekaufte Produkte sind in der Regel problemlos verwendbar, aber greifen Sie bei sommerlicher Hitze sicherheitshalber zu einem Eisbeutel oder Kühlakku.

IM VORAUS ZUBEREITETE BENTOS

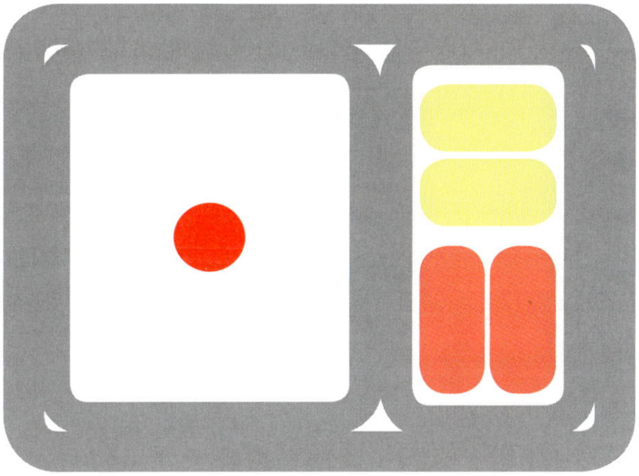

In diesem Kapitel liegt der Schwerpunkt auf Bentos, die aus Einzelkomponenten bestehen, die sich gut im Voraus zubereiten lassen. Diese Bausteine können innerhalb weniger Minuten zu einem appetitlichen, ausgewogenen Bento zusammengestellt werden – sogar an hektischen Tagen. Sie finden hier elf komplette inspirierende Bento-Menüs, außerdem viele Ideen zum Variieren der Rezepte, sodass Sie Ihr ganz eigenes, individuelles Bento kreieren können. Fast alle Bento-Speisen lassen sich in größeren Mengen zubereiten und gut im Gefrier- oder Kühlschrank aufheben.

FLEISCHBÄLLCHEN UND MINI-PATTIES

Fleischbällchen sind leicht herzustellen und lassen sich wunderbar einfrieren. Richtig zubereitet bleiben sie sogar in kaltem Zustand weich und saftig, lassen sich prima wieder erhitzen und eignen sich dadurch ideal für Bentos. Ich beginne dieses Kapitel mit einem meiner Lieblings-Fleischbällchen-Bentos, in dem die Fleischbällchen mit Teriyaki-Sauce, Reis und Gemüse kombiniert werden. Dann folgen weitere Rezepte für Fleischbällchen und Mini-Patties, die sowohl Kinder als auch Erwachsene lieben.

Teriyaki-Hackfleischbällchen-Bento

INHALT

- Teriyaki-Hackfleischbällchen
- Möhrenstreifen in Zitronen-Honig-Marinade
- Würzige grüne Bohnen mit Mandeln
- Weißer Reis
- Kirschtomaten
- Obst

Teriyaki-Hackfleischbällchen

20–24 HACKFLEISCHBÄLLCHEN

Diese Fleischbällchen werden nicht gebraten, sondern im Wasser pochiert und anschließend mit süß-saurer Teriyaki-Sauce überzogen. Damit die Fleischbällchen auch in kaltem Zustand weich und saftig bleiben, sollte die Fleischmasse gut durchgearbeitet werden, bis sie klebrig zu werden beginnt. Durch das Pochieren wird außerdem der Fettgehalt ein wenig reduziert.

Grundrezept: Pochierter Fleischteig
450 g Rinderhackfleisch (15–20 % Fett) oder gemischtes Hack (Rind und Schwein)
1 mittelgroße Zwiebel, fein gehackt
1 Ei
½ TL Salz
½ TL schwarzer Pfeffer oder nach Geschmack
25 g weiche Weißbrotstückchen
2–3 EL Milch oder Wasser, optional

Für die Teriyaki-Sauce
für 4–5 Hackfleischbällchen (1 Bento-Portion)

1 EL Sojasauce
1 EL Mirin
½ EL Ahornsirup
1 TL Speisestärke, in etwas Wasser gelöst

Hackfleisch in eine große Schüssel geben. Das Fleisch mit einem großen Löffel oder den sehr sauberen Händen rasch durchkneten, bis es klebrig zu werden beginnt. Nun Zwiebel, Ei, Salz, Pfeffer und Semmelbrösel zugeben und alles gut durchmischen. Ist der Teig zu trocken, Milch oder Wasser zufügen. Masse auf einer ebenen Fläche glatt streichen und in 20–24 Portionen aufteilen. Aus jeder Portion mit feuchten Händen ein Fleischbällchen formen.

Den Boden einer großen Pfanne 2 ½ cm hoch mit Wasser bedecken und dieses zum Kochen bringen. Dann die Fleischbällchen hineingeben. Den Deckel auflegen und die Bällchen 5 Minuten kochen lassen, dann das Wasser abgießen. Die Bällchen können nun mit einer Sauce aromatisiert werden, alternativ lässt man sie abkühlen und friert sie für später ein. Bei späterem Bedarf einfach die benötigte Menge rechtzeitig auftauen.

Nun die Zutaten für die Teriyaki-Sauce mischen und in die Pfanne mit den Fleischbällchen geben. Die Pfanne so lange hin- und herschwenken, bis die Sauce eingedickt ist und die Bällchen ganz damit überzogen sind. Die Pfanne vom Herd nehmen und die Teriyaki-Hackfleischbällchen komplett abkühlen lassen, dann erst in die Bento-Box packen.

Die abgekühlten Fleischbällchen halten sich im Kühlschrank (mit oder ohne Sauce) 2–3 Tage.

Die Bällchen (entweder roh oder wie oben beschrieben gleich nach dem Pochieren) zum Einfrieren nebeneinander in nur einer Schicht auslegen – ein kleines Backblech aus Metall eignet sich hierfür ideal, da Metall Wärme wie Kälte hervorragend leitet – und in der Gefriertruhe durchfrieren lassen. Anschließend in Gefrierbeutel oder geeignete Behälter packen. Die eingefrorenen Hackbällchen halten sich etwa einen Monat.

ZUTATENTIPP: *Haben Sie kein Mirin zur Hand, ersetzen Sie es durch die gleiche Menge an chinesischem Reiswein (Shaoxing-Wein, erhältlich in chinesischen Lebensmittelläden), süßem Sherry oder durch 1 TL braunen Zucker.*

Möhrenstreifen in Zitronen-Honig-Marinade

4–5 PORTIONEN

Dieser knackige Salat ist eine erfrischende Beilage zu Fleisch, Geflügel oder Fisch.

2 große oder 3 mittelgroße Möhren
ein paar Blättchen glatte Petersilie, grob gehackt
2 EL frisch gepresster Zitronensaft
1 kleines Stück Zitronenschale, gerieben
1 EL Honig
½ EL Olivenöl
1 TL Salz
frisch gemahlener schwarzer Pfeffer, nach Geschmack

Die Möhren schälen und mit einem Sparschäler in sehr dünne Streifen schneiden. (Hinweis: Sie können die Möhren nicht vollständig in Streifen schneiden, da Sie ein Stück brauchen, das Sie dabei in der Hand halten. Verwenden Sie die Reststücke in einer Suppe.) Die Streifen anschließend quer halbieren.

Die restlichen Zutaten in einer Schüssel vermengen und gut mit den Möhrenstreifen mischen. Den Salat in einem Gefäß aus Glas, Keramik oder Plastik (also in einem lebensmittelechten Behälter) vor dem Servieren mindestens eine Stunde im Kühlschrank durchziehen lassen.

Hält sich im Kühlschrank 4–5 Tage.

Würzige grüne Bohnen mit Mandeln

4 KLEINE PORTIONEN

Dieses Rezept funktioniert auch mit tiefgefrorenen grünen Bohnen, schmeckt aber mit frischen sehr viel besser. Nehmen Sie dafür eine Bratpfanne mit hohem Rand, damit Sie die Bohnen darin sowohl kochen als auch sautieren können.

2 EL Mandelblättchen
1 Prise Salz
200 g frische grüne Bohnen, in 2 ½ cm lange Stücke geschnitten
1 EL Olivenöl
¼ TL Shichimi-togarashi-Pfeffermix oder1 Prise Cayennepfeffer
1 EL Sojasauce

Die Mandeln in einer beschichteten Pfanne bei mittlerer bis niedriger Hitze ohne Öl rösten. Wenn sie zu bräunen beginnen, aus der Pfanne nehmen, sonst verbrennen sie. Mit Salz würzen und abkühlen lassen.

In derselben Pfanne so viel Wasser zum Kochen bringen, dass die (später zugegebenen) grünen Bohnen damit bedeckt sind. Die Bohnen im Wasser bissfest kochen, dann durch ein Sieb abgießen.

Herd auf mittlere Hitze zurückschalten und das Olivenöl in die Pfanne geben, dann die abgegossenen grünen Bohnen zugeben. Ein paar Minuten unter Rühren anbraten, danach mit Shichimi togarashi und Sojasauce würzen. Bei Bedarf nachsalzen. Die Pfanne vom Feuer nehmen, die Mandeln zufügen und alles gut vermischen.

Vor dem Einfüllen in die Bento-Box abkühlen lassen. Hält sich im Kühlschrank 2–3 Tage.

Weißer Reis

1 PORTION

Für dieses Bento brauchen Sie 200 g gekochten weißen Reis; das Grundrezept für Reis finden Sie auf Seite 116.

Sie sollten jederzeit heißen vorgekochten Reis zur Hand haben. Stellen Sie hierfür entweder den Timer Ihres Reiskochers am Vorabend so ein, dass der Reis morgens fertig ist, oder tauen Sie vorgekochten tiefgefrorenen Reis in der Mikrowelle 2 Minuten lang auf hoher Stufe auf.

Wie man ein Bento packt

1. Beginnen Sie, indem Sie den Reis einfüllen. Schieben Sie den Reis mit der Rückseite eines Löffels auf eine Seite der Box, um Platz für die weiteren Bento-Zutaten zu machen. (Tauchen Sie den Löffel vorher in Wasser, damit die Reiskörner nicht daran festkleben.) Falls der Reis noch warm ist, lassen Sie ihn komplett abkühlen. Ich fülle den Reis in der Regel ein, bevor ich die restlichen Bento-Speisen vorbereite.

2. Legen Sie die Fleischbällchen und die grünen Bohnen auf Salatblätter und lassen Sie hierbei Platz für den Möhrensalat und das Obst.

3. Füllen Sie den Möhrensalat und das Obst in Bento-Förmchen und platzieren Sie diese in der Bento-Box.

4. Füllen Sie jede Lücke mit Kirschtomaten – sie eignen sich perfekt als »Lückenfüller«, da sie keine Vorbereitung brauchen und Farbe ins Bento bringen.

5. So sieht dasselbe Bento in einer zweistöckigen Box aus.

Ein gut gepacktes Bento

Packen Sie Ihre Bento-Box so dicht wie möglich – eine Ausnahme bilden hier nur Lebensmittel wie etwa Blattsalate und Brot, die nicht gedrückt werden sollten. So verhindern Sie, dass die Bento-Zutaten beim Transport hin und her rutschen, und stellen sicher, dass beim Öffnen des Deckels noch alles appetitlich aussieht. Füllen Sie etwaige Lücken mit leckeren Dingen auf, die das Bento aufwerten und optisch noch attraktiver machen. Dekorative oder sogar essbare »Trennwände« (z. B. Salatblätter oder eine Reihe Zuckerschoten) sorgen ebenso wie Papier, Folie oder Silikon-Förmchen dafür, dass sich Ihr Bento stets in Bestform präsentiert.

In eine Bento-Box passt viel hinein!

Die einstöckige Bento-Box, die ich benutze, hat ein Volumen von 840 ml. Das erscheint vielleicht nicht viel, doch im Bento-Kosmos gilt diese Box als groß. Vergessen Sie nicht, dass eine Bento-Box dreidimensional ist und Sie beim Befüllen die Länge, Breite und Höhe der Box zur Verfügung haben. Deshalb bringen Sie viel mehr darin unter, als Sie vielleicht zunächst denken.

Zum Vergleich habe ich den Inhalt der Bento-Box auf einem normalen Teller mit 25 Zentimeter Durchmesser angerichtet. Sie sehen, dass das eine ganze Menge zu essen ist!

Ein ausgewogenes Bento sollte zumindest eine Eiweißquelle, eine Kohlenhydratquelle (oder bei einer Low-Carb-Diät eine entsprechende Alternative) und zwei oder mehr Gemüsesorten enthalten. Damit das Bento möglichst lecker aussieht, bringen Sie so viele Farben wie möglich hinein. Je bunter es ist, desto ausgewogener präsentiert sich das Bento auch im Hinblick auf die Nährstoffe – wählen Sie zum Beispiel braunes Fleisch, grünes Blattgemüse, rotes Gemüse, weiße Stärke etc.

Fleischbällchen mit Sauce

Wenn Sie die nach dem Grundrezept (siehe Seite 17) zubereiteten Fleischbällchen mit verschiedenen Saucen variieren, bringen Sie auf ganz einfache Weise Abwechslung in Ihr Bento. Sie können sich das Leben auch noch leichter machen, indem Sie dafür Ihre fertig gekaufte Lieblings-Steak-Sauce oder Teriyaki-Sauce verwenden. Die hier angegebene Saucenmenge reicht für 4–5 Hackbällchen, was einem Bento für 1 Person entspricht.

Tomatenketchup-Fleischbällchen

1 PORTION

Kinder lieben dieses Aroma ganz besonders.

1 EL Tomatenketchup
1 ½ TL englische Worcestershire-Sauce
1 Prise Knoblauchpulver, optional
2 EL Wasser
4–5 Hackfleischbällchen (Grundrezept für Pochierten Fleischteig siehe Seite 17)

Alle Zutaten für die Sauce in einer Schüssel miteinander vermischen und zu den 4–5 Fleischbällchen in der Pfanne geben. Pfanne behutsam durchschwenken, um die Bällchen mit der Sauce zu überziehen. Bällchen vor dem Einfüllen in die Bento-Box ganz abkühlen lassen.

Italienische Hackfleischbällchen

1 PORTION

Bereiten Sie zunächst den Fleischteig nach dem Grundrezept (siehe Seite 17) zu und geben Sie zusätzlich 3 EL geriebenen Parmesan und 2 EL gehackte glatte Petersilie zum Teig – dadurch kommt noch mehr Geschmack hinein. Ich ummantle die Hackfleischbällchen mit meiner hausgemachten Tomatensauce (Rezept siehe unten), aber Sie können auch eine gekaufte oder Ihre eigene Tomatensauce verwenden.

4–5 Hackfleischbällchen (Grundrezept für Pochierten Fleischteig siehe Seite 17),
alternativ die oben beschriebene Variante zubereiten
5 EL Tomatensauce (Grundrezept siehe unten)

Fleischbällchen und Tomatensauce in eine Pfanne geben und leicht köcheln lassen, bis die Flüssigkeit zur Hälfte eingekocht ist. Bällchen vor dem Einfüllen in die Bento-Box ganz abkühlen lassen.

Grundrezept: Tomatensauce

ETWA 800 G

Diese einfache, erfrischend schmeckende Tomatensauce kann zu Pasta serviert werden oder als Grundzutat für Fleischbällchen in Sauce dienen. Ich würze sie zunächst nur leicht und gebe eventuell mehr Gewürze dazu, wenn ich die Fleischbällchen oder andere Zutaten hineingelegt habe. Bereiten Sie die Sauce möglichst mit frischen, reifen Tomaten zu, wenn diese gerade Saison haben.

1 mittelgroße Zwiebel
3 Knoblauchzehen
2 EL Olivenöl
800 g stückige Tomaten aus der Dose oder1 kg frische Tomaten (geschält und ohne Kerne)
4–5 frische Basilikumblätter, gehackt, oder ½TL getrocknetes Basilikum
½TL Salz
schwarzer Pfeffer

Zwiebel und Knoblauch hacken. Die Zwiebel im Olivenöl in einer Kasserolle anschwitzen, bis sie glasig ist. Den Knoblauch zufügen und nochmals 1 Minute andünsten.

Tomaten zugeben und alles zum Kochen bringen. Die Hitze reduzieren und die Sauce 15 Minuten leicht köcheln lassen. Den Basilikum erst gegen Ende der Garzeit zufügen. Mit Salz und Pfeffer abschmecken.

Die Sauce hält sich 3 Tage im Kühlschrank und bis zu 1 Monat in der Gefriertruhe.

Süß-saure Hackfleischbällchen

1 PORTION

Traditionell werden süß-saure Hackfleischbällchen frittiert, doch funktioniert diese Sauce auch gut mit pochierten Fleischbällchen (Grundrezept siehe Seite 17). Wenn Sie möchten, können Sie die Fleischbällchen aber auch frittieren, oder Sie braten sie in einer 2 ½ cm hoch mit Öl gefüllten Pfanne, bevor Sie die Bällchen mit der Sauce mischen. Anstelle von Rinderhackfleich eignen sich auch Schweinehack oder gemischtes Hackfleisch.

2 Wasserkastanien aus der Dose, abgetropft
¼ große Gemüsepaprika, rot oder gelb
1 Shiitake-Pilz, frisch oder getrocknet und eingeweicht
2 kleine, junge Maiskolben aus der Dose, abgetropft
½ EL Pflanzenöl
¼ kleine Zwiebel, gehackt
½ TL geriebener Ingwer
4–5 Hackfleischbällchen (Grundrezept für Pochierten Fleischteig siehe Seite 17)
oder die oben beschriebene Variante zubereiten

Für die süß-saure Sauce
1 ½ EL Reisessig
1 EL Sojasauce
1 TL Zucker
1 EL Wasser
½ TL Speisestärke, in etwas Wasser gelöst

Wasserkastanien aufschneiden und Gemüsepaprika in kleine Stücke zerteilen. Den Stiel des Shiitake-Pilzes entsorgen und den Hut in Scheiben schneiden. Die Maiskolben in 2–3 Stücke teilen. Das Öl in einer Pfanne erhitzen und die gehackte Zwiebel darin 4–5 Minuten unter Rühren anbraten, bis sie weich zu werden beginnt, dann Ingwer, Gemüsepaprika und Shiitake zufügen.

Die Saucenzutaten in einer kleinen Schüssel mischen. Mit den Wasserkastanien, dem jungen Mais und den Fleischbällchen in die Pfanne geben. 1–2 Minuten unter häufigem Umrühren garen, bis die Sauce angedickt ist. Die Bällchen vor dem Einfüllen in die Bento-Box ganz abkühlen lassen.

Tsukune

20 HACKFLEISCHBÄLLCHEN

Diese zarten Geflügelbällchen sind ein traditionelles japanisches Gericht, sie schmecken mit Reis köstlich. Hier werden sie in Brühe gegart, doch man kann den gleichen Fleischteig auch in der Pfanne braten. Das Rezept funktioniert mit Putenhackfleisch ebenfalls wunderbar.

Für die Hackfleischbällchen

450 g Hähnchen-Hackfleisch (oder die entsprechende Menge an Hähnchenschlegel-Fleisch in der Küchenmaschine zerkleinern)
½ EL geriebener Ingwer
4 EL geriebene Möhre
1 großes Ei
1 EL Wasser
½ TL Salz
2 EL Speisestärke

Für die Brühe

480 ml Wasser
2 EL Sake
2 EL Mirin
1 EL Zucker
2 EL Sojasauce
2–3 dünne Scheiben Ingwer

Alle Zutaten für die Hackbällchen in einer Schüssel mischen und so lange verkneten, bis die Masse glatt und klebrig ist. In 20 Portionen aufteilen und daraus Bällchen formen.

Die Zutaten für die Brühe in einer Kasserolle zum Kochen bringen. (Sie können auch zusätzlich etwas klein geschnittenes Gemüse in die Brühe geben, etwa Möhren, Lauch, Shiitake-Pilze usw.). Die Hitze so weit reduzieren, dass die Brühe nur noch leicht köchelt, dann die Hackfleischbällchen hineingeben. Etwa 15 Minuten köcheln lassen, bis die Bällchen durch sind. Abgießen und vor dem Einfüllen in die Bento-Box ganz abkühlen lassen.

ABWANDLUNG: *Für die Zubereitung in der Pfanne kleine, flache Frikadellen aus dem Fleischteig formen und diese in etwas Öl braten, bis sie auf beiden Seiten gebräunt sind. Wer mag, träufelt ein wenig Sojasauce auf die Fleischküchlein, solange die Pfanne noch heiß ist. Die Küchlein vor dem Einfüllen in die Bento-Box ganz abkühlen lassen.*

Hackbällchen aus der Pfanne und Mini-Patties

Diese Hackbällchen erhalten durch das Braten in der Pfanne noch zusätzlichen Geschmack. Daher ist die Zubereitungsmethode ideal, wenn die Bällchen ohne Sauce serviert werden sollen.

Bereiten Sie den pochierten Fleischteig nach dem Grundrezept (siehe Seite 17) zu und fügen Sie unbedingt ein wenig Milch oder Wasser zu, damit das Fleisch zart bleibt. Aus dem Teig Bällchen oder kleine, leicht abgeflachte Mini-Patties formen – flache Patties lassen sich besser in der Pfanne braten.

Fleischbällchen oder Patties bei starker Hitze mit wenig Öl so lange in der Pfanne braten, bis sie von allen Seiten gebräunt sind. Die Hitze reduzieren, einen Deckel auflegen und Bällchen bzw. Patties fertig garen.

KOCHTIPP: *Obwohl die Zubereitung auf dem Grill für einen angenehm rauchigen Geschmack sorgt, empfehle ich diese Methode nicht für Hackfleisch, das in ein Bento gepackt wird. Der Grund ist, dass man beim Grillen nicht mit letzter Sicherheit weiß, ob das Hackfleisch auch wirklich durch ist. Bei Patties, die sofort verzehrt werden, spielt das keine Rolle, doch isst man sie erst Stunden später, könnte dies zum Problem werden. Daher ist es bei Bento-Speisen aus Hackfleisch sicherer, sie in der Pfanne anzubraten und dann gar zu dämpfen.*

Mediterran gewürzte Hackfleischbällchen mit Joghurt-Sauce

4–5 FLEISCHBÄLLCHEN BZW. 10 MINI-PATTIES

Es spielt keine Rolle, ob Sie aus dem Teig Fleischbällchen oder Mini-Patties formen. Das Rezept funktioniert auch gut mit Lammhackfleisch anstelle von Rinder- oder Schweinehack.

Für die Hackfleischbällchen

Grundrezept für Pochierten Fleischteig (siehe Seite 17) mit folgenden ergänzenden Zutaten:
2 EL gehackte Korianderblättchen
½ TL gemahlener Kreuzkümmel
½ TL gemahlener Zimt
1 Prise Cayennepfeffer
Pflanzenöl zum Braten

Für die Joghurt-Sauce

4 EL griechischer oder Naturjoghurt
¼ Knoblauchzehe, gerieben (ein paarmal über die feine Reibe fahren)
2 Minzeblättchen, fein gehackt
1 Prise Salz
schwarzer Pfeffer

Aus dem Fleischteig (mit den zusätzlichen Zutaten) etwa 5 Bällchen oder 10 Mini-Patties formen. Bei starker Hitze mit wenig Öl so lange in der Pfanne braten, bis sie von allen Seiten gebräunt sind. Die Hitze reduzieren, einen Deckel auflegen und Bällchen bzw. Patties so lange dämpfen, bis sie gar sind.

Die Zutaten für die Sauce in einer Schüssel gut vermischen und in ein kleines, dicht verschließbares Gefäß füllen. Die Sauce dient beim Essen als Dip für die Fleischbällchen bzw. Mini-Patties. Ist es draußen sehr warm, die Joghurt-Sauce zusammen mit einem Eisbeutel bzw. Kühlakku verpacken.

Ich liebe Hähnchen – daher ist Hähnchenfleisch meine bevorzugte Eiweißquelle für Bentos. In Japan ist das dunklere Fleisch der Schenkel beliebter als das weiße Brustfleisch, da es mehr Fett enthält und sogar dann saftig bleibt, wenn es im Voraus für den Bento-Vorrat gegart wird. Es gibt jedoch auch Zubereitungsmethoden, mit deren Hilfe das Brustfleisch zart bleibt, wie Sie im Folgenden erfahren werden.

Bento mit Hähnchen und Nudelsalat

INHALT

- Gedämpftes Hähnchen mit Gemüsepaprika und Sesamsauce
- Glasnudel-Salat
- Brauner Reis

Gedämpftes Hähnchen mit Gemüsepaprika und Sesamsauce

1 PORTION

¼ rote Gemüsepaprika, klein geschnitten
¼ gelbe Gemüsepaprika, klein geschnitten
2 EL Wasser
1 Prise Salz
85 g in der Mikrowelle gedämpftes Hähnchen (Grundrezept siehe S. 24)

Für die Sesamsauce
1 EL weiße Sesamsamen, geröstet
2 EL Tahini
1 TL dunkles Sesamöl
1 TL Honig
1 TL geriebener Ingwer
2 TL Sojasauce
1–2 TL (nach Geschmack) chinesische Chili-Knoblauch-Paste

Gemüsepaprika nebeneinander in nur einer Lage auf einen mikrowellengeeigneten Teller legen. Mit Wasser beträufeln und mit Salz bestreuen, dann mit Frischhaltefolie abdecken. Paprika 2–3 Minuten auf hoher Stufe in der Mikrowelle bissfest garen.

Die Zutaten für die Sauce in einer Schüssel vermischen, dabei ein paar Sesamsamen beiseitelegen. Hähnchen und einen Teil der Gemüsepaprika mit der Sauce mischen und mit den zur Seite gelegten Sesamsamen bestreuen. Die restlichen Gemüsepaprika-Stückchen zum Garnieren und als »Lückenfüller« verwenden.

ZEITSPARTIPP: *Sparen Sie Zeit (und Energie!), indem Sie die Gemüsepaprika garen, während Sie das in der Mikrowelle gedämpfte Hähnchen zubereiten (Grundrezept siehe Seite 24). Die gekochte Gemüsepaprika hält sich im Kühlschrank 1–2 Tage.*

ZUTATENTIPP: *Gläser mit chinesischer Chili-Knoblauch-Paste bekommen Sie in chinesischen oder asiatischen Lebensmittelläden. Wenn Sie möchten, können Sie stattdessen auch Sriracha-Sauce nehmen.*

Glasnudel-Salat

4 PORTIONEN ALS BEILAGE, 2 PORTIONEN ALS HAUPTSÄCHLICHE KOHLENHYDRATQUELLE

Glasnudeln, in Japan *harusame* genannt (was so viel wie Frühlingsregen bedeutet), werden gewöhnlich aus Kartoffelstärke hergestellt. Wenn sie richtig gekocht werden, funktionieren sie hervorragend in Bentos. Glasnudeln können in der Pfanne gebraten, in die Suppe gegeben oder in Salaten eingesetzt werden.

Für den Salat
60 g rohe Glasnudeln
½ große oder 1 kleine Gurke
7 ½ cm Möhre
3 Radieschen

Für das Dressing
3 EL Reisessig
1 EL Sojasauce
1 ½ EL Zucker
1 TL Sesamöl
½ EL Pflanzenöl

Die Glasnudeln nach den Angaben auf der Packung zubereiten. Falls Sie chinesische Glasnudeln aus Mungbohnenpulver verwenden, müssen Sie die Nudeln eventuell länger einweichen, damit sie auch wirklich weich werden. Japanische Harusame-Nudeln sind aus Kartoffelstärke hergestellt und werden daher schneller weich. Kosten Sie die Nudeln vor dem Abgießen – wenn sie noch zu viel Biss haben, lassen Sie sie weiter weichen, bis sie die richtige Konsistenz aufweisen.

Gurke, Möhre und Radieschen in feine Streifen schneiden.

Die Zutaten für das Dressing in einem Einmachglas mischen und gut durchschütteln. Nudeln und Gemüse hinzugeben, den Deckel schließen und den Salat bis zu seiner Verwendung im Kühlschrank aufheben. Dieser Salat kann bis zu 2 Tage vor dem Verzehr zubereitet und im Kühlschrank gelagert werden.

LOW-CARB-TIPP: *Sie können das Bento auch ohne Reis zubereiten und stattdessen eine doppelte Portion Glasnudel-Salat einpacken – er hat genug Kohlenhydrate, um Sie mit Energie zu versorgen. Möchten Sie ein Bento kreieren, das aus nur einem Gericht besteht, ergänzen Sie den Salat durch in der Mikrowelle gedämpftes Hähnchen (Grundrezept siehe Seite 24).*

GESUNDER ESSTIPP: *Sojasauce ist eine Grundzutat der japanischen Küche, hat aber einen hohen Salzgehalt. Inzwischen gibt es im Handel aber viele leckere salzarme Varianten. Wenn Sie Ihre Zuckeraufnahme begrenzen möchten, greifen Sie ruhig zu einem Zucker-Ersatzstoff.*

Brauner Reis (Vollkornreis, Naturreis)

1 PORTION

Für dieses Bento brauchen Sie 200 g gekochten braunen Reis (Grundrezept Reis siehe Seite 116).

Sie sollten jederzeit heißen, vorgekochten Reis zur Hand haben. Stellen Sie hierfür entweder den Timer Ihres Reiskochers am Vorabend so ein, dass der Reis morgens fertig ist, oder tauen Sie vorgekochten, tiefgefrorenen Reis in der Mikrowelle 2 Minuten lang auf hoher Stufe auf.

DIE BENTO-BOX PACKEN

Nehmen Sie zwei Boxen – eine für den Salat, die andere für die restlichen Bento-Zutaten. Füllen Sie den Reis in der größeren Box auf einer Seite ein. Auf die andere Seite kommt das aufgeschnittene Hähnchen, dann geben Sie mit einem Löffel etwas Sauce über das Fleisch. Sie können auch zusätzliche Sauce in einem speziellen Saucenbehälter mit einpacken. Die verbleibenden Lücken füllen Sie mit den zur Seite gelegten Gemüsepaprika-Stückchen und Petersilie.

Den Salat packen Sie in die zweite Box, die Sie mit einem Eisbeutel oder Kühlakku kühl halten. Ich habe eine Box genutzt, die im Deckel einen integrierten Eisbeutel hat.

Grundrezept: In der Mikrowelle gedämpftes Hähnchen

Sowohl für normale Mahlzeiten als auch für Bentos ist es äußerst praktisch, stets gedämpftes Hähnchenfleisch zur Hand zu haben. Das Dämpfen in der Mikrowelle ist eine schnelle und unkomplizierte Methode, um das Fleisch richtig durchzugaren und dazu noch sicherzustellen, dass es zart und saftig bleibt. Wenn man ein wenig Sake oder Shaoxing-Wein zum Fleisch gibt, verschwindet jeglicher Eigengeschmack – sowohl in der japanischen als auch in der chinesischen Küche verpönt – im Handumdrehen, und auch vom Alkohol ist nachher nichts mehr zu schmecken.

Ich stelle hier zwei grundlegende Methoden vor, um Hähnchenfleisch in der Mikrowelle zu dämpfen. Sie funktionieren für helles oder dunkles Fleisch ohne Knochen gleichermaßen gut.

Methode 1

4–6 PORTIONEN

2 große Hähnchenbrüste (à 280 g)
Salz und schwarzer Pfeffer
1 EL Sake oder chinesischer Reiswein (Shaoxing-Wein)
1 EL Wasser
1 Bund Frühlingszwiebeln, grob zerkleinert
2 dünne Scheiben Ingwer

Haut und Fett von den Hähnchenbrüsten entfernen. Dickere Stellen mit der flachen Seite des Küchenmessers platt drücken, damit eine möglichst gleichmäßige Oberfläche entsteht. Mit einem Messer oder einer Gabel mehrere Löcher ins Fleisch stechen.

Das Fleisch mit Salz, Pfeffer, Sake und Wasser besprenkeln. Die Hähnchenbrüste nebeneinander zusammen mit den Frühlingszwiebeln und dem Ingwer auf eine mikrowellengeeignete Platte legen und locker mit Frischhaltefolie bedecken.

Auf hoher Stufe 3 ½ Minuten in der Mikrowelle garen. Dann die Brüste wenden und nochmals 2 Minuten erhitzen. Mit dem Messer in den dicksten Teil einer Hähnchenbrust einstechen. Wenn klarer Saft austritt, ist das Fleisch durch. Wenn nicht, nochmals 1–2 Minuten garen.

Die Hähnchenbrüste unter der Folie auf Zimmertemperatur abkühlen lassen. Das abgetropfte Fleisch anschließend aufschneiden oder zerpflücken. Im Kühlschrank hält es sich bis zu 2 Tagen, im Gefrierschrank bis zu 1 Monat. Zum Auftauen die benötigte Menge 1 Tag vor der Zubereitung in den Kühlschrank stellen.

ZUTATENTIPP: *Wenn Sie weder Sake noch Shaoxing-Wein haben, nehmen Sie einfach etwas Weißwein. Möchten Sie lieber auf Alkohol verzichten, funktioniert auch ein wenig Zitronen- oder Limettensaft gut.*

Methode 2

Speise- oder Kartoffelstärke trägt dazu bei, das Fleisch saftig und zart zu machen.

2 große Hähnchenbrüste (à 280 g)
1 TL geriebener Ingwer
½ TL geriebener Knoblauch
Salz und schwarzer Pfeffer
1 TL Zucker
1 EL Sake oder Shaoxing-Wein
1 EL Speise- oder Kartoffelstärke

Haut und Fett von den Hähnchenbrüsten entfernen. Dickere Stellen mit der flachen Seite des Küchenmessers platt drücken, damit eine möglichst gleichmäßige Oberfläche entsteht. Mit einem Messer oder einer Gabel mehrere Löcher ins Fleisch stechen.

Das Fleisch mit Ingwer, Knoblauch, Salz, Pfeffer und Zucker einreiben und mit Sake beträufeln. In einen Plastikbeutel legen und 15–20 Minuten marinieren. Nun die Stärke zufügen und den Beutel gut schütteln, damit die Hähnchenbrüste damit überzogen sind. Nochmals 5–10 Minuten durchziehen lassen.

Die Hähnchenbrüste nebeneinander auf eine mikrowellengeeignete Platte legen und locker mit Frischhaltefolie bedecken. Auf hoher Stufe 7 Minuten in der Mikrowelle garen. Das Fleisch anschließend unter der Folie 5–10 Minuten abkühlen lassen.

Nun das Fleisch aufschneiden bzw. zerpflücken. In der Gefriertruhe hält es sich bis zu 1 Monat, im Kühlschrank bis zu 2 Tagen. Zum Auftauen die benötigte Menge 1 Tag vor der Zubereitung in den Kühlschrank stellen.

VORBEREITUNGSTIPP: *Möchten Sie eine größere Menge Hähnchenfleisch nach einer dieser beiden Methoden zubereiten, planen Sie am besten mehrere Arbeitsgänge ein. Garen Sie nur 1–2 Brüste oder Schenkel auf einmal – bei einer zu großen Menge besteht die Gefahr, dass das Fleisch zu lange gekocht wird.*

ZUTATENTIPP: *Wenn Sie weder Sake noch Shaoxing-Wein haben, nehmen Sie einfach etwas Weißwein. Möchten Sie lieber auf Alkohol verzichten, lassen Sie ihn in diesem Rezept einfach weg.*

Grundrezept: »Hähnchenschinken«

2–4 PORTIONEN

»Hähnchenschinken« tauchte ursprünglich Anfang der 2000er-Jahre erstmals in japanischen Online-Foren auf. Mittlerweile hat er sich zu einem sehr beliebten Gericht gemausert. Im Grunde handelt es sich dabei um nichts anderes als um Hähnchenbrustfleisch, das vor dem Pochieren oder Backen mehrere Tage lang mariniert wurde. Im Kühlschrank hält sich Hähnchenschinken 3–4 Tage und damit länger als rohes Hähnchenfleisch, und er lässt sich auch gut einfrieren. Er schmeckt schon allein richtig lecker und macht sich auch super in einem Hähnchensalat oder als Sandwich-Füllung.

2 sehr frische Hähnchenbrüste
1 Knoblauchzehe, halbiert
1 EL Honig
2 TL Salz
schwarzer Pfeffer, nach Geschmack
2 EL Weißwein
1 Lorbeerblatt
1 TL getrockneter Thymian
mehrere Zweige frische Petersilie

Haut und Fett von den Hähnchenbrüsten entfernen. Dickere Stellen mit der flachen Seite des Küchenmessers platt drücken, damit eine möglichst gleichmäßige Oberfläche entsteht. Alternativ die Brüste horizontal einschneiden und wie Schmetterlingsflügel aufklappen.

Das Fleisch mit der Knoblauchzehe, Honig, Salz und Pfeffer gut einreiben und mit Weißwein beträufeln. Die Hähnchenbrüste in einen robusten Plastikbeutel legen, dann so viel Luft wie möglich aus dem Beutel pressen und ihn gut verschließen. Das Fleisch im Kühlschrank im Beutel 2–3 Tage lang durchziehen lassen. (Sie können das Fleisch in diesem Stadium auch bis zu 1 Monat lang einfrieren. Vor der Zubereitung im Kühlschrank auftauen lassen.)

Das marinierte Hähnchen aus dem Kühlschrank nehmen und warten, bis es sich auf Zimmertemperatur erwärmt hat. In eine schwere Pfanne so viel Wasser geben, dass die (später zugefügten) Hähnchenbrüste damit bedeckt sind. Lorbeerblatt, Thymian und Petersilie ins Wasser geben und alles zum Kochen bringen.

Nun die Hähnchenbrüste in die Pfanne legen und das Wasser erneut aufkochen lassen. Dann die Hitze reduzieren und das Fleisch 15 Minuten garen. Einen dicht schließenden Deckel auf die Pfanne setzen und das Gericht so weit abkühlen lassen, dass das Wasser noch warm ist, Sie aber das Fleisch mit bloßen Händen herausnehmen können.

Das Hähnchenfleisch hält sich im Kühlschrank bis zu 1 Woche und im Gefrierschrank 1–2 Monate. Am besten schneidet man es vor dem Einfrieren auf. Das abgeseihte Kochwasser kann ebenfalls eingefroren und immer dann eingesetzt werden, wenn ein Rezept Hühnerbrühe verlangt.

ALTERNATIVE ZUBEREITUNGSMETHODE: *Sie können das Fleisch auch in einem Schongarer mit Temperaturregler pochieren, wenn eine Temperatur von 70 °C gehalten werden kann. Füllen Sie zunächst kochendes Wasser mitsamt den Kräutern ein. Dann pochieren Sie das Hähnchenfleisch darin etwa 1 bis 1 ¼ Stunden. Nach circa 50 Minuten können Sie erstmals überprüfen, ob das Fleisch schon durch ist.*

REZEPTVARIANTEN

Hähnchen

Hähnchen und Bohnensprossen mit Umeboshi-Sauce

1 PORTION

Umeboshi ist eine in Salz eingelegte Pflaumensorte. Pur schmeckt die Frucht salzig und sauer, doch lässt sich daraus eine wunderbare Sauce zubereiten. Dieses Rezept ist sehr kalorienarm.

100 g Bohnensprossen, Wurzeln entfernt
1 kleine Umeboshi
½ TL Sojasauce
1 TL Wasser
60 g in der Mikrowelle gedämpftes Hähnchen (Grundrezept siehe Seite 24) oder»Hähnchenschinken« (Grundrezept siehe diese Seite), zerkleinert
1 frisches Shiso-Blatt oder 1 Zweig frische Petersilie, gehackt

Die Bohnensprossen mit kochendem Wasser übergießen, abtropfen lassen und in kaltes Wasser tauchen. Wiederum gut abtropfen lassen.

Umeboshi entkernen und das Fruchtfleisch hacken, sodass eine Paste entsteht. Diese mit Sojasauce und Wasser verrühren, dann die anderen Zutaten zugeben und alles gut vermischen.

Würziges Hähnchen aus der Pfanne

4 PORTIONEN

Die leckere Haut bleibt schön knusprig und wird nicht weich, wenn Sie das Fett immer wieder aus der Pfanne abschöpfen – das ist der Schlüssel für das Gelingen.

225 g Hähnchenfleisch mit Haut, ohne Knochen (Schlegel oder Brust)
Salz und schwarzer Pfeffer
1 frische rote Chilischote
1 Knoblauchzehe
½ EL Olivenöl

Das Hähnchen von Fett und Sehnen befreien. Dickere Stellen mit der flachen Seite eines Messers ein wenig platt drücken, damit das Fleisch gleichmäßig garen kann. Mit der Spitze eines Messers oder der Gabel mehrfach in die Hautseite einstechen. Das Hähnchenfleisch auf beiden Seiten salzen und pfeffern, anschließend beiseitestellen.

Die Chilischote entkernen und in dünne Ringe schneiden. Den Knoblauch fein hacken.

Das Öl in einer Pfanne auf mittlerer Stufe erhitzen. Das Fleisch mit Küchenpapier abtupfen, um jegliche Feuchtigkeit zu entfernen. Nun das Hähnchen mit der Hautseite nach unten in die Pfanne legen und bei mittlerer bis niedriger Hitze braten, dabei das Fleisch ab und zu nach unten drücken. Von Zeit zu Zeit das überschüssige Fett mit Küchenpapier aus der Pfanne wischen.

Sobald das Fleisch halb durch ist, Chili und Knoblauch zufügen und gut umrühren. (Gibt man diese

Gewürze eher in die Pfanne, verbrennen sie.) Wenn die Haut gebräunt und knusprig ist, das Hähnchen umdrehen und nochmals 4–5 Minuten bei geschlossenem Deckel auf der anderen Seite braten. Zur Garproble das Fleisch in der Mitte mit einem Spieß einstechen – tritt dabei klarer Saft aus, ist es durch.

Nun das Fleisch aus der Pfanne nehmen und eng mit Alufolie umwickeln. Abkühlen lassen und vor dem Servieren aufschneiden.

Dieses Gericht lässt sich zwar einfrieren, doch schmeckt die Haut danach nicht mehr so lecker. Daher empfehle ich, es zum Abendbrot zuzubereiten und eine Portion für das Bento, das es am nächsten Tag geben soll, zur Seite zu legen.

Teriyaki-Hähnchen mit Ahornsirup

3–4 PORTIONEN

Diese Version des beliebten Teriyaki-Hähnchens lässt sich perfekt roh in der Marinade einfrieren und sollte vor der Verwendung bis zu 1 Tag lang aufgetaut werden. Wenn Sie dunkles Fleisch verwenden, wird das Gericht saftiger. Wer will, entfernt die Haut, doch meiner Meinung nach hat das Hähnchen mit Haut mehr Geschmack.

700 g Hähnchenschlegel, mit Haut, ohne Knochen
3 EL Sojasauce
2 EL Ahornsirup
2 EL Sake
1 TL geriebener Ingwer

Das Hähnchen von Fett und nach Belieben auch von der Haut befreien. Die Hautseite mehrfach einstechen und das Fleisch in größere, aber noch mundgerechte Stücke zerteilen.

Alle Zutaten in einen verschließbaren Gefrierbeutel geben, dann so viel Luft wie möglich aus dem Beutel pressen und diesen dicht verschließen. Anschließend in die Gefriertruhe legen und den Beutel, bevor das Fleisch komplett durchgefroren ist, mehrfach wenden. Das Gericht hält sich tiefgefroren bis zu 2 Monaten.

Vor der Verwendung so viele marinierte Fleischstücke abbrechen, wie Sie benötigen, und zwar mehrere Stunden, bevor Sie das Bento zubereiten, oder auch am Vorabend. Das gefrorene Fleisch mit Frischhaltefolie abdecken und zum Auftauen in den Kühlschrank stellen. (Lassen Sie kaltes Wasser über den Ziploc-Beutel fließen, wenn Sie Probleme haben, das Fleisch herauszunehmen.)

Zur Zubereitung das Fleisch mit der Hautseite nach unten zusammen mit der Marinade in eine beschichtete Pfanne geben. Bei starker Hitze garen und das Hähnchenfleisch ab und zu in der Sauce wenden. Das Fleisch ist gar, wenn Sie ein Stück in der Mitte einstechen und der austretende Saft klar ist. Fleisch abkühlen lassen und mit etwas Sauce in die Bento-Box packen.

Dieses Gericht hält sich im Kühlschrank 2–3 Tage, im Gefrierschrank bis zu 1 Monat.

Mariniertes Knoblauch-Hähnchen

6–8 PORTIONEN

Das Hähnchenfleisch wird, gleich nachdem es in die Marinade eingelegt wurde, tiefgefroren. Das Geheimnis besteht darin, die Sojasauce erst später zuzugeben – nämlich dann, wenn das Fleisch wieder aufgetaut wird. Gibt man sie früher hinzu, besteht die Gefahr, dass das Natrium zu viel Feuchtigkeit aus dem Fleisch zieht. Am besten geeignet für die Zubereitung ist eine gusseiserne Grillpfanne, aber Sie können auch einen Elektrogrill benutzen oder das Hähnchen einfach in der Pfanne braten.

900 g Hähnchenschlegel, ohne Knochen
Für die Marinade:
3 Knoblauchzehen
1 großes Stück Ingwer
240 ml Sake oder süßer Weißwein
Sojasauce nach Bedarf

Die Haut von den Schlegeln abziehen und das Fleisch von jeglichem überschüssigem Fett befreien. (Hinweis: Sie können die Haut auch an den Schlegeln lassen, wenn Sie möchten.) Das Fleisch in mundgerechte Stücke schneiden.

Knoblauch und Ingwer schälen, in dünne Scheiben schneiden und mit Sake mischen. Das Fleisch in einen großen, robusten verschließbaren Gefrierbeutel geben und die Marinade zugießen. Den Beutel gut verschließen und möglichst flach drücken, dabei darauf achten, dass die Marinade gleichmäßig verteilt ist. Sofort einfrieren.

Vor der Verwendung so viele marinierte Fleischstücke abbrechen, wie Sie benötigen, und zwar mehrere Stunden, bevor Sie das Gericht zubereiten, oder auch am Vorabend. Das Fleisch in eine Schüssel geben und mit der Sojasauce mischen – für 90 g Fleisch rechnet man 1–1 ½ EL. Die Schüssel gut abdecken, in den Kühlschrank stellen und das Fleisch während des Auftauprozesses ein oder zweimal umdrehen.

MARINADE-VARIATIONEN

Die für das marinierte Knoblauch-Hähnchen (siehe oben) verwendete Methode funktioniert auch mit jeder anderen Marinade, sofern salzhaltige Zutaten erst später zugefügt werden, damit das Natrium nicht zu viel Feuchtigkeit aus dem Fleisch zieht. Legen Sie das Hähnchenfleisch einfach in die Marinade, frieren Sie es ein und geben Sie jegliches Salz erst während des Auftauprozesses zu. Die im Folgenden genannten Mengen sind ausreichend für 900 g Hähnchenfleisch ohne Knochen bzw. Hähnchenflügel oder -drumettes (darunter versteht man den dicksten Teil des Flügels).

Weißwein-Zitronen-Rosmarin-Marinade

Diese Marinade passt wunderbar zu Hähnchenbrust. Ich liebe Sandwiches, die damit zubereitet sind – und gare das Fleisch am liebsten mit der Mikrowellen-Methode (siehe Seite 27).

480 ml trockener Weißwein
1 Bio-Zitrone, in dünnen Scheiben
3 Zweige frischer Rosmarin
3 Knoblauchzehen, zerdrückt
2 TL schwarzer Pfeffer
1 TL Salz (später zufügen)

Würzige Biermarinade

Nehmen Sie hierfür ein Bier, das Ihnen schmeckt – ich bevorzuge Lager.
240 ml Bier
4 EL Olivenöl
½ große Zwiebel, gerieben
2 Knoblauchzehen, gerieben
10 ganze schwarze Pfefferkörner
1 TL ganze Kreuzkümmelsamen
½ TL Cayennepfeffer
1 TL Salz (später zufügen)

Honig-Senf-Apfelessig-Marinade

Hähnchenfleisch mit dieser Marinade macht sich super in einem Sandwich.

120 ml Apfelessig
85 g Honig
3 EL Dijon-Senf
2 Knoblauchzehen, dünn geschnitten
1 TL getrockneter Thymian
Saft von ½ Zitrone
schwarzer Pfeffer
½–1 TL Salz (später zufügen)

Asiatische-Hühnersuppen-Marinade

Ein guter Suppenfonds schenkt Hähnchenfleisch jede Menge Geschmack. Wenn Sie nur gekaufte Brühe mit zugesetztem Salz vorrätig haben, marinieren Sie das Fleisch nur ein paar Stunden vor dem Kochen – frieren Sie es nicht in der Brühe ein. Diese Marinade funktioniert auch gut mit Schweinefleisch.

240 ml natriumarme Hühnersuppe oder Hühnerbrühe
120 ml Shaoxing-Wein oder Sake oder Ananassaft
1 EL brauner Zucker
1 Stück Ingwer, klein geschnitten
2 Knoblauchzehen, klein geschnitten
1 TL chinesisches Fünf-Gewürze-Pulver
schwarzer Pfeffer
Sojasauce (später zufügen), etwa 1 EL für 85 g Hähnchenfleisch
Salz (später zufügen), ⅛ TL für 85 g Hähnchenfleisch

Orangen-Marinade

Diese süß-saure Marinade erinnert mich an den chinesischen Imbiss, bei dem ich während meiner Zeit in New York ständig Essen geholt habe. Braten Sie das Fleisch in der Bratpfanne (Zubereitung siehe diese Seite) und bestreuen Sie es beim Garen mit Sesamsamen, dies sorgt zusätzlich für Geschmack und eine leckere Konsistenz.

240 ml Orangensaft
Schale von 1 großen Orange, in dünne Streifen geschnitten oder gerieben
2 EL Honig
½ TL Zimt
1 EL rote Chiliflocken
Sojasauce (später zufügen), etwa 1 EL für 85 g Hähnchenfleisch
Sesamsamen, zum Bestreuen

GESUNDER ESSTIPP: *Marinade, die für rohe, eiweißhaltige Lebensmittel benutzt wurde, sollte nach einmaligem Gebrauch entsorgt werden, da sie schädliche Bakterien enthalten könnte. Wenn Sie etwas davon als Sauce zubereiten möchten, achten Sie darauf, die Flüssigkeit gründlich durchzuerhitzen.*

Zubereitungsmethoden für mariniertes Hähnchen

In der Bratpfanne: Den Boden einer Bratpfanne mit ein wenig Öl überziehen, die Hitze auf mittlere Stufe einstellen. Das Hähnchen von beiden Seiten braten, bis es gebräunt ist. Dann den Deckel auf die Pfanne setzen, die Hitze reduzieren und das Fleisch so lange garen, bis klarer Saft austritt, wenn man es an der dicksten Stelle einsticht. Das Fleisch vor dem Einfüllen in die Bento-Box abkühlen lassen.

In der Grillpfanne: Eine Grillpfanne auf mittlerer Stufe erhitzen und den Boden mit Olivenöl bestreichen. Die Fleischstücke abtropfen lassen und von beiden Seiten grillen, bis sie gut gebräunt sind, das Fleisch dabei häufig wenden. Dann das Hähnchen mit einem Deckel oder einem Stück Alufolie abdecken, die Hitze reduzieren und das Fleisch komplett durchgaren. Vor dem Einfüllen in die Bento-Box abkühlen lassen.

Im Ofen: Den Ofen auf 190 °C vorheizen. Ein Backblech mit Backpapier oder Alufolie auskleiden und das mundgerecht zerteilte Fleisch darauf in nur einer Lage ausbreiten. Das Fleisch 20–25 Minuten im Ofen garen, dabei einmal wenden. Vor dem Einfüllen in die Bento-Box abkühlen lassen.

In der Mikrowelle: Das mundgerecht zerteilte Hähnchenfleisch zusammen mit ein wenig Marinade auf eine mikrowellengeeignete Platte legen. Locker mit Frischhaltefolie bedecken und in der Mikrowelle auf hoher Stufe 4 Minuten garen. Die Platte herausnehmen und das Fleisch wenden, dann erneut mit Folie bedecken und noch einmal 2–3 Minuten in die Mikrowelle stellen, bis es komplett durchgegart ist. Vor dem Einfüllen in die Bento-Box abkühlen lassen.

A native heart wants to always give life as a human beautifully
FUNASSYI DELI
FUNASSYI DELI

Soboro ist ein traditionelles japanisches Gericht aus gegartem und zerkrümeltem Hackfleisch, Tofu oder Ei. Soboro-Speisen funktionieren gut in Bentos, da sie so vielseitig sind und sich perfekt einfrieren lassen. Ich habe immer gern ein paar verschiedene Soboro-Gerichte in meinem Tiefkühlvorrat.

Dry-Curry-Bento

INHALT

- Dry Curry
- Reis mit grünen Erbsen
- Tomaten-Gurken-Salat mit Minze und Joghurt-Sauce
- Hart gekochtes Ei

Dry Curry

8–10 PORTIONEN

Dry Curry ist eine japanische Speise, die wahrscheinlich vom indischen Keema Curry beeinflusst ist. Es handelt sich dabei im Wesentlichen um ein nach Curry schmeckendes Soboro-Gericht, das sich gut für Bentos eignet und sich perfekt einfrieren lässt. Sie können es auf Reis anrichten, es mit Reis oder Pasta mischen, ein Omelett damit füllen etc.

½ EL Pflanzenöl
1 mittelgroße Zwiebel, fein gehackt
1 Knoblauchzehe, fein gehackt
1 kleines Stück Ingwer, fein gehackt
450 g mageres Rinder- oder Schweinehackfleisch
2 EL Rosinen
3 EL Wasser
2 EL Currypulver
Salz und schwarzer Pfeffer

Das Öl in einer Pfanne auf mittlerer Stufe erwärmen. Die Zwiebel hineingeben und glasig dünsten. Nun Knoblauch und Ingwer zufügen und kurz anschwitzen, dann das Hackfleisch in die Pfanne geben. Das Fleisch so lange braten, bis es sich hellbraun gefärbt hat. Die Rosinen und das Wasser zufügen und alles garen, bis das Wasser fast vollständig verkocht ist.

Alle Zutaten in der Pfanne auf eine Seite schieben und das Currypulver auf die andere (leere) Seite geben. Curry kurz in der Pfanne anbraten, dann alle Zutaten mischen und mit Salz und Pfeffer abschmecken. Das Gericht auf Zimmertemperatur abkühlen lassen, bevor man es in die Bento-Box füllt, in den Kühlschrank stellt oder einfriert.

Im Kühlschrank hält es sich 3–4 Tage, in der Gefriertruhe bis zu 1 Monat.

WÜRZTIPP: *Für Kinder oder Menschen, die scharfes Essen nicht mögen, empfehle ich ein mildes Currypulver. Wollen Sie ein mildes Currypulver würziger machen, fügen Sie nach Belieben Chilipulver hinzu.*

GESUNDER ESSTIPP: *Möchten Sie den Kaloriengehalt senken, wischen Sie das überschüssige Fett mit einem zusammengeknüllten Küchenpapier vorsichtig aus dem leeren Bereich der Pfanne, nachdem Sie die Zutaten auf eine Seite geschoben haben. Geben Sie erst dann das Currypulver dazu.*

Reis mit grünen Erbsen

1 PORTION

1–2 EL tiefgefrorene grüne Erbsen
1 Prise Salz
1/2 EL Butter
200 g weißer oder brauner Reis, heiß und gekocht (Grundrezept Reis siehe Seite 116)

Die Erbsen in eine mikrowellengeeignete Schüssel geben und mit Frischhaltefolie bedecken. 20–30 Sekunden auf hoher Stufe in die Mikrowelle stellen – die Erbsen sollen auftauen, aber nicht heiß werden. Anschließend die Erbsen mit Salz und Butter unter den heißen Reis mischen.

Wenn Sie auf fertig gekochten, tiefgefrorenen Reis zurückgreifen, mischen Sie die Erbsen unter den in der Mikrowelle aufgetauten Reis, solange er noch warm ist.

Tomaten-Gurken-Salat mit Minze und Joghurt-Sauce

1 PORTION

Dieser einfache Salat ist von dem indischen Raita, einem Gericht auf Joghurt-Basis, inspiriert. Er lässt sich wirklich blitzschnell zubereiten und ist eine schöne, erfrischende Beilage zu jedem Curry-Gericht.

2 Kirschtomaten
10 cm Gurke
1 Prise Salz
2 EL griechischer Naturjoghurt
schwarzer Pfeffer
1 kleine Prise getrocknete Minze oder1 frisches Minzeblatt, fein gehackt

Die Kirschtomaten vierteln und die Kerne entfernen.

Das Gurkenstück längs halbieren und die Kerne entfernen. Die Gurke würfeln und mit etwas Salz bestreuen. Die Würfel anschließend in eine doppelte Lage Küchenpapier wickeln und die überschüssige Feuchtigkeit vorsichtig herauspressen.

Joghurt, schwarzen Pfeffer und Minze in einer Schüssel mischen. Die Gurkenstücke zufügen und alles gut durchmengen. Den Salat in ein Bento-Förmchen füllen und mit den Tomaten krönen.

Hart gekochtes Ei

Bereiten Sie 1 hart gekochtes Ei nach dem Grundrezept (siehe Seite 49) zu. Schälen und fein zerkleinern.

Die Bento-Box packen

Nehmen Sie hierfür zwei Boxen oder eine zweigeteilte Box, wie ich es hier gemacht habe. Eine der Boxen bzw. eines der beiden Abteile mit dem Reis füllen und diesen mit dem Dry Curry und dem gehackten hart gekochten Ei krönen. Den Salat in die zweite Box bzw. das zweite Abteil füllen.

REZEPTVARIANTEN

Soboro und Fleischsaucen

Klassisches Fleisch-Soboro

8–10 PORTIONEN

Dieser japanische Bento-Klassiker wird normalerweise mit Hähnchenhackfleisch zubereitet, doch funktioniert auch Puten- oder mageres Rinderhackfleisch sehr gut. Das Gericht schmeckt lecker auf Reis oder als Füllung in einem japanischen Tamagoyaki-Omelett (siehe Seite 50). Dosieren Sie die Menge an Zucker nach Ihrem persönlichen Geschmack. Wenn Sie mit Zucker zurückhaltend sein müssen, greifen Sie auf einen zum Kochen geeigneten Zuckerersatz zurück.

450 g Puten- oder Hähnchenhackfleisch oder mageres Rinderhack
1 TL geriebener Ingwer
2 EL Sake oder trockener Sherry
2 EL Mirin (wer kein Mirin bekommen kann, erhöht die Zuckermenge auf 4 EL und die Sakemenge auf 3 EL)
3 EL Zucker
6 EL dunkle Sojasauce

Eine mittelgroße Kasserolle oder Bratpfanne mit hohem Rand sowie 2 Paar Kochstäbchen (hölzerne Einweg-Essstäbchen eignen sich ebenfalls) bereitlegen, alternativ auch einen Schneebesen.

Das Hackfleisch in einen Durchschlag oder ein Sieb geben. Kaltes Wasser über das Fleisch laufen lassen und es dabei behutsam mit einer Gabel oder mit Kochstäbchen auflockern.

Das Fleisch dann zusammen mit allen anderen Zutaten in die Pfanne geben. Bei mittlerer bis niedriger Hitze garen, dabei das Hack mit dem Schneebesen oder den beiden Kochstäbchen-Paaren, die jeweils eng zusammengehalten werden, so durcharbeiten, dass eine feinkrümelige Konsistenz entsteht. Das Fleisch ist fertig, wenn es dunkelbraun ist und in der Pfanne kaum mehr Feuchtigkeit vorhanden ist. Das Gericht auf Zimmertemperatur abkühlen lassen, bevor es in eine Bento-Box gefüllt oder tiefgefroren wird.

Hält sich im Kühlschrank 3–4 Tage und in der Gefriertruhe bis zu 1 Monat.

SOBORO RICHTIG EINFRIEREN: *Lassen Sie das Soboro auf Zimmertemperatur abkühlen und füllen Sie es in einen großen, robusten, verschließbaren Gefrierbeutel. Beim Verschließen so viel Luft wie möglich herausdrücken. Den Beutelinhalt möglichst flach pressen und dann in die Gefriertruhe legen. Wenn das Hackfleisch als flache Platte eingefroren ist, ist es ganz einfach, die benötigte Menge davon abzubrechen.*

Miso-Soboro

6 BENTO-PORTIONEN, ALTERNATIV
12 FÜLLUNGEN FÜR REISBÄLLCHEN

Bei diesem Gericht, in Japan *niku miso* genannt, handelt es sich um Soboro, das mit einer Sauce auf Miso-Grundlage vermischt ist. Miso-Soboro ist üppiger als das klassische Soboro, daher benötigt man für eine Mahlzeit etwas weniger davon. Dieses Gericht macht sich nicht nur gut als Topping auf einem Reisbett, es eignet sich auch als Füllung für Onigiri-Reisbällchen, da das Hackfleisch gut zusammenhält, wenn es zusammengedrückt wird. Wenn Sie mit Zucker zurückhaltend sein müssen, greifen Sie auf einen zum Kochen geeigneten Zuckerersatz zurück.

450 g Rinder- oder Schweinehackfleisch
2 EL Sake oder trockener Sherry
6 EL Zucker
4 EL Mirin (wer kein Mirin bekommen kann, erhöht die Zuckermenge auf 7 EL und die Sakemenge auf 3 EL)
150 g rote oder Awase-Misopaste (Mischung verschiedener Sorten) oder eine Misopaste Ihrer Wahl
½ EL Pflanzenöl
1 mittelgroße Zwiebel, fein gehackt
2 cm Ingwer, fein gehackt

Eine mittelgroße Kasserolle oder eine Bratpfanne mit hohem Rand verwenden. Da dieses Gericht nicht so feinkrümelig sein muss wie das klassische Soboro, können Sie auch einen normalen Pfannenwender nehmen, um das Fleisch beim Garen zu zerkleinern.

Das Hackfleisch mit Sake beträufeln und behutsam damit vermischen. Zucker, Mirin und Miso in einer Schüssel vermischen und glatt rühren.

Das Öl in der Pfanne auf mittlerer Stufe erhitzen, dann die Zwiebel hineingeben und glasig dünsten. Den Ingwer zufügen und 1 Minute anschwitzen. Nun das Fleisch zugeben und so lange braten, bis sich seine Farbe verändert. Das Hack dabei ständig mit dem Pfannenwender durcharbeiten.

Die Miso-Mischung zugeben und alles auf mittlerer bis niedriger Stufe garen, bis in der Pfanne kaum noch Flüssigkeit vorhanden ist (die Mischung sollte jedoch noch saftig und nicht trocken sein). Das Gericht auf Zimmertemperatur abkühlen lassen, dann in eine Bento-Box füllen und kühl stellen oder einfrieren. In der Gefriertruhe hält es sich bis zu 1 Monat, im Kühlschrank bis zu 1 Woche.

ABWANDLUNG: *Nehmen Sie anstelle der Misopaste 30–120 ml Gochujang (koreanische Miso-Chili-Paste), um das Gericht noch würziger zu machen.*

Auberginen mit Miso-Soboro

1–2 PORTIONEN

Normalerweise wird die Aubergine für dieses Gericht frittiert, doch in diesem Fall wird sie in der Mikrowelle gegart, da dadurch Öl gespart wird.

1 kleine Aubergine
1 Prise Salz
½ TL Sesamöl
½ TL Pflanzenöl
1 EL Miso-Soboro (siehe Seite 30)

Die Aubergine in Scheiben schneiden. Die Scheiben mit 1 Prise Salz in eine mit Wasser gefüllte Schüssel legen und mindestens 5 Minuten einweichen lassen, dann gründlich abtropfen lassen.

Die Auberginenscheiben auf eine mikrowellengeeignete Platte legen und mit Sesam- und Pflanzenöl beträufeln. Das Gemüse mit Frischhaltefolie abdecken und 3 Minuten auf hoher Stufe in der Mikrowelle garen. Die Scheiben wenden und weitere 2 Minuten in der Mikrowelle belassen. Nun sollte das Fruchtfleisch schön weich sein – ist dies nicht der Fall, noch 1 weitere Minute in der Mikrowelle garen.

Die Aubergine mit dem Miso-Soboro mischen. Vor dem Einfüllen in die Bento-Box komplett abkühlen lassen.

Thunfisch-Soboro

1–2 PORTIONEN

Dieses Soboro ist perfekt, wenn sich Ihre Vorräte dem Ende zuneigen, Sie aber noch Dosenthunfisch im Vorratsregal haben. Obwohl man dieses Gericht gut in größerer Menge zubereiten und einfrieren kann, mache ich mir diese Mühe für gewöhnlich nicht, da es sich wirklich blitzschnell und einfach zubereiten lässt. Thunfisch-Soboro passt hervorragend zu gedämpftem bzw. gekochtem Brokkoli oder zu anderem Gemüse und natürlich zu Reis.

200 g Thunfisch in Wasser oder in Öl
1 TL geriebener Ingwer
2 EL Sojasauce
2 EL Mirin (oder 2 EL Sake und zusätzlich 1 TL Zucker)
1 EL Zucker

Den Thunfisch gut abtropfen lassen und in feine Stücke zerteilen. Mit allen anderen Zutaten in eine Pfanne geben und bei niedriger Hitze unter konstantem Rühren so lange garen, bis keine Flüssigkeit mehr in der Pfanne ist, der Fisch aber noch saftig und nicht ausgetrocknet ist.

Hält sich im Kühlschrank 4–5 Tage.

Ei-Soboro

1–2 PORTIONEN

Dieses Rezept stammt aus meinem ersten Kochbuch *Bento für jeden Tag*, da es eine unentbehrliche Bento-Grundzutat liefert. Ei-Soboro, auf Japanisch *iritamago*, kann entweder allein gegessen oder mit anderen Soboro-Gerichten kombiniert werden. Richtet man es auf Reis neben dem klassischen Fleisch-Soboro (siehe Seite 30) und fein gehackten, gekochten grünen Bohnen oder Spinat oder anderem grünen Gemüse an, wird daraus ein klassisches dreifarbiges Sanshoku-Soboro-Bento.

Antihaft-Kochspray oder Wasser
3 Eier
¼ TL Salz
2 TL Zucker

Sie brauchen eine kleine bis mittelgroße Kasserolle, außerdem 2 Paar Kochstäbchen (auch Einweg-Stäbchen aus Holz sind geeignet) oder einen Schneebesen.

Die Kasserolle von innen leicht mit Antihaft-Kochspray besprühen oder mit etwas Wasser befeuchten. Mit Antihaft-Kochspray gelingt das Gericht besser, insbesondere, wenn Sie ein Neuling in der Zubereitung sind.

Eier, Salz und Zucker in einer kleinen Schüssel aufschlagen.

Die Kasserolle auf mittlerer Stufe erhitzen. Die Eiermischung hineingießen und sofort mit den vier zusammengehaltenen Kochstäbchen oder einem Schneebesen kräftig verrühren. Weiterrühren, um kleine, lockere Ei-Stückchen zu erhalten – sie sollten kleiner sein als bei einem Rührei. Wenn das Ei nahezu fertig gegart ist, den Herd ausschalten und das Ei-Soboro mit der Restwärme unter ständigem Rühren fertig garen. Vor dem Einfüllen in die Bento-Box abkühlen lassen.

Ei-Soboro hält sich in einem dicht schließenden Behälter oder in Frischhaltefolie verpackt im Kühlschrank 2–3 Tage. Es lässt sich nicht gut einfrieren, doch kann man kleine Mengen rasch und einfach zubereiten, wenn man erst einmal den Bogen raus hat.

Würzige Dandan-Fleischsauce

5–6 PORTIONEN

Dandan-Sauce ist die würzige Mixtur, die typisch für Dandan-Nudeln ist, ein klassisches Gericht aus der chinesischen Provinz Szetschuan. Dieses Rezept stellt eine vereinfachte, weniger flüssige, schnell zubereitete und Bento-freundliche Variante dar. Sie passt zu Reis oder anderem Getreide ebenso gut wie zu Nudeln. Doubanjiang (auch Dicke-Bohnen-Paste oder würzige Chili-Bohnen-Paste genannt), Tianmianjiang (auch als süße Bohnen-Paste bezeichnet) und Shaoxing-Wein findet man in chinesischen Lebensmittelläden.

1 EL Pflanzenöl
1 mittelgroße Zwiebel, fein gehackt
2 ½ cm Ingwer, fein gehackt
1 Knoblauchzehe, fein gehackt
450 g Rinder-, Puten- oder Schweinehackfleisch
1–2 EL Doubanjiang
4 EL Shaoxing-Wein oder Sake
2 EL Tianmianjiang oder rote Misopaste
3 EL dunkle Sojasauce
5 EL Tahini oder chinesische Sesampaste

Das Öl in einer Pfanne auf mittlerer Stufe erhitzen. Die Zwiebel hineingeben und glasig dünsten. Dann Ingwer und Knoblauch zufügen und kurz andünsten.

Das Fleisch in die Pfanne geben und so lange braten, bis es leicht gebräunt ist. Die Mischung dann auf eine Seite der Pfanne schieben und die Doubanjiang-Paste auf die leere Seite geben. Die Paste sollte leicht zischen – so kann sich das Aroma der Gewürze besser entfalten. Die Paste anschließend mit dem Fleisch vermischen.

Die restlichen Zutaten dazugeben und alles unter Rühren so lange garen, bis die Flüssigkeit eingekocht ist. Das Fleisch sollte am Ende noch saftig sein, aber nicht zu viel Flüssigkeit enthalten.

Das Gericht vor dem Einfüllen in die Bento-Box oder dem Einfrieren auf Zimmertemperatur abkühlen lassen. Tiefgefroren hält es sich bis zu 1 Monat und im Kühlschrank 4–5 Tage.

KOCHTIPP: *Möchten Sie die Sauce zu Hause zu Dandan-Nudeln servieren, darf sie gern flüssiger sein. Für die Verwendung in der Bento-Box empfehle ich jedoch, sie stärker einzukochen, damit das Ganze nicht zu flüssig ist.*

Bento-freundliches würziges Fleisch und Tofu

1–2 PORTIONEN

Diese schnelle Tofu-Speise verwendet die oben beschriebene Dandan-Sauce und erinnert an einen anderen Klassiker der Szetschuan-Küche, an Mabo-Dofu, ein würziges Tofu-Gericht in einer Fleischsauce. Das echte Mabo-Dofu ist für den Transport zu flüssig, es sei denn, Sie benutzen hierfür einen speziellen Suppenbehälter. Doch die hier vorgestellte Variante ist Bento-freundlich. Die Dandan-Sauce unterscheidet sich in Sachen Gewürze von der Mabo-Sauce, funktioniert hier aber ausgesprochen gut. Lassen Sie auf keinen Fall den ersten Schritt des Rezepts aus, denn hierdurch wird die Feuchtigkeit im Tofu reduziert und sichergestellt, dass das Gericht nicht zu wässrig wird.

60 g extrafester Tofu am Stück
4 EL würzige Dandan-Fleischsauce (siehe oben)
1 EL Wasser
2 Frühlingszwiebeln, gehackt

Den Tofu in kleine Würfel schneiden, in eine doppelte Lage Küchenpapier wickeln und in eine mikrowellengeeignete Schüssel legen. Schüssel nicht abdecken und 3 Minuten auf hoher Stufe in die Mikrowelle stellen. Ausgetretenes Wasser abgießen.

Die Dandan-Sauce mit Wasser vermischen und in einer Pfanne auf mittlerer Stufe erwärmen. Den Tofu zufügen und alles behutsam verrühren. Dann die gehackten Frühlingszwiebeln unterrühren, dabei jedoch einige zum Garnieren beiseitelegen. Am besten füllen Sie dieses Gericht in ein Bento-Förmchen oder einen Beilagenbehälter.

Rinderhackfleisch mit Pilzen

8–10 PORTIONEN

1 EL Oliven- oder anderes Pflanzenöl
1 mittelgroße Zwiebel, fein gehackt
1 Knoblauchzehe, fein gehackt
1 kleine Möhre, fein gehackt
1 Selleriestange, fein gehackt
450 g mageres Rinderhackfleisch
60 g Champignons, in Scheiben
½ TL getrockneter Thymian
¼ TL geriebene Muskatnuss
1 EL englische Worcestershire-Sauce
120 ml Weißwein oder Wasser
1 TL Salz oder nach Geschmack
frisch gemahlener schwarzer Pfeffer

Das Öl auf mittlerer Stufe in einer Pfanne erhitzen. Die Zwiebel hineingeben und glasig dünsten. Nun Knoblauch, Möhre und Sellerie zufügen und weich dünsten. Das Fleisch in die Pfanne geben und braun braten.

Pfanneninhalt in eine Schüssel füllen und die Pilze in der Pfanne braten, bis sie gebräunt sind. Nun die Hackfleischmischung zurück in die Pfanne gleiten lassen und Thymian, Muskatnuss, Worcestershire-Sauce und Wein dazugeben. Bei mittlerer Hitze köcheln lassen, bis die Flüssigkeit verkocht ist.

Alles mit Salz und Pfeffer würzen. Vor dem Einfüllen in die Bento-Box oder dem Einfrieren auf Zimmertemperatur abkühlen lassen. Hält sich in der Gefriertruhe bis zu 1 Monat.

Mini-Shepherd's-Pie

1 PORTION

Der oben beschriebene Mix aus Rinderhackfleisch und Pilzen eignet sich auch gut als Grundlage für Shepherd's Pie oder Cottage Pie – Sie müssen das Gericht nur noch mit cremigem Kartoffelpüree krönen. Da eine kleine Shepherd's Pie als Zutat in der Bento-Box kalt verzehrt wird, sollten Sie sie mit etwas Käse bestreuen, um zusätzlich Geschmack und eine neue Note hineinzubringen.

1 kleine Kartoffel
1 EL Milch
½ TL Butter
1 Prise Salz und schwarzer Pfeffer
2–3 EL Rinderhackfleisch mit Pilzen (siehe oben)
ein wenig geriebener oder gehobelter Käse

Die Kartoffel gut abspülen und mit einer Gabel ein paar Mal in die Schale einstechen. Nun die Kartoffel in Frischhaltefolie wickeln und 2 Minuten auf hoher Stufe in der Mikrowelle garen. Die Kartoffel anschließend umdrehen und 1 weitere Minute garen. Sie ist durch, wenn man sie mit einem Spieß oder Messer ganz leicht einstechen kann. Ist die Kartoffel noch hart, weiter in der Mikrowelle garen und die Konsistenz in 30-Sekunden-Intervallen kontrollieren.

Die Kartoffel mithilfe eines Küchenhandtuchs oder einer doppelten Lage Küchenpapier aus der Mikrowelle nehmen – Vorsicht, sie ist heiß! Die Knolle in der Plastikfolie lassen und mit einem Küchentuch bedecken. Die Kartoffel anschließend vorsichtig unter dem Tuch platt drücken, dann so lange mit den Händen kneten, bis sie sich ganz zerdrückt anfühlt. Wenn Sie nun die Frischhaltefolie öffnen, ist die Kartoffel grob zerstampft. Nun die Schale entfernen.

Die zerstampfte Kartoffel mit Milch, Butter, Salz und Pfeffer in eine kleine Schüssel geben. Alles gut mit einer Gabel vermischen und weiter zerdrücken, dann die Schüssel mit Plastikfolie oder einem Deckel verschließen und den Inhalt 1 Minute auf hoher Stufe in die Mikrowelle stellen. Danach das Püree erneut durchmischen.

Das Rinderhackfleisch mit Pilzen in einem Bento-Förmchen aus Silikon anrichten und mit dem Kartoffelpüree krönen. Püree mit einem Küchenspatel glatt streichen. Mit Käse bestreuen und nochmals 1 Minute (hohe Stufe) in die Mikrowelle stellen, bis der Käse geschmolzen ist (alternativ 2–3 Minuten im Tischbackofen erhitzen).

ABWANDLUNG: *Aus dem Rezept Rinderhackfleisch mit Pilzen (siehe Seite 32) können Sie 4 Portionen Shepherd's Pie machen und zum Abendessen servieren. Füllen Sie einen kleinen Teil der Mischung in ein Silikon-Förmchen und reservieren Sie es für das Bento, das Sie am nächsten Tag zubereiten möchten. Stellen Sie das Förmchen zu den anderen Shepherd's-Pie-Portionen in den Ofen (Backzeit: 30 Minuten bei 180 °C) und backen Sie es mindestens 5 Minuten.*

Schnelle Tomaten-Fleischsauce

8–10 PORTIONEN

Die Zutaten für mein Rinderhackfleisch mit Pilzen (siehe Seite 32) eignen sich auch als Grundlage für eine schnelle von Italien inspirierte Tomaten-Fleisch-Sauce. Sie ist zwar nicht wirklich authentisch, dafür aber sehr lecker!

1 EL Oliven- oder anderes Pflanzenöl
1 mittelgroße Zwiebel, fein gehackt
1 Knoblauchzehe, fein gehackt
1 kleine Möhre, fein gehackt
1 Selleriestange, fein gehackt
450 g mageres Rinderhackfleisch
60 g Champignons, in Scheiben
½ TL getrockneter Thymian
¼ TL geriebene Muskatnuss
1 TL getrockneter Oregano
1 Lorbeerblatt
120 ml Rotwein
800 g stückige Tomaten aus der Dose
2 EL Tomatenmark
1 TL Salz oder nach Geschmack
frisch gemahlener schwarzer Pfeffer

Das Öl in der Pfanne auf mittlerer Stufe erhitzen. Die Zwiebel hineingeben und glasig dünsten. Nun Knoblauch, Möhre und Sellerie zufügen und weich dünsten. Das Fleisch in die Pfanne geben und anbräunen.

Pfanneninhalt in eine Schüssel füllen und die Pilze in der Pfanne braun braten. Nun die Hackfleischmischung wieder in die Pfanne gleiten lassen und Thymian, Muskatnuss, Oregano, Lorbeerblatt und Wein dazugeben. Tomaten und Tomatenmark zufügen und alles bei schwacher bis mittlerer Hitze 15–20 Minuten köcheln lassen – wenn Sie genügend Zeit haben, auch länger. Möchten Sie die Sauce in einem Bento einsetzen, die Flüssigkeit einkochen, bis die Sauce ziemlich eingedickt ist.

Sauce mit Salz und Pfeffer würzen. Vor dem Einfüllen in eine Bento-Box oder dem Einfrieren auf Zimmertemperatur abkühlen lassen.

VORBEREITUNGSTIPP: *Wenn Sie Ihre Gefriertruhe mit Bento-Zutaten und Bento-Speisen füllen, bereiten Sie eine doppelte Portion Rinderhackfleisch mit Pilzen zu und verwenden Sie die Hälfte davon für die Schnelle Tomaten-Fleisch-Sauce.*

Dies ist eine Abwandlung von Taco-Reis, einer Spezialität aus Okinawa im südlichen Japan, wo die Küche stark amerikanisch beeinflusst ist. Ein Reisbett wird mit würzigem Taco-Fleischmix bedeckt und mit geraspeltem Salat, gehobeltem Käse, Salsa und Tortilla-Chips serviert.

Taco-Reis-Bento

INHALT

- Taco-Fleischmix
- Blumenkohl-Reis
- Geraspelter Salat
- Gewürfelte Avocado
- Salsa oder frische Tomaten
- Gehobelter Käse
- Eingelegte Jalapeño-Schoten
- Tortilla-Chips

Taco-Fleischmix

4 PORTIONEN ALS HAUPTGERICHT, 8 PORTIONEN ALS BEILAGE

Dieser Mix eignet sich auch gut als Füllung für Taco Shells.

1 EL Pflanzenöl
1 kleine Zwiebel, fein gehackt
2 Knoblauchzehen, fein gehackt
½ rote oder gelbe Gemüsepaprika (oder ¼ von jeder Farbe), klein gewürfelt
450 g mageres Rinderhackfleisch
1 EL gemahlener Kreuzkümmel
1 EL rote Chiliflocken
2 TL geräuchertes Paprikapulver
1 EL englische Worcestershire-Sauce
2 TL Speisestärke, in 120 ml Wasser gelöst
1 TL Salz und schwarzer Pfeffer nach Geschmack

Das Öl in einer großen Pfanne auf mittlerer bis hoher Stufe erhitzen. Die Zwiebel hineingeben und glasig dünsten. Nun Knoblauch, Gemüsepaprika und Hackfleisch zufügen und so lange anbraten, bis das Fleisch gebräunt ist.

Alle Zutaten auf eine Seite der Pfanne schieben. Kreuzkümmel, Chiliflocken und Paprikapulver auf die leere Seite der Pfanne geben und kurz anbraten. Nun Worcestershire-Sauce, Stärke-Wasser-Gemisch, Salz und Pfeffer zufügen und alles gut verrühren. Mischung abschmecken und weitere Chiliflocken zufügen, wenn Sie das Gericht etwas schärfer mögen. Sie können auch nach Belieben mehr Salz zufügen (denken Sie jedoch daran, dass der Käse und die Tortilla-Chips ebenfalls eine salzige Komponente beisteuern).

Den Fleischmix auf Zimmertemperatur abkühlen lassen. Er hält sich im Kühlschrank 2–3 Tage, in der Gefriertruhe bis zu 1 Monat.

Blumenkohl-Reis

4 PORTIONEN

Diese kohlenhydratarme Alternative zu weißem Reis sieht ähnlich aus wie dieser und passt wunderbar zu vielen Gerichten.

1 großer Blumenkohl
Wasser oder Brühe nach Bedarf

Den Blumenkohl so fein zerkleinern, bis er aussieht wie Reiskörnchen. Das machen Sie am besten mit einem Messer (gut geeignet hierfür ist ein halbmondförmiges Wiegemesser) oder in einer Küchenmaschine. Wenn Sie eine Küchenmaschine benutzen, diese auf keinen Fall zu sehr befüllen – den Blumenkohl stattdessen in große Stücke zerteilen und diese nacheinander mithilfe der Pulse-Funktion zerkleinern.

Den Blumenkohl-Reis in eine große Pfanne füllen und so viel Wasser oder Brühe zugießen, dass er gerade eben bedeckt ist. Alles auf hoher Stufe zum Kochen bringen, dann den Deckel auflegen, die Hitze auf niedrige Stufe reduzieren und Blumenkohl 2 Minuten dämpfen. Den Blumenkohl-Reis anschließend gründlich abtropfen lassen. In diesem Stadium nach Belieben Gewürze hinzufügen .

Alternativ lässt sich der zerkleinerte Blumenkohl auch in der Mikrowelle garen. Den Blumenkohl-Reis in eine mikrowellengeeignete Schale füllen, mit 2 EL Wasser beträufeln und mit Frischhaltefolie abdecken. 3 Minuten auf hoher Stufe garen. Vor dem Servieren gut abtropfen lassen.

Die Bento-Box packen

Hierfür sollten der Taco-Fleischmix, der Blumenkohl-Reis und der Salat bzw. das Gemüse fertig zubereitet sein. Sie brauchen 2 größere Behälter (einen für Salat bzw. Gemüse, den anderen für den Rest) und einen kleinen für die Salsa bzw. die frischen Tomaten.

Den Blumenkohl-Reis (oder normalen gekochten Reis) auf dem Boden eines der beiden größeren Behälter verteilen und mit 3–4 EL Taco-Fleischmix bedecken. Darauf etwas gehobelten Käse streuen (ich nehme gern Fontina, doch Sie können nach Belieben jeden anderen Käse verwenden). Den zweiten Behälter füllen Sie mit zerkleinertem Salat – ich bevorzuge Eisbergsalat, aber Römersalat funktioniert auch prima. Obenauf kommen die gehackten Tomaten bzw. die Salsa sowie ½ gewürfelte, mit Zitronensaft beträufelte Avocado. Nach Belieben mit ein paar Scheibchen eingelegter Jalapeños garnieren. Es empfiehlt sich, die Bento-Box mit einem Eisbeutel oder Kühlakku zu verpacken, damit das Gemüse kühl und frisch bleibt – insbesondere im Sommer.

Nehmen Sie zusätzlich einen Beutel (1 Portion) Tortilla-Chips natur mit oder packen Sie sich ein paar Chips ein.

SCHWEINEFLEISCH

Schweinefleisch ist die in Japan beliebteste Fleischsorte. Es eignet sich für eine breite Palette an Rezepten und lässt sich ziemlich schnell zubereiten – damit ist es ideal für Bentos. Im Folgenden lernen Sie ein paar einfach zu erstellende, Bento-freundliche Varianten bekannter japanischer Schweinefleisch-Gerichte wie Tonkatsu kennen, aber auch Rezepte, die mit Lieblingszutaten der westlichen Küche arbeiten, so etwa mit Bacon.

Schweinefleisch-Gemüse-Rollen-Bento

INHALT

- Schweinefleisch-Gemüse-Rollen
- Japanisches Tamagoyaki-Omelett
- Blanchierte Zuckerschoten
- Weißer Reis
- Umeboshi (eingelegte Pflaume)

Schweinefleisch-Gemüse-Rollen

8 LANGE ODER 24 KURZE ROLLEN

Diese farbenfrohen kleinen Rollen vereinen in jedem Bissen Fleisch und Gemüse. Das Geheimnis besteht darin, sehr dünn geschnittenes Fleisch zu verwenden, damit die Rollen schnell gar werden. Jedes Gemüse, das sich in dünne Streifen schneiden lässt oder von Natur aus lang und dünn ist, kann als Füllung dienen: etwa grüne Bohnen, Auberginen, Gemüsepaprika, blanchierter und ausgedrückter Spinat oder anderes Blattgemüse oder Enoki-Pilze.

4–6 dünne Spargelstangen
2 mittelgroße Möhren
Salz
24 dünne Scheiben Schweinelende, etwa 20 cm lang
schwarzer Pfeffer
Speise- oder Kartoffelstärke
2 EL Pflanzenöl
3 EL Sojasauce
1 EL Sake oder Sherry
2 EL Ananassaft

Die Spitzen und Enden der Spargelstangen abschneiden und für eine andere Verwendung beiseitelegen – in diesem Rezept wird nur der Mittelteil der Spargelstangen verwendet. Diesen in 7 ½ cm lange Stücke zerteilen. Dann die Möhren in dünne Streifen schneiden und diese so zurechtschneiden, dass sie genauso lang sind wie die Spargelstücke (1).

Die Möhrenstreifen in eine Pfanne geben und so viel Wasser angießen, dass sie gerade eben bedeckt sind. 1 Prise Salz zufügen und alles zum Kochen bringen. Dann den Spargel hineingeben und nochmals 1 Minute kochen. Gemüse durch ein Sieb abgießen und abkühlen lassen.

2–3 Scheiben Schweinelende auf einem Schneidbrett so anordnen, dass sich die Enden leicht überlappen. Das Fleisch sollte etwas weniger breit als der Spargel und weniger lang als die Möhren sein. Die Lende leicht mit Salz und Pfeffer würzen, dann 1 Spargelabschnitt und 2–3 Möhrenstreifen auf das Ende des Fleischs legen, das Ihnen am nächsten ist (2).

Die Fleischscheiben möglichst eng aufrollen (3).

Ist das Fleisch aufgerollt, mit Salz und Pfeffer nachwürzen. Diese Schritte mit dem restlichen Fleisch und Gemüse wiederholen (4).

Die Rollen in Speisestärke wälzen. Stärke abklopfen, sodass das Fleisch nur dünn damit überzogen ist (5).

Das Öl in einer großen Pfanne auf mittlerer Stufe erhitzen. Die Schweinefleisch-Gemüse-Rollen mit der Nahtstelle nach unten nebeneinander in die Pfanne legen und rundum braun braten. Nun Sojasauce, Sake und Ananassaft zugießen. Die Rollen häufig wenden, damit sie komplett mit der Sauce überzogen sind – so lange, bis die Feuchtigkeit in der Pfanne nahezu vollständig verkocht ist. Die Rollen vor dem Aufschneiden komplett abkühlen lassen. Wenn Sie möchten, können Sie sie auch im Ganzen servieren (6).

Im Kühlschrank halten sich die Rollen bis zu 2 Tagen, tiefgefroren bis zu 1 Monat. Aufgetaut werden sie am besten in der Mikrowelle (mit der Auftaufunktion 2 Minuten für 1–2 Rollen; für jede weitere Rolle zusätzlich 30 Sekunden) oder in einer beschichteten Pfanne mit Deckel, ohne Öl und auf niedriger Stufe.

1

2

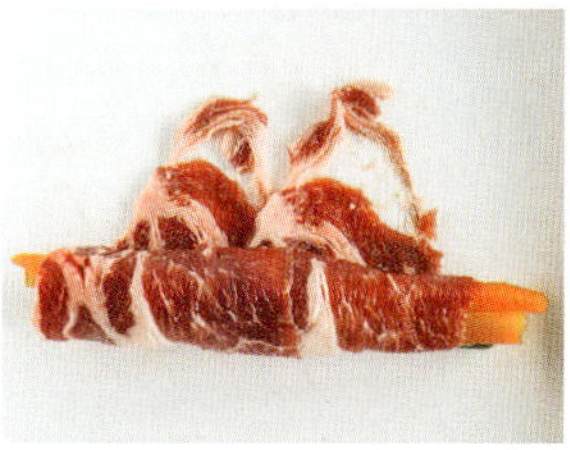
3

4

5

6

Japanisches Tamagoyaki-Omelett

Dieses unter dem Namen Tamagoyaki bekannte japanische aufgerollte Omelett ist eine optisch ansprechende und schmackhafte Zugabe zu jedem Bento. Wenn Sie damit noch keine Erfahrung haben, kann die Herstellung zeitaufwendig sein – daher empfehle ich, das Ganze ein oder zwei Tage im Voraus zuzubereiten und dabei dem Grundrezept auf Seite 50 zu folgen.

Blanchierte Zuckerschoten

1 PORTION

Zuckerschoten bringen einen Hauch von frischem Grün in jedes Bento.

1 Prise Salz
8–10 kleine bis mittelgroße Zuckerschoten, Fäden abgezogen

So viel Wasser in eine Pfanne gießen, dass die (später zugegebenen) Zuckerschoten damit bedeckt sind. Das Wasser zum Kochen bringen und 1 Prise Salz zufügen. Sobald das Wasser kocht, die Zuckerschoten hineingeben und 1 Minute kochen lassen. Dann abgießen und sofort unter kaltem fließenden Wasser abkühlen, damit die grüne Farbe erhalten bleibt. Vor dem Einfüllen in die Bento-Box gut abtropfen lassen.

Weißer Reis

1 PORTION

Für dieses Bento brauchen Sie 200 g gekochten weißen Reis; das Grundrezept für Reis finden Sie auf Seite 116.

Sie sollten jederzeit heißen vorgekochten Reis zur Hand haben. Stellen Sie hierfür entweder den Timer Ihres Reiskochers am Vorabend so ein, dass der Reis morgens fertig ist, oder tauen Sie vorgekochten tiefgefrorenen Reis in der Mikrowelle 2 Minuten lang auf hoher Stufe auf.

Die Bento-Box packen

Den Reis auf eine Seite der Bento-Box einfüllen. Die Schweinefleisch-Gemüse-Rollen so zurechtschneiden, dass sie die richtige Höhe für die Box haben, und auf die andere Seite packen. Das Tamagoyaki-Omelett aufschneiden und zwischen die Rollen und den Reis schieben. Die Lücken mit den Zuckerschoten füllen und den Reis mit einer eingelegten Umeboshi garnieren.

ZUTATENTIPP: *Umeboshi ist eine salzige, sauer eingelegte Pflaume und für die meisten Menschen gewöhnungsbedürftig. Sie verfügt über antimikrobielle Eigenschaften und wird daher häufig in Bentos verwendet, um den Reis länger frisch zu halten. Am besten kosten Sie Umeboshi in kleinen Bissen mit Reis, vor allem, wenn Sie den Geschmack noch nicht kennen.*

Bento-Fleisch möglichst dünn schneiden

In Japan und anderen Ländern Ostasiens gehört sehr dünn geschnittenes Schweinefleisch, das etwa die Stärke des amerikanischen Bacon hat, zu den beliebtesten Fleischsorten. Es ist nicht teuer und dazu schnell gar, daher wird es ziemlich häufig in japanischen Bento-Gerichten eingesetzt. So dünn geschnittenes Schweinefleisch findet man in Nordamerika oder Europa kaum, doch kann man es relativ leicht erhalten.

Bitten Sie einfach Ihren Metzger, das Fleisch sehr dünn zu schneiden. Dieses Fleisch eignet sich nicht nur für Bentos optimal, sondern auch für Pfannengerichte und andere schnell zubereitete Gerichte.

Es ist auch gar nicht schwer, selbst dünne Scheiben von einem größeren Stück rohen Schweinefleisch abzuschneiden. Sie müssen das Fleisch zuvor nur etwa 1 Stunde in die Gefriertruhe legen – danach ist es so hart, dass es sich leicht schneiden lässt. Alternativ können Sie vorgeschnittenes Fleisch mit einem Fleischklopfer oder der Seite eines schweren Küchenmessers so lange bearbeiten, bis es dünn genug für Ihre Zwecke ist.

Ich nehme statt dünn geschnittenem Schweinefleisch auch gelegentlich Bacon und lasse dabei jegliches im Rezept verlangte Salz weg, da der Bacon von Haus aus viel Salz mitbringt. Das Gericht fällt dabei ein bisschen anders aus als mit Schweinefleisch, schmeckt aber immer noch sehr lecker.

REZEPTVARIANTEN

Schweinefleisch

Süß-saures Sesam-Schweinefleisch

4–6 PORTIONEN

Dieses Rezept kommt mit weniger Sauce aus als das bekannte Schweinefleisch süß-sauer und eignet sich daher gut für Bentos. Anstelle von Schweinefleisch können Sie auch Hähnchenfleisch oder Pute (beides ohne Knochen) verwenden.

450 g Schweinerschulter oder -lende ohne Knochen, in Scheiben geschnitten
1 cm Ingwer, gerieben
3 EL Sake
Salz und schwarzer Pfeffer
Pflanzenöl zum Braten
Speise- oder Kartoffelstärke
3 EL Sojasauce

2 EL Honig
3 EL Sesamsamen
gehackte Frühlingszwiebel, optional

Das Schweinefleisch in einen sehr robusten Plastikbeutel füllen. Das Fleisch mit der Seite eines Küchenmessers so lange platt drücken, bis es nur noch etwa 3 mm dick ist. Dann aus dem Beutel nehmen und in mundgerechte Stücke schneiden.

Schweinefleisch, Ingwer,1 EL Sake und etwas Salz und schwarzen Pfeffer in einer Schüssel vermischen.

Eine Pfanne etwa 1 cm hoch mit Öl füllen und auf mittlerer Stufe erhitzen. Die Fleischstücke mit Küchenpapier trocken tupfen und in Speisestärke wälzen, dann überschüssige Stärke abschütteln. Das Fleisch nebeneinander in nur einer Lage in der Pfanne anordnen, bei Bedarf in mehreren Arbeitsgängen braten. So lange braten, bis die Unterseite gebräunt und knusprig ist, dann wenden und von der anderen Seite braten. Das Schweinefleisch anschließend gut auf Küchenpapier abtropfen lassen.

Das Öl aus der Pfanne abgießen und das Pfanneninnere mit einem Küchenpapier auswischen. Die Sojasauce, die restlichen 2 EL Sake und den Honig in die Pfanne geben. Die Mixtur zum Kochen bringen, dann die Sesamsamen zufügen. Das Schweinefleisch zugeben und rasch mit der Sauce mischen, sodass es gleichmäßig überzogen ist. Nun nach Belieben gehackte Frühlingszwiebel zugeben. Das Gericht vor dem Einfüllen in die Bento-Box abkühlen lassen.

Süß-saures Sesam-Schweinefleisch hält sich im Kühlschrank 2–3 Tage. Es ist so schnell zubereitet, dass ich es in der Regel nicht einfriere – möchte man dies jedoch tun, hält es sich in der Gefriertruhe bis zu 1 Monat. Zum Auftauen 3–4 Minuten in die Mikrowelle stellen oder auf niedriger Stufe in einer beschichteten Pfanne mit Deckel erwärmen.

Gebackenes Mini-Tonkatsu

12 STÜCKE, 4–6 PORTIONEN

Tonkatsu, ein paniertes und frittiertes Schweineschnitzel, zählt zu den bekanntesten japanischen Gerichten. Dieses Rezept stellt eine Variante dar, bei der mundgerechte Häppchen eher gebacken als frittiert werden. Die Semmelbrösel für die Panade werden zunächst in ein wenig Öl angebraten, um eine schöne, goldene Färbung zu erzielen.

450 g Schweinelende ohne Knochen
Salz und schwarzer Pfeffer
1 EL Pflanzenöl
60 g Semmelbrösel
2 EL Speise- oder Kartoffelstärke
1 großes Ei, verquirlt

Den Ofen auf 200 °C vorheizen. Ein Backblech mit Alufolie oder Backpapier auskleiden.

Die Schweinelende in 3 Scheiben schneiden. Jede Scheibe mit einem schweren Küchenmesser platt drücken, sodass sie nur noch etwa 5 mm dick ist. Nun die Scheiben vierteln, die Stücke mit Salz und Pfeffer würzen und beiseitestellen.

Das Öl in einer Pfanne auf mittlerer Stufe erhitzen. Die Semmelbrösel zugeben und unter Rühren anbraten, bis sie sich goldbraun färben. Die Brösel dann aus der Pfanne nehmen und auf Küchenpapier abkühlen lassen.

Die Fleischstücke in Speisestärke wenden, überschüssige Stärke etwas abschütteln, dann Fleisch in das verquirlte Ei tauchen und in den Bröseln wälzen. Das Fleisch anschließend auf das vorbereitete Backblech legen und 10 Minuten im Ofen backen, dabei nach der halben Garzeit einmal wenden.

Tonkatsu hält sich im Kühlschrank 2–3 Tage, in der Gefriertruhe bis zu 1 Monat. Wenn Sie das Fleisch einfrieren möchten, backen Sie es nur 5–6 Minuten, damit es beim Auftauen nicht austrocknet. Das Fleisch zum Auftauen in die Mikrowelle stellen, auf niedriger Stufe in einer beschichteten Pfanne ohne Öl erwärmen oder hierfür einen Tischbackofen verwenden.

ZUBEREITUNGSTIPP: *Wenn Sie sich nicht die Hände schmutzig machen wollen, füllen Sie die Speisestärke, das verquirlte Ei und die Semmelbrösel jeweils in einen Plastikbeutel. Geben Sie die Fleischstücke zunächst in den Beutel mit der Speisestärke, anschließend in den Ei-Beutel und schließlich in den Brotkrumen-Beutel.*

Miso-Schweinefleisch mit Auberginen und Chilischoten aus der Pfanne

5–6 PORTIONEN

Dieses Pfannengericht schmeckt warm oder kalt gleichermaßen lecker, deshalb bereite ich es gewöhnlich zum Abendessen zu und stelle ein wenig davon für das am nächsten Tag geplante Bento beiseite. Die unten angegebene Menge reicht für 2 Portionen zum Abendessen und 3–4 Bento-Portionen aus.

2 große oder 6 kleine Auberginen,
etwa 900 g Salz
450 g Schweinefilet aus der Schulter, ohne Knochen (etwa 4–6 Filets, 5 mm dick)
schwarzer Pfeffer
1 EL Sake
1 EL Speisestärke
3 TL Sesamöl
2 EL rote Misopaste
1 EL Zucker
3 EL Wasser
Pflanzenöl zum Braten
3 mittelgroße Zwiebeln, in Spalten geschnitten
1 cm Ingwer, fein gehackt
2 frische rote Chilischoten, fein gehackt
gehackte Frühlingszwiebel zum Garnieren, optional

Die Auberginen in 5 cm lange und 1 cm breite Streifen schneiden. Diese in eine Schüssel geben, mit Wasser bedecken, 1 Prise Salz zufügen und Gemüse mindestens 10 Minuten einweichen lassen.

Das Fleisch mit der Seite eines schweren Küchenmessers platt drücken, bis es nur noch etwa 5 mm dick ist, dann in mundgerechte Stücke schneiden. Mit Salz und Pfeffer bestreuen, anschließend mit Sake beträufeln und in Speisestärke wenden.

Die Auberginenstreifen gut abtropfen lassen, mit Küchenpapier trocken tupfen und auf eine mikrowellengeeignete Platte legen. Mit 2 TL Sesamöl beträufeln. Mit Frischhaltefolie bedecken und auf hoher Stufe 5 Minuten in der Mikrowelle garen. (So brauchen Sie weniger Öl, wenn Sie die Auberginen später in der Pfanne braten.)

Für die Sauce die Misopaste, den Zucker, 1 TL Sesamöl und das Wasser in einer kleinen Schüssel vermischen.

Ein wenig Pflanzenöl in einer Pfanne auf mittlerer Stufe erhitzen. Die Zwiebelspalten darin unter Rühren anbraten, bis sie an den Rändern glasig zu werden beginnen. Nun Ingwer und Chilischoten zufügen. Die Auberginenstreifen in die Pfanne geben und unter Rühren so lange garen, bis sie ganz weich sind. Den Inhalt der Pfanne auf einem Teller beiseitestellen.

In der Pfanne ein wenig mehr Pflanzenöl auf mittlerer Stufe erhitzen. Das Schweinefleisch nebeneinander in nur einer Lage hineingeben und braten, bis es durch ist. Die Auberginen-Mischung zurück in die Pfanne geben.

Die Miso-Sauce zugießen und alles gut verrühren. Das Gericht mit gehackter Frühlingszwiebel garnieren. (Eine Version dieses Rezepts wurde in meiner japanischen Küchen-Kolumne in *The Japan Times* vorgestellt – dabei habe ich zum Schluss ein wenig aufgeschnittene Tomate zugefügt.)

Das Gericht hält sich 2–3 Tage im Kühlschrank und lässt sich, in Einzelportionen eingefroren, bis zu 1 Monat in der Gefriertruhe aufbewahren.

Ingwer-Schweinefleisch mit Shishito-Schoten

4–6 PORTIONEN

Ingwer und Schweinefleisch harmonieren perfekt miteinander. In dieser Variante sorgen süße Paprika und scharfe Pfefferschoten für Geschmack und Farbe. Schweinebauch eignet sich gut für dieses Rezept, ebenso Schweineschulter, wenn Sie weniger fettreiches Fleisch bevorzugen. Shishito ist eine nur wenig scharfe Pfefferschote, die normalerweise verzehrt wird, wenn sie noch grün ist. Sie können aber stattdessen auch Jalapeño-Schoten verwenden.

450 g Schweinebauch oder -schulter, dünn geschnitten
2 ½ cm Ingwer, gerieben
4 EL Sake
4 EL Mirin
4 EL Sojasauce
2 Shishito- oder Jalapeño-Schoten
1 rote Gemüsepaprika (oder ½ rote und ½ gelbe Gemüsepaprika)
Pflanzenöl zum Braten (für Schweinebauch weniger als für Schweineschulter)
2 EL Speise- oder Kartoffelstärke
Salz und schwarzer Pfeffer

Das dünn geschnittene Schweinefleisch in mundgerechte Stücke zerteilen.

Nun Ingwer, Sake, Mirin und Sojasauce in einer großen Schüssel vermischen. Das Schweinefleisch zufügen unterrühren und 10 Minuten in der Marinade ziehen lassen.

Die Shishito-Schoten entkernen und in dünne Streifen schneiden. Gemüsepaprika ebenfalls entkernen und fein schneiden.

Ein wenig Pflanzenöl in einer großen Pfanne auf mittlerer Stufe erhitzen. Das Fleisch abtropfen lassen und in Speisestärke wenden, dann überschüssige Stärke abschütteln. Die Fleischstücke unter häufigem Wenden in der Pfanne anbraten, bis sie ihre Farbe verändern und sich hellbraun färben.

Das Fleisch aus der Pfanne nehmen und die Shishito-Schoten sowie die Gemüsepaprika hineingeben. Unter Rühren 4–5 Minuten garen, bis das Gemüse weich ist, dann das Fleisch in die Pfanne zurückgeben. Nochmals 1–2 Minuten unter Rühren braten. Abschmecken und bei Bedarf mit Salz und Pfeffer würzen.

Das Gericht hält sich im Kühlschrank 2–3 Tage, im Gefrierschrank bis zu 1 Monat, obwohl die Paprika dann ein wenig matschig wird.

Sie können das Schweinefleisch auch nur marinieren und die Paprika oder anderes in der Pfanne gebratenes Gemüse später hinzufügen.

Würzig-süßer, mit Bacon umwickelter Brokkoli

12 STÜCK: 4–6 PORTIONEN

Bacon ist ja auch Schweinefleisch, oder? Ich finde Bacon in Bentos äußerst praktisch, da er schon von Haus aus viel Geschmack hat. Diese würzig-süßen Wraps bringen vermutlich sogar Gemüsemuffel dazu, Brokkoli mit Genuss zu vertilgen. Sie passen auch super als Snack zu einem Bier.

12 große Brokkoli-Röschen
12 Scheiben Bacon
2 TL hellbrauner oder Rohzucker
½ TL scharfes Paprikapulver
1 Prise gemahlener Koriander

Die Brokkoli-Röschen auf eine mikrowellengeeignete Platte legen und mit ein wenig Wasser beträufeln. Locker mit Frischhaltefolie bedecken und 3–4 Minuten auf hoher Stufe in der Mikrowelle garen, bis der Brokkoli gar, aber noch knackig ist. Folie vorsichtig entfernen und den Brokkoli auf Küchenpapier abtropfen lassen.

Die Bacon-Scheiben auf einem flachen Arbeitsbrett auslegen und mit Zucker, Paprikapulver und Koriander bestreuen. Jedes Brokkoli-Röschen mit einem Bacon-Streifen umwickeln und diesen mit einem Zahnstocher fixieren.

Eine beschichtete Pfanne ohne Öl auf mittlerer Stufe erhitzen (der Bacon bringt genug Fett mit). Den mit Bacon umwickelten Brokkoli darin unter häufigem Wenden von allen Seiten braun braten. Während des Bratens die Pfanne vorsichtig mit Küchenpapier auswischen, um überschüssiges Fett und überschüssige Feuchtigkeit zu entfernen – dadurch sinkt der Fettgehalt und der Bacon wird noch knuspriger.

Die Wraps alternativ 15–20 Minuten im vorgeheizten Ofen (180 °C) backen, dabei einmal wenden.

Einfrieren lassen sich die Wraps am besten, nachdem man den Bacon um die Brokkoli-Röschen gewickelt hat – also vor dem Braten. Sie halten sich in der Gefriertruhe bis zu 1 Monat. Möchten Sie die Wraps dann zubereiten, braten Sie sie wie oben beschrieben auf mittlerer bis niedriger Stufe – der Garprozess dauert dann ein wenig länger.

ABWANDLUNG: IN BACON GEWICKELTER TOFU: *Teilen Sie einen 400-g-Block extrafesten Tofu in zwölf 4 cm große Stücke. Den Tofu nicht abgedeckt für 2 Minuten auf hoher Stufe in der Mikrowelle garen. Das überschüssige Wasser gründlich abtropfen lassen, dann jedes Tofu-Stück mit einem Streifen gewürzten Bacon (siehe oben) umwickeln und in einer beschichteten Pfanne anbraten, bis die Wraps von allen Seiten gebräunt sind. Sie brauchen kein Öl in die Pfanne zu geben, da der Bacon ausreichend Fett mitbringt.*

Schweinefleisch und grüne Papaya aus der Pfanne

4–6 PORTIONEN

Eine leckere Hausmannskost aus Okinawa, die wirklich blitzschnell zubereitet ist. Können Sie keine grüne Papaya auftreiben, nehmen Sie stattdessen Zucchini oder einen anderen Sommerkürbis.

230 g Schweineschulter, dünn geschnitten
1 TL Salz
½ TL schwarzer Pfeffer, oder nach Geschmack
450 g grüne Papaya (etwa 1 mittelgroße)
2 ½ cm Ingwer
2 Knoblauchzehen
1 EL Sesamöl
1 EL Sake
2 TL Reisessig
½ TL Sojasauce

Das Schweinefleisch in mundgerechte Stücke zerteilen und mit Salz und Pfeffer würzen.

Die Papaya halbieren und die Kerne mit einem Löffel herausschaben. Mit einem Schälmesser die Schale entfernen, dann das Fruchtfleisch in dünne Julienne-Streifen schneiden.

Ingwer und Knoblauch fein hacken.

Eine große Pfanne oder einen Wok auf mittlerer Stufe erhitzen und das Sesamöl zufügen. Ingwer und Knoblauch hineingeben und kurz durchrühren, bis das Öl aromatisiert ist. Das Schweinefleisch zufügen und unter Rühren so lange braten, bis es gerade durch, aber noch nicht gebräunt ist. Nun die Papaya in die Pfanne gleiten lassen und unter Rühren ein paar Minuten mitgaren.

Sake, Essig und Sojasauce zugeben, dann alles auf hoher Stufe rasch durchrühren, damit die Flüssigkeit verkocht.

Dieses Gericht hält sich im Kühlschrank 3–4 Tage. Ich rate davon ab, es einzufrieren, da die Papaya dabei zu matschig wird.

KOCHTIPP: *Möchten Sie das Fleisch noch zarter machen, mischen Sie es mit den Papaya-Streifen und lassen Sie es vor dem Garen etwa 15 Minuten durchziehen. Diese Methode eignet sich bei diesem schnellen Pfannengericht gut für preiswertere Stücke vom Rind oder Schwein.*

Schweinefleisch-Larb

4–6 PORTIONEN

Dieses würzige Gericht ist in Laos und einigen Regionen Thailands beliebt. Dazu werden Rindfleisch, Meeresfrüchte, Hähnchenfleisch und auch Schweinefleisch verwendet. Traditionell bereitet man es einige Stunden vor dem Servieren zu – und damit ist es perfekt für Bentos geeignet. Ich empfehle, das Gericht schon am Vorabend zu kochen.

450 g Schweineschulter, in 5 mm große Würfel geschnitten oder grobes Schweinehackfleisch
3 EL Limettensaft, nach Belieben mehr
2 EL ungekochter süßer Mochi-Reis oder normaler japanischer Reis
1 EL Pflanzenöl
1 TL getrocknete Chilischoten (am besten Thai-Chili)
½ TL Zucker
1 EL Nam Pla (Thai-Fischsauce)
3 Frühlingszwiebeln, in dünne Ringe geschnitten
1 kleiner Bund frischer Koriander (oder mehr nach Geschmack), grob gehackt
1 kleiner Bund frische Minze (oder mehr nach Geschmack), grob gehackt oder zerpflückt
Salatblätter, zum Servieren

Das Schweinefleisch mit dem Limettensaft mischen und durchziehen lassen, währenddessen den gerösteten pulverisierten Reis zubereiten.

Hierfür den ungekochten Reis in einer Pfanne ohne Öl auf mittlerer bis hoher Stufe erwärmen. Etwa 10 Minuten unter Rühren braten, bis der Reis sich hellbraun färbt und die Körner ein wenig aufgeblasen erscheinen. Nun den Reis aus der Pfanne nehmen und mit Mörser und Stößel pulverisieren.

Die Pfanne erneut auf mittlerer Stufe erhitzen und das Öl hineingeben. Das Schweinefleisch abtropfen lassen und in die Pfanne geben. Ein paar Minuten unter Rühren anbraten, bis das Fleisch durch, aber nicht zu sehr gebräunt ist. Nun Chiliflocken, das geröstete Reispulver, Zucker und Fischsauce zugeben. Alles unter Rühren garen, bis die Flüssigkeit aus der Pfanne verkocht ist. Nach Belieben ein wenig zusätzlichen Limettensaft zugießen. Dann den Großteil der Frühlingszwiebeln (2 EL beiseitelegen) in die Pfanne geben und alles gut durchrühren. Pfanne vom Herd nehmen und das Gericht abkühlen lassen.

Zum Anrichten das Fleisch, die restlichen Frühlingszwiebeln und die Kräuter mischen und das Gericht in ein Salatblatt wickeln. Mit oder ohne gekochten Reis servieren. Für ein Bento die Fleischmischung in ein Abteil der Box, den Reis in ein zweites und den Salat mitsamt Koriander, Frühlingszwiebeln und Minze in ein drittes füllen. Erst kurz vor dem Essen das Schweinefleisch mit den Kräutern mischen und in die Salatblätter wickeln.

Das gegarte Schweinefleisch hält sich im Kühlschrank 2–3 Tage, in der Gefriertruhe bis zu 1 Monat. Da durch das Einfrieren das nussige Aroma des gerösteten Reispulvers fast vollständig verschwindet, empfiehlt es sich nicht wirklich.

rainbow

Rindfleisch ist eine gute Quelle für Eiweiß, Eisen und andere Nährstoffe – und bei uns zu Hause eine beliebte Zutat, die mein Mann besonders gern mag! Im Folgenden finden Sie ein paar seiner Lieblingsrezepte für Bentos mit Rindfleisch, die inspiriert sind von der asiatischen und europäischen Küche.

Rindfleisch-Bibimbap-Bento

INHALT

- Rindfleisch-Bibimbap
- Namul mit gemischtem Gemüse
- Weißer Reis

Rindfleisch-Bibimbap

4–6 PORTIONEN

Bibimbap ist ein Gericht aus Korea, das so viel wie »gemischter Reis« bedeutet und mit Rindfleisch zubereitet wird, das in einer leckeren, würzigen Marinade eingelegt wurde. Normalerweise kommt es kochendheiß auf den Tisch, aber diese Bento-Version schmeckt auch kalt köstlich. Wenn Sie eine größere Menge dünn geschnittener Rinderlende ergattern können, bereiten Sie einfach die doppelte oder dreifache Menge dieses Rezepts zu und frieren entsprechend etwas ein.

450 g sehr dünn geschnittenes Rindfleisch
4 EL Makgeolli oder Sake
½ Knoblauchzehe, gerieben
2 EL Sojasauce
1 EL Erdbeermarmelade
3 EL Gochujang
½ EL Sesamöl

Das Fleisch in mundgerechte Stücke schneiden. Makgeolli, Knoblauch, Sojasauce, Marmelade und Gochujang in eine Schüssel geben und gut miteinander vermischen. Nun das Fleisch zugeben, mit der Marinade überziehen und mindestens 10 Minuten ziehen lassen.

Das Sesamöl in einer Pfanne auf mittlerer Stufe erhitzen. Fleisch mitsamt der Marinade hineingeben und unter Rühren garen, bis das Fleisch durch ist.

Dieses Gericht hält sich im Kühlschrank 2–3 Tage, in der Gefriertruhe bis zu 1 Monat.

ZUTATENTIPP 1: *Makgeolli ist ein koreanisches alkoholisches Getränk, das aus Reis hergestellt wird. Sie bekommen es in koreanischen Lebensmittelgeschäften.*

ZUTATENTIPP 2: *Für dieses Rezept können Sie auch Carpaccio-Fleisch verwenden oder Rindfleisch für Sukiyaki. Eine Anleitung, wie Sie das Rindfleisch möglichst dünn schneiden, finden Sie in der Box »Bento-Fleisch möglichst dünn schneiden« auf Seite 38.*

Namul mit gemischtem Gemüse

2–3 PORTIONEN

Namul ist eine leckere Gemüsebeilage aus der koreanischen Küche. Sie können das Gemüse nach Belieben variieren, aber die hier aufgeführten Sorten werden traditionell verwendet.

100 g Spinat oder anderes grünes Blattgemüse, etwa Mangold oder Komatsuna
200 g Bohnensprossen, Wurzeln entfernt
1 mittelgroße Möhre, in feine Julienne-Streifen geschnitten
1 TL Sesamöl
1 TL Sojasauce
½ TL Zucker
¼ TL Salz
2 TL weiße Sesamsamen, geröstet

Den Spinat gut abspülen, um jegliche Erde zu entfernen. Etwas Wasser in einer Pfanne zum Kochen bringen und den Spinat hineingeben. 1 Minute köcheln lassen, dann den Spinat aus der Pfanne nehmen und in eine Schüssel geben. Das kochende Wasser bleibt in der Pfanne.

Nun die Bohnensprossen in die Pfanne geben und 30 Sekunden kochen. Aus der Pfanne heben, das Wasser jedoch in der Pfanne lassen. Die Möhren ins Wasser geben, 30 Sekunden garen, dann durch ein Sieb abgießen.

Den Spinat unter fließend kaltem Wasser abschrecken, abtropfen lassen und die Feuchtigkeit gründlich herauspressen. Dann in 4 cm lange Stücke schneiden.

Sesamöl, Sojasauce, Zucker, Salz und Sesamsamen in einer Schüssel mischen, die groß genug ist, um das gesamte Gemüse aufzunehmen. So lange verrühren, bis sich Zucker und Salz aufgelöst haben. Nun das Gemüse zufügen und alles gut durchmischen, damit alles gut mit der Sauce überzogen ist.

Namul hält sich im Kühlschrank 1–2 Tage.

Weißer Reis

1 PORTION

Für dieses Bento brauchen Sie 200 g gekochten weißen Reis, das Grundrezept für Reis finden Sie auf Seite 116.

Sie sollten jederzeit heißen, vorgekochten Reis zur Hand haben. Stellen Sie hierfür entweder den Timer Ihres Reiskochers am Vorabend so ein, dass der Reis morgens fertig ist, oder tauen Sie vorgekochten tiefgefrorenen Reis in der Mikrowelle 2 Minuten lang auf hoher Stufe auf.

Die Bento-Box packen

Ein paar geröstete weiße Sesamsamen unter den Reis mischen und diesen auf dem Boden der Bento-Box verteilen. Rindfleisch und Namul auf den Reis geben – ich richte diese Zutaten gern in bunten Streifen nebeneinander an.

REZEPTVARIANTEN

Rindfleisch

Sesam-Miso-Rindfleisch

4–6 PORTIONEN

Dieses schmackhafte Pfannengericht ist in wenigen Minuten fertig – Sie können es daher problemlos morgens zubereiten, wenn Sie dafür am Vortag keine Zeit hatten. Auch dieses Gericht serviere ich gern zum Abendessen und bewahre dann ein wenig davon für das Bento auf, das für den nächsten oder übernächsten Tag geplant ist. Gut dazu passt gekochter Reis. Und für Vielfalt und Abwechslung sorgen die jeweiligen Gemüsesorten.

450 g dünn geschnittenes Rindfleisch oderRindfleisch für Sukiyaki bzw. Carpaccio-Fleisch
Salz und schwarzer Pfeffer
3 EL Misopaste
2 EL Sake
1 EL Zucker
1 EL Pflanzenöl
2–3 EL weiße Sesamsamen, geröstet
Gehackte Frühlingszwiebel zum Garnieren, optional

Größere Fleischscheiben in mundgerechte Stücke schneiden und Fleisch leicht mit Salz und Pfeffer würzen.

Miso, Sake und Zucker so lange in einer Schüssel verrühren, bis sich alles gut gebunden hat.

Das Öl in einer Pfanne auf mittlerer Stufe erhitzen. Das Fleisch hineingebenund so lange unter Rühren anbraten, bis es sich zu färben beginnt. Dann die Miso-Sauce zugießen und rasch unterrühren. Die Sesamsamen zufügen und alles 1–2 Minuten unter Rühren garen.

Das Gericht nach Belieben mit gehackten Frühlingszwiebeln garniert servieren oder in die Bento-Box füllen.

Hält sich im Kühlschrank 3–4 Tage, in der Gefriertruhe bis zu 1 Monat.

Rosmarin-Orangen-Steak aus der Pfanne

4–6 PORTIONEN

Auf dieses Rezept bin ich ganz zufällig gekommen. Es ist entstanden, als ich im Kühlschrank ein Steak gefunden habe, das ich günstig eingekauft und dann vergessen hatte. Da es nicht mehr lange haltbar war, musste ich es so schnell wie möglich zubereiten, und zwar mit den Zutaten, die ich gerade zur Hand hatte. Seit jenem Tag zählt dieses Gericht in meiner Familie zu den absoluten Highlights. Ich bereite es oft zum Abendessen zu, wobei ich es jedes Mal mit einem anderen Gemüse serviere, und stelle ein wenig davon für das am nächsten Tag geplante Bento beiseite.

800 g Steak (etwa 4 Steaks)
2 EL Olivenöl
2 EL Rotwein
2 Knoblauchzehen, geschält
1 EL grob gehackter frischer Rosmarin oder1 TL getrockneter Rosmarin
Schale von 1 Orange, gerieben
Salz und eine großzügige Menge schwarzer Pfeffer

Das Steakfleisch in 2 ½ cm große Würfel schneiden.

In einer Schüssel 1 EL Olivenöl, Rotwein, Knoblauchzehen, Rosmarin und Orangenschale mischen. Die Fleischwürfel zugeben und unterheben. Das Fleisch abgedeckt mindestens 1 Stunde lang durchziehen lassen.

Das restliche Olivenöl in einer Pfanne auf mittlerer bis hoher Stufe erhitzen. Die Steakwürfel rasch von allen Seiten anbraten – nicht zu lange, sonst wird das Fleisch zäh. Mit Salz und viel schwarzem Pfeffer würzen.

Das Gericht hält sich gekocht 2–3 Tage im Kühlschrank – das in die Marinade eingelegte rohe Fleisch nur 1–2 Tage. Sie können das Fleisch auch vor dem Garen einfrieren: Hierfür die Fleischwürfel in die Marinade legen und die Mischung in Gefrierbeutel oder Plastikgefäße füllen. Vor der Verwendung dann im Kühlschrank auftauen lassen.

Grundrezept: Roastbeef-Scheiben

3–4 PORTIONEN

Kaltes, dünn geschnittenes Roastbeef macht sich perfekt in Bentos oder Sandwiches. Für Roastbeef, das man kalt essen möchte, eignet sich Rumpsteak (vorderer Rücken) am besten, aber Sie können hierfür auch Stücke aus der Keule verwenden. Bei der Zubereitung besteht das Geheimnis darin, das Fleisch vor dem Braten auf Zimmertemperatur zu erwärmen und es vor dem Aufschneiden ruhen zu lassen.

Möchten Sie eine größere als die im Rezept angegebene Menge zubereiten, rate ich dazu, mehrere Fleischstücke der angegebenen Größe zu braten. Diese lassen sich besser zubereiten, aufschneiden und lagern als ein einziges, dafür aber sehr großes Roastbeef-Stück.

900 g Rinderbraten
Salz und schwarzer Pfeffer
1 EL Olivenöl
Olivenöl zum Braten, optional

Das Fleisch mindestens 30 Minuten vor dem Braten aus dem Kühlschrank nehmen. Von allen Seiten gut mit Salz und Pfeffer einreiben und 1 EL Olivenöl einmassieren. Fleisch locker mit Frischhaltefolie bedecken und beiseitestellen.

Den Ofen auf 160 °C vorheizen. Einen Bräter mit Folie auskleiden, dann einen Rost auflegen.

Ein wenig Olivenöl in einer Pfanne auf hoher Stufe erhitzen (oder eine beschichtete Pfanne ohne Öl verwenden). Das Fleisch darin von allen Seiten gut bräunen, dann auf den Rost setzen und 30 Minuten im Ofen garen. Das Roastbeef umdrehen und nochmals 20 Minuten von der anderen Seite braten. Wenn Sie ein Fleischthermometer verwenden, sollte die Temperatur im Inneren des Fleisches bei mindestens 55 °C liegen.

Das Fleisch aus dem Ofen nehmen und in Alufolie wickeln, diese dabei dicht verschließen. Den Braten mindestens 30 Minuten ruhen lassen. Dann die Folie öffnen und das Fleisch vollständig auskühlen lassen, dann kühl stellen. Es hält sich im Kühlschrank 3–4 Tage, in der Gefriertruhe bis zu 1 Monat. Vor der Verwendung im Kühlschrank auftauen lassen. Ich finde es praktischer, das Roastbeef vor dem Einlagern in den Kühl- bzw. Gefrierschrank aufzuschneiden, doch können Sie das Fleisch auch im Ganzen kühl stellen bzw. einfrieren.

WÜRZTIPP: *Ich gebe beim Braten weder Kräuter noch Gewürze zum Roastbeef, da ich es vorziehe, damit die Sauce zu aromatisieren, die ich zum Fleisch serviere. Wenn Sie möchten, können Sie aber gern Ihre Lieblingsgewürze einsetzen – besonders lecker sind Rosmarin und Thymian.*

Kaltes Roastbeef mit Wasabi-Ingwer-Sauce

1 PORTION

Mehr als diese scharfe, dabei aber süße und pikante Sauce brauchen Sie nicht, um aus einem einfachen Roastbeef und gekochtem Reis etwas ganz Besonderes zu machen.

85 g Roastbeef-Scheiben (Grundrezept siehe Seite 44)

Für die Sauce

2 EL Sojasauce
½ TL geriebener Ingwer
1 TL Wasabi-Paste
½ EL Honig
1 EL Sake oder Wasser

Alle Zutaten für die Sauce in eine kleine, mikrowellengeeignete Schüssel geben. Mit Frischhaltefolie bedecken und 1 Minute auf hoher Stufe in die Mikrowelle stellen. So lange rühren, bis sich der Honig aufgelöst hat. Die Sauce dann zum Roastbeef servieren.

Die Sauce in einem separaten Saucenbehälter mitnehmen oder einfach über das Fleisch in der Bento-Box träufeln. In letzterem Fall eine Bento-Box mit dicht schließendem Deckel benutzen.

Roastbeef-Salat mit Gewürzen aus Südostasien

1 PORTION

Um hieraus eine vollständige Mahlzeit zu machen, mischen Sie kalte Nudeln unter. Sie können anstelle von Roastbeef auch Steak-Reste nehmen. Ich habe im Dressing möglichst wenig Öl verwendet, doch wenn Sie ein stärker ausgeprägtes Sesam-Aroma bevorzugen, fügen Sie einfach mehr Sesamöl dazu.

Für den Salat

60 g Roastbeef-Scheiben (Grundrezept siehe Seite 44)
1 kleine oder ⅓ große Gurke
¼ rote Gemüsepaprika
¼ gelbe Gemüsepaprika
½ kleine rote Zwiebel
1 frische rote Chili-Schote
4–5 Blättchen Thai-Basilikum
4–5 Blättchen Minze
8–10 Blättchen Koriander

Für das Dressing

1 TL Sesamöl
1 EL Zitronen- oder Limettensaft
1 EL Nam Pla (Thai-Fischsauce)
1 TL Zucker
1 EL weiße Sesamsamen, geröstet

Das Roastbeef in dünne Streifen schneiden. Gurke und Gemüsepaprika von den Kernen befreien und ebenfalls in dünne Streifen schneiden. Die Zwiebel in dünne Ringe schneiden. Die rote Chili-Schote hacken, dabei die Kerne entfernen, wenn Sie es nicht zu scharf haben möchten. Die Kräuter grob hacken.

Die Zutaten für das Dressing in einer Schüssel mischen und in einen kleinen Saucenbehälter umfüllen (alternativ ein kleines Einmachglas bzw. ein Plastikgefäß mit dicht schließendem Deckel verwenden).

Die Salatzutaten in die Bento-Box füllen und den Saucenbehälter seitlich dazustellen. Wenn Sie den Salat kühl und knackig bevorzugen, einen Eisbeutel oder Kühlakku mit einpacken.

Den Salat erst kurz vor dem Essen anmachen. Ein wenig Knoblauch (ein paarmal über die Reibe fahren) macht das Dressing noch besser, sorgt aber auch für intensiven Duft. Entscheiden Sie hier nach eigenem Ermessen und je nachdem, was Sie am Nachmittag noch vorhaben!

WÜRZTIPP: *Thai-Basilikum hat einen ausgeprägten Zitrus-Minze-Geschmack. Wenn Sie es nicht auftreiben können, nehmen Sie normales Basilikum und fügen ein wenig fein geriebene Zitronenschale hinzu.*

Ich liebe Eier. Sie sind schnell zubereitet, nährstoffreich und bringen sofort eine Portion sonniges Gelb in die Bento-Box. Viele Eiergerichte, darunter Crêpes, Omeletts und hart gekochte Eier, lassen sich im Voraus zubereiten und in Ihren Bento-Vorrat integrieren, andere sind dafür jedoch nicht geeignet. Aus diesem Grund finden Sie im Folgenden einige Rezepte für Einzelportionen, die sich am Morgen blitzschnell herstellen lassen.

Omu-Reis-Bento

INHALT

- Omu-Reis mit Hähnchen
- Grünkohl mit Sesamsamen aus der Pfanne
- Marinierter Brokkoli-Blumenkohl-Salat
- Glasierte Möhren-Blüten

Omu-Reis mit Hähnchen

1 PORTION

Dieses beliebte, mit Reis gefüllte Omelett heißt in Japan *omuraisu*. Möchten Sie es für ein Bento verwenden, achten Sie darauf, dass die Eier auch wirklich durchgegart sind. Anstelle des Hähnchens können Sie auch nach Belieben andere gekochte Fleischreste wählen.

150 g gekochter weißer Reis (Grundrezept Reis siehe Seite 116)
2 große Eier
Salz und Pfeffer (nehmen Sie weißen Pfeffer, wenn das Omelett keine schwarzen Pünktchen haben soll)
Olivenöl zum Braten
¼ mittelgroße Zwiebel, gehackt
¼ große rote Gemüsepaprika, gehackt
1 TL Butter
60 g gekochtes Hähnchenfleisch, gehackt
2 EL Ketchup
Ketchup zum Garnieren, optional

Wenn Sie auf eingefrorenen gegarten Reis zurückgreifen, tauen Sie ihn vor der Zubereitung auf.

Die Eier mit 1 Prise Salz und Pfeffer in einer Schüssel verrühren.

Ein wenig Olivenöl in einer beschichteten Pfanne auf mittlerer Stufe erhitzen. Die Zwiebel hineingeben und glasig dünsten. Nun die Gemüsepaprika zugeben und weich dünsten. Reis und Butter zufügen, verrühren und so lange braten, bis die Reiskörner gut mit Öl und Butter überzogen sind. Hähnchenfleisch und Ketchup in die Pfanne geben und alles gut durchmischen. Mit Salz und Pfeffer würzen.

Den Reis aus der Pfanne nehmen und diese mit einem Küchenpapier auswischen. Noch ein wenig Öl in die Pfanne geben und auf hoher Stufe erhitzen. Wenn die Pfanne heiß ist, die verquirlten Eier hineingeben und rasch durchrühren. Die Hitze auf niedrige Stufe reduzieren und die Eier komplett durchgaren lassen. Die Pfanne vom Herd nehmen und das Omelett darin lassen, bis das Bento gepackt wird, dabei den Anweisungen auf Seite 48 folgen.

Grünkohl mit Sesamsamen aus der Pfanne

2–3 PORTIONEN

Normalerweise bereite ich dieses schnelle Pfannengericht als Abendessen zu und reserviere eine Portion für das am nächsten Tag geplante Bento.

1 EL Pflanzenöl
1 cm Ingwer, fein gehackt
1 Knoblauchzehe, fein gehackt
225 g Grünkohl, grob gehackt
120 ml Wasser
½ EL Sojasauce
½ EL Austernsauce
2 EL Sesamsamen
Salz und schwarzer Pfeffer

Das Öl in einer großen Pfanne oder im Wok auf mittlerer Stufe erhitzen. Ingwer und Knoblauch hineingeben und unter Rühren kurz anschwitzen, dann den Grünkohl zugeben. Alles gut durchmischen, damit der Grünkohl mit dem Öl überzogen ist.

Nun das Wasser zugießen und auf hoher Stufe zum Kochen bringen. Die Hitze auf mittlere bis niedrige Stufe reduzieren und alles nochmals 5–6 Minuten köcheln lassen, bis der Kohl etwas zusammengefallen, aber immer noch bissfest ist.

Sojasauce und Austernsauce zugeben und gut verrühren, damit der Kohl davon ummantelt wird. Jetzt die Sesamsamen in die Pfanne geben und alles nochmals 1–2 Minuten unter Rühren garen. Mit Salz und Pfeffer würzen.

Dieses Gericht hält sich im Kühlschrank 2–3 Tage. Ich mache mir nicht die Mühe, davon größere Mengen herzustellen, da es sich so schnell zubereiten lässt.

Marinierter Brokkoli-Blumenkohl-Salat

12 PORTIONEN

Blumenkohl und Brokkoli sind großartige Bento-Gemüse: Man bekommt sie meist das ganze Jahr hindurch, sie halten sich gut und sind äußerst vielseitig einsetzbar. Ich bereite gewöhnlich eine größere Menge Salat zu und kann dann sowohl etwas davon zum Abendessen reichen als auch die für den nächsten Tag geplante Bento-Box damit bestücken.

1 mittelgroßer Blumenkohl
1 mittelgroßer Brokkoli
1 Prise Salz
120 ml Apfelessig
1 EL grobes Salz
2 EL Honig
10–12 schwarze Pfefferkörner
½ EL rote Chiliflocken

Blumenkohl und Brokkoli in Röschen zerteilen. Die Brokkoli-Stiele schälen und in runde Scheiben oder Stäbchen schneiden.

Einen mit Wasser gefüllten Topf zum Kochen bringen und 1 Prise Salz zufügen. Zuerst die Brokkoli-Stiele hineingeben, 1 Minute später auch die Brokkoli- und Blumenkohl-Röschen. Alles weitere 2 Minuten kochen lassen, dann durch ein Sieb abgießen. Um das Gemüse schnell abzukühlen, kaltes Wasser darüberfließen lassen.

Alle anderen Zutaten in einem lebensmittelechten Behälter mischen (ich nehme hierfür eine Schüssel aus Glas) und so lange verrühren, bis sich Salz und Honig aufgelöst haben. Das gründlich abgetropfte Gemüse zufügen und die Schüssel dicht mit einem Deckel oder Frischhaltefolie verschließen. Vor dem Servieren mehrere Stunden lang durchziehen lassen. Dieser Salat hält sich im Kühlschrank bis zu 1 Woche.

Glasierte Möhren-Blüten

20–24 BLÜTEN ODER SCHEIBEN

Diese Möhrenscheiben sind ebenso lecker wie dekorativ. Sie können Sie morgens in gefrorenem Zustand auf Ihr Bento legen – bis zur Mittagszeit sind sie aufgetaut.

3 große Möhren
240 ml Orangensaft
½ EL Zucker
½ TL Salz
1 EL Butter

Um die Blüten auszuschneiden, brauchen Sie ein kleines Bento-Garniermesser. Ein winziger Keks-Ausstecher oder ein für Sülze geeignetes Messer funktionieren aber ebenso.

Die dicken Teile der Möhren schälen und in etwa 5 mm dicke Scheiben schneiden, die dünneren Endstücke für eine andere Verwendung aufheben. Mit dem Garniermesser aus jeder Scheibe eine attraktive Blüte schnitzen.

Die Möhren-Blüten in eine Kasserolle geben und den Orangensaft zugießen. Bei Bedarf noch so viel Wasser ergänzen, dass die Möhren bedeckt sind. Zucker und Salz zufügen und alles zum Kochen bringen, dann die Hitze so weit reduzieren, dass die Möhren nur leicht köcheln. So lange garen, bis sie gerade weich sind, dann die Butter zufügen und alles köcheln lassen, bis die Flüssigkeit im Topf auf die Hälfte der ursprünglichen Menge eingekocht ist.

Die Möhren durch ein Sieb abgießen und als dekorative Garnitur für Ihr Bento einsetzen. Die Möhren-Blüten halten sich in der Gefriertruhe bis zu 1 Monat.

Die Bento-Box packen

Den Boden einer ziemlich tiefen Bento-Box mit dem Grünkohl bedecken.

Den Omu-Reis mit Hähnchen in ein kleines Förmchen (so groß wie eine Reisschale) füllen. Den Reis leicht zusammendrücken, dann den Behälter umdrehen und den Reis auf das Grünkohlbett setzen. Den Reis mit einem Löffel so formen, dass er wie ein American Football aussieht.

Das Omelett über den Reis legen und die Ränder unter der Reiskugel verstecken. Wenn Sie möchten, können Sie die Oberseite des Omeletts dekorativ einschneiden.

Den Brokkoli-Blumenkohl-Salat in einem Bento-Förmchen anrichten und seitlich in die Bento-Box stellen, dafür den Grünkohl etwas beiseiteschieben. Das Bento mit Möhren-Blüten verzieren und die Lücken mit Kirschtomaten auffüllen. Ich stecke zu Dekorationszwecken gern noch ein paar lustige Bento-Picks hinein.

REZEPTVARIANTEN

Eier

Eierpäckchen

1 PORTION

Dieses Gericht kennt man in Japan unter der Bezeichnung *chakin tamago*. Ein chakin ist das weiche Tuch bzw. die Serviette, mit der man während der Teezeremonie die Trinkschale auswischt. Und bei chakin tamago handelt es sich um ein Eierpäckchen, das traditionell mithilfe eines weichen Tuchs geformt wurde. Heutzutage benutzt man dafür ein Stück Frischhaltefolie – und die Mikrowelle.

½ EL tiefgefrorene grüne Erbsen
1 großes Ei
1 Prise Salz
1 Prise Zucker
1 EL Dashi-Brühe (Grundrezept siehe Seite 119)

Eine Schüssel oder einen Becher mit einem Stück Frischhaltefolie auskleiden, das so groß ist, dass es über den Rand hängt. Die gefrorenen Erbsen einfüllen und die Folie locker darüberfalten. Das Gemüse auf hoher Stufe 30–40 Sekunden in die Mikrowelle stellen, bis die Erbsen gar sind. Die Folie öffnen und die Erbsen in einem Durchschlag abtropfen lassen.

Das Ei mit Salz, Zucker und Dashi-Brühe in einer Schüssel verrühren. Die gegarten Erbsen zufügen und die Mischung wiederum in die mit Frischhaltefolie ausgekleidete Schüssel bzw. den Becher füllen. Die Folie locker über der Eier-Erbsen-Mischung zusammenfalten und mit ein paar Umdrehungen verschließen. In der Mikrowelle auf hoher Stufe 2 Minuten garen. Wenn das Ei danach nicht vollständig fest geworden ist, nochmals 15–30 Sekunden in der Mikrowelle nachgaren.

Das gegarte Ei vorsichtig aus dem Behälter ziehen, dabei die Folie nur an den Rändern anfassen (verwenden Sie ein Küchentuch oder einen Topflappen, um sich nicht zu verbrennen). Damit das Ei nicht auseinanderfällt, nochmals mit einer kräftigen Umdrehung dafür sorgen, dass das Folienpäckchen fest verschlossen bleibt. Das Päckchen so weit abkühlen lassen, dass Sie es gut anfassen können, dann die Folie entfernen und das Eierpäckchen in die Bento-Box legen.

ABWANDLUNG: *Anstelle der Erbsen 1 EL gegartes zerkleinertes Gemüse, gehackte Frühlingszwiebel, gekochte Fleischreste, Furikake (siehe Seite 119),* *gekochten Bacon oder andere Zutaten, die Sie sich gut dazu vorstellen können, verwenden. Tiefgefrorene Edamame-Bohnen lassen sich genau wie grüne Erbsen zubereiten und eignen sich ebenfalls als Zutat für das Eierpäcken.*

Mini-Quiche ohne Teig

1 PORTION

Hier stelle ich Ihnen ein weiteres schnelles Mikrowellen-Gericht vor. Es wird in einem Bento- oder Cupcake-Förmchen aus Silikon zubereitet, das sich direkt in Ihre Bento-Box integrieren lässt.

1 Scheibe Bacon
1 großes Ei
1 EL Milch (oder halb Sahne, halb Milch)
1 Prise Salz
1 Prise schwarzer Pfeffer
2 TL geriebener Parmesan

Die Bacon-Scheibe in Küchenpapier einschlagen und auf einen mikrowellengeeigneten Teller legen. 4 Minuten auf hoher Stufe in der Mikrowelle garen, danach den Bacon zerkrümeln.

Das Ei mit Milch, Salz, Pfeffer und 1 TL Parmesan in einer Schüssel verquirlen, dann den zerkrümelten Bacon untermischen. Die Masse in ein Bento- oder Cupcake-Förmchen aus Silikon gießen und mit dem restlichen Parmesan bestreuen.

2 Minuten auf hoher Stufe ohne Abdeckung in die Mikrowelle stellen. Mit einer Gabel oder einem Spieß in der Mitte einstechen – wenn nichts daran haften bleibt, ist die Mini-Quiche durch. Andernfalls wieder in die Mikrowelle stellen und in 15-Sekunden-Intervallen überprüfen, ob die Quiche fertig ist. Vor dem Einfüllen in die Bento-Box abkühlen lassen.

ABWANDLUNG: *Zerkleinertes gekochtes Gemüse oder Fleisch Ihrer Wahl statt oder zusätzlich zum Bacon unterrühren.*

Eier-Crêpes

4 CRÊPES

Auch dieses Rezept findet sich schon in meinem ersten Kochbuch *Bento für jeden Tag*, doch bringe ich es hier noch einmal, da es in der japanischen Küche definitiv zu den Basisrezepten gehört. Diese dünnen Crêpes, in Japan *usuyaki tamago* genannt, lassen sich vielseitig verwenden. Man kann damit Sushi-Reis oder anderen Reis umhüllen oder sie fein zerkleinert als Topping für Nudeln, Sushi etc. einsetzen. Hier sollen die Crêpes noch dünner werden als die in *Bento für jeden Tag* vorgestellten. 1 Ei ergibt 2 Crêpes.

1 TL Speisestärke
1 TL Sake oder Wasser
2 mittelgroße Eier
¼ TL Salz
½ TL Zucker
Öl zum Kochen

Sie brauchen eine Pfanne von etwa 22 cm Durchmesser, am besten eine beschichtete. Außerdem ein zusammengeknülltes Küchenpapier und ein feuchtes, gut ausgewrungenes Küchentuch, das Sie falten und dann flach ausbreiten.

Die Speisestärke in einer Tasse in Sake oder Wasser auflösen. Dann in einer Schüssel mit den Eiern, Salz und Zucker verrühren, sodass ein homogener Teig entsteht, der aber nicht schaumig ist.

Die Pfanne auf mittlerer Stufe erhitzen. Das zusammengeknüllte Küchenpapier in ein wenig Öl tauchen und das Öl damit gleichmäßig über Pfannenboden und seitlichen Rand verteilen.

Wenn Sie ein wenig von der Eiermischung in die Pfanne träufeln und das Ei sofort stockt, ist die Pfanne heiß genug. Die Pfanne jetzt vom Feuer nehmen und kurz auf das feuchte, ausgewrungene Küchentuch, dann zurück auf die Kochstelle setzen. Hierdurch wird die Hitze besser verteilt und sichergestellt, dass die Crêpes garen, ohne zu bräunen. Die Hitze auf niedrige Stufe zurückschalten.

Ein Viertel der Eiermischung in die Pfanne geben und rasch darin verteilen. Der Crêpe wird sehr schnell fest, daher sollte man ihn nicht aus den Augen lassen. Wenn die Oberfläche trocken aussieht, ist er fertig. Den Pfannkuchen auf einen Teller gleiten lassen, die Pfanne erneut leicht mit Öl auswischen und den nächsten Crêpe braten. So lange wiederholen, bis die Eiermischung aufgebraucht ist.

Die Crêpes halten sich in der Gefriertruhe bis zu 1 Monat. Am besten flach ausgebreitet in einem Gefrierbeutel einfrieren und die einzelnen Crêpes durch Frischhaltefolie oder Wachspapier trennen.

Zum Einsatz kommen diese Crêpes im Reis-Sandwich mit Bacon und Ei (Seite 64) und im Kiriboshi-Daikon-Salat (Seite 84).

Grundrezept: hart gekochte Eier

Hart gekochte Eier sind sowohl in Bentos als auch in Sandwiches und Salaten äußerst praktisch. Hier folgt meine Zubereitungsmethode.

Die Eier nebeneinander in eine Kasserolle legen. So viel kaltes Wasser zufügen, dass die Eier vollständig damit bedeckt sind, aber nicht im Wasser umherschwimmen.

Das Wasser sprudelnd aufkochen lassen. Die Kasserolle vom Feuer nehmen und einen Deckel auflegen. Mittelgroße Eier 9 Minuten, große 12 Minuten und extragroße 14–15 Minuten im Wasser belassen. So erhalten Sie hart gekochte Eier, die fest, aber nicht zu hart oder gummiartig sind.

Das Kochwasser abgießen und die Eier sofort in eine Schüssel mit kaltem Wasser geben. Die Schale mit der Rückseite eines Löffels zum Bersten bringen und die Eier wieder ins kalte Wasser legen. Dort vollständig abkühlen lassen, dann pellen. Jetzt sollte sich die Schale leicht entfernen lassen.

Hart gekochte Eier halten sich im Kühlschrank 3–4 Tage. Zur Lagerung die vollständig abgekühlten Eier in einen Behälter mit dicht schließendem Deckel legen, mit einem feuchten Küchenpapier bedecken und das Gefäß verschließen.

Marinierte hart gekochte Eier

4 STÜCK

Diese leckeren, pikanten Eier werden in Mentsuyu mariniert, einer japanischen Sauce, die mit Wasser verdünnt und als Dip oder Suppe zu Nudeln gereicht wird. Sie können die Sauce in japanischen Lebensmittelgeschäften in der Flasche kaufen oder nach meinem Rezept auf Seite 120 selbst herstellen. Die marinierten Eier, in Japan *nitamago* oder *ajitama* genannt, kommen oft als Topping für Ramen-Nudeln zum Einsatz, lassen sich aber auch super in eine Bento-Box integrieren.

4 geschälte hart gekochte Eier (Grundrezept siehe Seite 49)
180 ml Mentsuyu (Rezept siehe Seite 120)

Die Eier mit Mentsuyu in ein Gefäß mit dicht schließendem Deckel geben. Ein Küchenpapier auf die Eier legen, dann den Deckel schließen. (Das Küchenpapier sorgt dafür, dass die Eier in der Marinade bleiben.) Vor dem Servieren mindestens ein paar Stunden in den Kühlschrank stellen, aber nicht länger als 2 Tage dort belassen. Den Behälter von Zeit zu Zeit durchschütteln.

Möchten Sie die Eier länger als 2 Tage aufheben, nehmen Sie sie aus der Marinade und legen sie in einen dicht verschließbaren Behälter – dann halten sie sich 2–3 Tage länger.

KOCHTIPP: *Sollen die marinierten Eier als Ramen-Topping dienen, eignen sich weich gekochte Eier besser als hart gekochte. In einem Bento sollten Sie jedoch weich gekochte Eier nur dann verwenden, wenn Sie die Bento-Box bis zum Mittagessen kühlen können, da sie rasch verderben.*

Eiersalat mit Miso

1–2 SANDWICHES

Diese Füllung verwende ich am liebsten für ein Eiersalat-Sandwich. Durch die Misopaste schmeckt sie ganz besonders.

2–3 EL Mayonnaise
1 TL weiße Misopaste
Salz und schwarzer Pfeffer, nach Geschmack
2 hart gekochte Eier (Grundrezept siehe Seite 49)

Mayonnaise, Misopaste, Salz und Pfeffer in einer Schüssel gut miteinander vermischen.

Das Eiweiß vom Eigelb trennen, dann das Eiweiß mit einem Messer fein hacken und das Eigelb mit einer Gabel zerdrücken. Beides zu der Mayonnaise-Mischung geben und gut unterrühren.

ABWANDLUNG: *1 EL sehr fein gehackten Stangensellerie zugeben.*

Japanisches Tamagoyaki-Omelett

2–3 PORTIONEN

Das japanische Tamagoyaki, ein aufgerolltes Omelett, wird traditionell in einer rechteckigen Pfanne zubereitet. In meinem ersten Kochbuch *Bento für jeden Tag* habe ich Schritt für Schritt erklärt, wie man dieses Omelett in einer normalen beschichteten Pfanne herstellt. Mittlerweile bekommt man die eckigen Tamagoyaki-Pfannen jedoch sehr viel leichter im Online-Handel – daher zeige ich hier, wie das funktioniert. Diese Omeletts sind übrigens nicht nur perfekt für Bentos geeignet, sie machen sich auch hervorragend als Beilage für jedes andere traditionelle japanische Gericht.

2 TL helle Sojasauce (Usukuchi)
½ EL Zucker
1 EL Sake oder Wasser
⅛ TL Salz
3 große Eier
Pflanzenöl, zum Braten

Sie brauchen eine quadratische oder rechteckige Tamagoyaki-Pfanne (am besten eine beschichtete), außerdem einen kleinen Küchenspatel oder ein Paar Kochstäbchen, ein zu einem kleinen Bündel zusammengefaltetes Stück Küchenpapier und eine kleine Schale für das Öl. Ebenfalls nützlich ist ein feuchtes, ausgewrungenes Küchentuch, das Sie einmal falten und dann flach ausgebreitet auf die Arbeitsfläche legen. Wenn die Pfanne zu heiß wird und das Ei zu bräunen beginnt, stellen Sie die Pfanne ganz kurz auf das feuchte Küchentuch, um den Boden etwas abzukühlen.

Die Zahlen in Klammern beziehen sich auf die Fotos auf Seite 51.

Sojasauce, Zucker, Sake (oder Wasser) und Salz in einer Schüssel vermischen und so lange verrühren, bis sich Zucker und Salz aufgelöst haben. Die Eier hineinschlagen und vorsichtig mit Kochstäbchen oder einer Gabel verschlagen, bis sich das Eigelb verteilt hat.

Die Tamagoyaki-Pfanne auf mittlerer Stufe erhitzen. Das zusammengeknüllte Küchenpapier in das Öl tauchen. Mithilfe des Küchenpapiers das Fett absolut gleichmäßig über den Boden und die Innenseiten der Pfanne verteilen (1).

Ein Drittel der Eier-Mischung in die Pfanne gießen und darin gleichmäßig verteilen (2).

Wenn die Ränder zu stocken beginnen, diese leicht mit den Kochstäbchen anheben, damit das Ei nicht an der Pfanne haften bleibt. Größere Blasen, die sich an der Oberfläche bilden, sofort aufstechen (3).

Wenn das Omelett fest zu werden beginnt, aber an der Oberfläche noch leicht feucht ist, rollen Sie es rasch auf, und zwar von der Ihnen abgewandten Seite der Pfanne zu Ihnen hin. Es ist kein Problem, wenn das Omelett dabei reißt – später ist alles im Inneren der Rolle versteckt. Das Omelett aufrollen (4, 5, 6).

Ist das Omelett komplett aufgerollt (7), die Rolle an das Ende der Pfanne schieben, das am weitesten vom Griff entfernt ist (8).

Nun das zweite Drittel der Eier-Mischung in die Pfanne gießen. Die Pfanne ein wenig schräg halten,

1

2

3

4

5

6

7

8
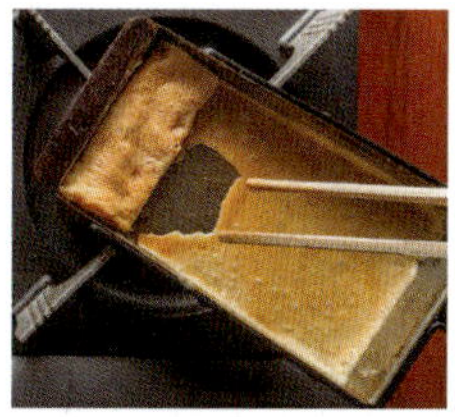
9

10

11

12

13

14

15

um die Mischung zu verteilen, dabei die Eirolle etwas anheben, damit sich die Flüssigkeit darunter ausbreiten kann. Die frisch hinzugefügte Eimasse zubereiten, wie zuvor beschrieben, dabei jede größere Blase, die sich bildet, aufstechen (9).

Das komplette Omelett wiederum aufrollen, dabei auf der von Ihnen am weitesten entfernten Seite beginnen (10).

Den leeren Bereich der Pfanne leicht einölen (11) und die Rolle wieder ans äußerste Ende der Pfanne schieben.

Die restliche Eier-Mischung in die Pfanne gießen, dabei die Rolle leicht anheben, damit die Flüssigkeit darunterlaufen kann. Sobald das Ei zu stocken beginnt, erneut aufrollen (12, 13, 14).

Die Rolle ein paarmal in der Pfanne hin- und herrollen, um sicherzugehen, dass alles fest geworden ist (15).

Die Rolle aus der Pfanne nehmen und ruhen und ganz abkühlen lassen. Erst dann aufschneiden.

Das Omelett hält sich im Kühlschrank 1–2 Tage. Zuvor aber komplett abkühlen lassen und gut in Frischhaltefolie einwickeln.

ZUTATENTIPP: *Ich habe hier helle Sojasauce (Usukuchi) genommen, die heller, dafür aber etwas salziger ist als die normale dunkle Sojasauce. Für die Zubereitung des Tamagoyaki-Omeletts ist sie ideal, da sie die Eier-Mischung nicht so dunkel färbt wie normale Sojasauce. Können Sie keine Usukuchi-Sauce bekommen, nehmen Sie stattdessen 1 TL dunkle Sojasauce (anstelle der 2 TL Usukuchi) und ¼ TL Salz (anstelle ⅛ TL). Beachten Sie, dass es sich bei der hellen Sojasauce nicht um salzreduzierte Sojasauce handelt.*

REZEPTVARIANTEN

Tamagoyaki-Abwandlungen

2–3 PORTIONEN

Tamagoyaki ist so beliebt, dass viele Menschen – Kinder wie Erwachsene – gern jeden Tag etwas davon in ihrem Bento serviert bekommen. Probieren Sie die folgenden Ergänzungen aus, um das Grundrezept zu variieren.

Tamagoyaki-Teig (Rezept siehe Seite 50)

Mögliche Ergänzungen

1 EL gehackte Frühlingszwiebel
1 EL gehacktes, gegartes Gemüse (z. B. Gemüsepaprika)
2–3 Scheiben gekochter, fein zerpflückter Schinken
1 EL geraspelter Käse
1 EL Soboro Ihrer Wahl (siehe Seite 30)
½–1 großes Nori-Algenblatt, in kleine Stücke zerpflückt
2–3 blanchierte Spinatblätter

Den Tamagoyaki-Teig nach dem Rezept von Seite 50 zubereiten. Dann die Ergänzungen Ihrer Wahl zufügen. Das Omelett so zubereiten wie beschrieben. Alternativ können Sie die ergänzenden Zutaten auch den verschiedenen Lagen zugeben – streuen Sie sie jeweils ein, nachdem Sie das flüssige Ei in die Pfanne gegeben haben. (Besonders gut funktioniert dies bei flachen Zutaten wie Nori-Algenblättern oder Spinatblättern.) Das Ei aufrollen, abkühlen lassen und wie beschrieben aufschneiden.

In Japan finden Sie eine breite Palette an Meeresfrüchten, doch verwenden die folgenden Rezepte ausschließlich Produkte, die Sie problemlos bekommen. Für Ihr Bento nehmen Sie am besten Fisch, der bereits von den Gräten befreit und filetiert ist – dann lässt er sich einfacher essen.

Fisch-Bento mit Käse-Gratin

INHALT

- Weißfisch mit Zitronenbutter
- Mini-Gratin aus Käse und Kartoffeln
- Gemischtes Gemüse mit Tomatensauce
- Gedämpfter Brokkoli

Weißfisch mit Zitronenbutter

4–5 PORTIONEN

Für dieses Rezept eignen sich frische oder tiefgefrorene grätenfreie Weißfischfilets, etwa von Kabeljau, Seezunge, Schwertfisch, Tilapia, Streifenbarsch (Felsenbarsch, Wolfsbarsch) oder Meerbrasse. Das Aroma von tiefgefrorenem Fisch lässt sich durch ein wenig Alkohol (etwa Wein oder Sake) und Säure (wie Zitronensaft oder Essig) verbessern.

450 g grätenfreies weißes Fischfilet, frisch oder tiefgefroren
2 EL trockener Weißwein
Salz
schwarzer Pfeffer, nach Geschmack
Speisestärke, zum Bestäuben
2 EL Butter
1 EL Zitronensaft
1 TL Sojasauce
1 EL gehackter Dill oder frischer Koriander

Wenn Sie tiefgefrorenen Fisch verarbeiten, diesen über Nacht im Kühlschrank auftauen lassen. Unter fließend-kaltem Wasser abspülen, dann mit Küchenpapier trocken tupfen und in Stücke schneiden, die in die Bento-Box passen.

Den Fisch von beiden Seiten mit dem Wein beträufeln und mit etwas Salz bestreuen. Mindestens 10 Minuten durchziehen lassen, dann mit frischem Küchenpapier abtupfen. Mit schwarzem Pfeffer würzen und leicht mit Speisestärke bestäuben.

Die Butter in der Pfanne auf mittlerer Stufe erhitzen. Wenn die Butter geschmolzen ist, die Fischfilets in die Pfanne geben und von beiden Seiten goldbraun braten.

Zitronensaft und Sojasauce zugeben und den Fisch darin ein paarmal wenden, damit er ganz mit der Sauce überzogen ist. Die gehackten Kräuter zufügen. Den Fisch anschließend vom Herd nehmen und vor dem Einfüllen in die Bento-Box abkühlen lassen.

Im Kühlschrank hält sich der Fisch 1–2 Tage. Das Gericht lässt sich perfekt zum Abendessen zubereiten. Stellen Sie einfach einen kleinen Teil davon für das am nächsten Tag geplante Bento beiseite. Wenn Sie für das Rezept gefrorenen Fisch verwendet haben, rate ich davon ab, das Gericht erneut einzufrieren.

Mini-Gratin aus Käse und Kartoffeln

12 NORMALE MUFFINS ODER 24 MINI-MUFFINS

Schmeckt warm oder kalt und ergibt mehrere Bento-Portionen, die sich gut einfrieren und wieder erhitzen lassen.

700 g Kartoffeln, geschält und gewürfelt
1 EL Salz
2 EL Butter
180 ml Milch
150 g tiefgefrorene grüne Erbsen
150 g geriebener Parmesan
Salz und schwarzer Pfeffer
1 Prise Cayennepfeffer

Kartoffelwürfel in einen Topf geben, vollständig mit Wasser bedecken, Salz zufügen. Zum Kochen bringen und Kartoffeln in 15 Minuten weich kochen. Durch ein Sieb abgießen, zurück in den Topf geben. Die Hitze auf niedrige Stufe reduzieren und den Topf so lange rütteln, bis die gesamte Feuchtigkeit verdunstet ist. Den Topf vom Feuer nehmen, die Kartoffeln darin zerstampfen. Topf erneut auf mittlerer Stufe erhitzen. Eine Vertiefung in die Mitte des Kartoffelstampfs drücken, Butter hineingeben. Sobald sie geschmolzen ist, Milch, Butter und Kartoffeln miteinander vermischen. Gefrorene Erbsen und 100 g Parmesan untermischen, den restlichen Käse beiseitestellen. Mit Salz und Pfeffer abschmecken.

Den Ofen auf 190 °C vorheizen. Ein Muffinblech mit Förmchen aus Papier oder Silikon bestücken. Die Kartoffel-Käse-Mischung in die Förmchen füllen und mit dem restlichen Parmesan und ein wenig Cayennepfeffer bestreuen. Gratins 10 Minuten im Ofen goldbraun backen. Vor dem Einfüllen in die Bento-Box abkühlen lassen.

Möchten Sie das Gratin einfrieren, sollte dies vor dem Backen erfolgen, gleich nachdem Sie die Muffin-Förmchen mit Parmesan bestreut haben. Die eingefrorenen Muffins zum Auftauen und Backen 10–15 Minuten bei 180 °C in den Backofen stellen. Sie können auch nur 1 oder 2 Förmchen aus dem Gefrierschrank nehmen und ein paar Minuten im Tischbackofen auftauen und fertig garen. Es macht nichts, wenn sie danach in der Mitte noch ein bisschen kalt sind – bis zum Mittagessen ist ihre Konsistenz perfekt.

Gemischtes Gemüse mit Tomatensauce

1 PORTION

Zugegeben, das ist wirklich ein Rezept für Faule – aber hin und wieder ist tiefgefrorenes Gemüse in Ordnung.

1 Bento-Förmchen gefrorenes gemischtes Gemüse nach Geschmack
1 EL Tomatensauce (Grundrezept siehe Seite 20) oder ein Fertigprodukt

Das gefrorene Gemüse in ein mikrowellengeeignetes Bento-Förmchen aus Silikon geben. Auf hoher Stufe ein paar Minuten in der Mikrowelle durcherhitzen, dann die Tomatensauce unterrühren. Gemüse abkühlen lassen und dann entweder direkt in die Bento-Box füllen oder die Form mit dem Gemüse in die Bento-Box stellen.

Gedämpfter Brokkoli

1 PORTION

Eine attraktive Ergänzung für ein Bento. Achten Sie darauf, das Gemüse nicht zu lange zu garen.

1 kleiner Brokkoli
1 Prise Salz

Brokkoli in Röschen teilen, den Stiel für eine andere Verwendung beiseitelegen. Brokkoliröschen in eine Pfanne legen, etwa 1 cm hoch mit Wasser bedecken, das Salz zufügen. Pfanne auf den Herd stellen und das Wasser zum Kochen bringen. Einen Deckel auflegen und Brokkoli 3 Minuten dämpfen. Brokkoli durch ein Sieb abgießen und sofort unter fließend kaltem Wasser abkühlen. Vor dem Einfüllen in die Bento-Box gut abtropfen lassen.

Um den Brokkoli einzufrieren, lassen Sie ihn gut abtropfen und abkühlen – so hält er sich in der Gefriertruhe bis zu 1 Monat. Zum Auftauen und Erhitzen den vorgekochten, eingefrorenen Brokkoli genau wie frischen Brokkoli zubereiten, aber nur 2 statt 3 Minuten dämpfen.

Die Bento-Box packen

Ich habe hier eine zweigeteilte Bento-Box genommen. Das Gemüse mit der Tomatensauce in ein Abteil packen und mit den Fischstücken krönen. Die Förmchen mit dem Mini-Gratin in den anderen Bereich stellen und die Lücken mit Brokkoli füllen.

REZEPTVARIANTEN

Fisch und Shrimps

Würzige Fisch-Nuggets aus der Bratpfanne

16–20 FISCH-NUGGETS

Nehmen Sie hierfür Weißfisch mit festem Fleisch. Ich bevorzuge Kabeljau, doch funktioniert das Rezept auch mit Seezunge, Barsch, Pangasius etc. Die im Joghurt enthaltene Säure beseitigt zuverlässig jeden »fischigen« Geschmack, vor allem bei tiefgefrorenem Fisch.

450 g Weißfisch ohne Haut und Gräten, frisch oder aufgetaut
245 g Naturjoghurt
1 Knoblauchzehe, gerieben
1 TL Salz
schwarzer Pfeffer (ein paar Umdrehungen mit der Mühle)
½ TL gemahlener Kreuzkümmel
½ TL gemahlener Koriander
¼ TL Cayennepfeffer
Olivenöl, zum Braten
250 g Semmelbrösel

Den Fisch abspülen und mit Küchenpapier trocken tupfen. In mundgerechte Stücke schneiden.

Joghurt, Knoblauch, Salz, Pfeffer und Gewürze in einer flachen Schüssel miteinander vermischen. Fisch darin wenden, damit er gut mit der Marinade überzogen ist. Mindestens 10 Minuten durchziehen lassen.

Eine Pfanne mit ½ EL Olivenöl auf mittlerer Stufe erhitzen. Die Semmelbrösel darin unter Rühren anbraten, bis sie sich schwach goldbraun zu färben beginnen. Anschließend die Panade auf einem Küchenpapier abtropfen und abkühlen lassen.

Den Fisch aus der Joghurt-Marinade nehmen und in den gerösteten Semmelbröseln wenden. Die Pfanne auswischen und 1 EL Öl hineingeben. Auf mittlerer bis niedriger Stufe erhitzen und die Fischstücke nebeneinander in nur einer Lage von beiden Seiten braten, bis sie goldbraun sind. Eventuell brauchen Sie mehrere Arbeitsgänge, um den ganzen Fisch zuzubereiten.

Sie können die Fisch-Nuggets in verschiedenen Stadien einfrieren – ich mache dies am liebsten, nachdem ich den Fisch paniert habe. Gefroren hält er sich bis zu 1 Monat. Um ihn wieder aufzutauen, erhitzen Sie eine Pfanne mit ein wenig Öl auf niedriger Stufe, geben die Nuggets hinein und braten sie 10–12 Minuten, bis sie goldbraun und komplett durchgegart sind. Nach der Hälfte der Bratzeit die Nuggets einmal wenden.

Grundrezept: Eingesalzener Lachs

1 PORTION

Ich habe dieses Rezept schon in meinem ersten Kochbuch *Bento für jeden Tag* vorgestellt, aber da es so praktisch und sinnvoll ist, eingesalzenen Lachs zur Hand zu haben, wiederhole ich es hier noch einmal.

frische Lachsfilets
grobes Meersalz

Lachsfilets mit Küchenpapier trocken tupfen. So großzügig mit Salz bestreuen, dass der Fisch nahezu weiß aussieht. Nun jedes Filet in eine dreifache Lage Küchenpapier einschlagen und auf einen flachen Teller legen.

Mindestens 3 Tage lang im Kühlschrank durchziehen lassen, dabei die Filets einmal pro Tag wenden. Wenn sich das Küchenpapier mit Feuchtigkeit vollgesogen hat, tauschen Sie es gegen frisches aus. Den Fisch vor dem Garen oder Einfrieren von jeglichem Salz befreien, das noch an der Oberfläche zurückgeblieben ist.

Lachs grillen, im Ofen backen oder in der Pfanne braten. Ein Stück gegrillter, eingesalzener Lachs ist eine klassische Bento-Zutat. Gesalzener Lachs ist eine der beliebtesten Füllungen von Onigiri-Reisbällchen.

Eingesalzener Lachs kann roh eingefroren werden und hält sich so bis zu 2 Monate in der Gefriertruhe.

Lachs-Soboro

1 Bento-Portion bzw. mehrere Portionen als Reisbällchen-Füllung

Lachs-Soboro kann auf einem Reisbett serviert oder als Füllung für Onigiri-Reisbällchen verwendet werden.

140 g eingesalzener Lachs (Grundrezept siehe oben)
120 ml Sake
1 EL Mirin
1 TL Zucker
½ EL Sojasauce

Den Lachs von Haut und größeren Gräten befreien. Eine Pfanne auf mittlerer Stufe erhitzen, den Lachs hineingeben und Sake, Mirin und Zucker zufügen. Den

Deckel auflegen und den Lachs bei einmaligem Wenden so lange garen, bis seine Farbe sich in ein helleres Pink verwandelt hat – dann ist er durch.

Lachs aus der Pfanne nehmen, in blättrige Stücke zerteilen, dabei auch alle kleineren Gräten entfernen.

Fisch bei niedriger Hitze in die Pfanne zurückgeben und die Sojasauce zufügen. So lange durchmischen, bis die Flüssigkeit eingekocht, aber nicht vollständig verdunstet ist (der Fisch sollte noch feucht sein).

Dieses Gericht hält sich im Kühlschrank in einem dicht verschlossenen Behälter bis zu 1 Woche, in der Gefriertruhe bis zu 1 Monat.

ABWANDLUNG: *Für ein leckeres Pasta-Dressing etwas gegarten, blättrig zerteilten eingesalzenen Lachs mit Sauerrahm/Naturjoghurt und gehacktem Dill mischen.*

Thunfisch-Nuggets mit Ingwer

4–5 PORTIONEN

Thunfisch aus der Dose ist preiswert und überall erhältlich, kann aber ein bisschen langweilig sein. Diese goldenen Nuggets mit ihrer bunten Füllung sind dies definitiv nicht!

200 g Thunfisch aus der Dose, in Öl oder Wasser
1 EL Beni Shoga (eingelegter Ingwer)
1 EL gehackte Frühlingszwiebel
1 kleines Ei
Speise- oder Kartoffelstärke
½ TL Sesamöl
½ TL Pflanzenöl
1 EL Sake oder Weißwein
2 EL Wasser
1 TL Zucker
1 EL Sojasauce

Thunfisch gut abtropfen lassen und mit einer Gabel blättrig zerteilen. Den Fisch in einer Schüssel mit Beni Shoga, Frühlingszwiebel und Ei vermischen.

Ein wenig Speisestärke auf einem Teller verteilen. Einen Löffel Thunfisch-Mix auf die Speisestärke geben und das Nugget sorgfältig von allen Seiten mit der Stärke ummanteln. Mit dem restlichen Teig – er reicht für 8–10 Nuggets – ebenso verfahren.

Sesam- und Pflanzenöl in einer Pfanne auf mittlerer Stufe erwärmen. Die Thunfisch-Nuggets darin von jeder Seite goldbraun braten.

Nun Sake, Wasser, Zucker und Sojasauce in die Pfanne geben. So lange köcheln, bis die Flüssigkeit eingedickt ist und die Nuggets damit überzogen sind.

Die Nuggets halten sich im Kühlschrank 1–2 Tage, in der Gefriertruhe bis zu 2 Wochen.

In der Pfanne gebratene Shrimps mit Mayo

8 PORTIONEN

Mayonnaise ist nicht nur für Salate und Sandwiches gedacht – in Japan schätzt man sie sehr als Kochzutat. In diesem Rezept liefert sie nicht nur jede Menge Aroma, sondern ersetzt perfekt das geschlagene Ei, das in der Regel als eine Art Klebstoff zwischen den Shrimps und ihrer Hülle aus Speisestärke fungiert. Zudem hilft der Säuregehalt der Mayonnaise dabei, jeglichen »fischigen« Geschmack zu beseitigen. Am leckersten schmeckt dieses Rezept mit frischen Shrimps, doch für das tägliche Bento sind gefrorene Shrimps einfach praktischer.

16 große, rohe, ungeschälte, tiefgefrorene Shrimps (etwa 340 g)
¼ TL Salz, plus etwas für die Shrimps
schwarzer Pfeffer
1 EL Weißwein
2 EL Mayonnaise
2–3 EL Speisestärke
2 EL Pflanzenöl

Bei Verwendung gefrorener Ware die Shrimps in ein Sieb legen und unter fließend kaltem Wasser abspülen. Dann in eine mit kaltem Wasser gefüllte Schüssel gleiten lassen und etwas Salz hinzufügen (etwa 1 EL auf 500 ml Wasser, doch kommt es hier nicht so genau darauf an). Etwa 10 Minuten einweichen lassen, bis die Shrimps so weit aufgetaut sind, dass sie sich schälen lassen. Von der Schale befreien, dabei aber die Schwänze an den Tieren lassen. Shrimps auf einem Küchenpapier abtropfen lassen und auch trocken tupfen.

Die Shrimps in eine Schüssel geben und mit ¼ TL Salz, Pfeffer und Wein mischen. Die Mayonnaise zufügen und in die Shrimps einmassieren. Nun die Stärke zugeben und alles gut durchmischen, sodass die Shrimps mit der Masse überzogen sind.

Das Öl in einer großen Pfanne auf mittlerer Stufe erhitzen. Die Shrimps darin von jeder Seite ein paar Minuten braten, bis sie knusprig und leicht gebräunt sind. Gut auf Küchenpapier abtropfen lassen.

Im Kühlschrank halten sich die Shrimps 3–4 Tage, in der Gefriertruhe bis zu 1 Monat. Zum Erwärmen und Zubereiten die Shrimps locker in Frischhaltefolie einschlagen und in die Mikrowelle stellen: 15–20 Sekunden, wenn sie aus dem Kühlschrank kommen, 40–45 Sekunden, wenn sie in der Gefriertruhe waren.

ABWANDLUNG 1: *Shrimps mit süßem Chili*
Mischen Sie zwei wieder erhitzte Shrimps mit 1 EL süßer Chili-Sauce, dabei die Shrimps in der Sauce wälzen, sodass sie gut damit überzogen sind.

ABWANDLUNG 2: *Shrimps mit Aurora-Sauce*
Zwei wieder erhitzte Shrimps mit je ½ EL Mayonnaise und Ketchup vermischen, dabei die Shrimps in der Sauce wälzen, sodass sie gut damit überzogen sind.

ABWANDLUNG 3: *Shrimps Donburi*
Bei Shrimps Donburi handelt es sich um Shrimps, die auf einer Schüssel Reis serviert werden – in Japan heißt dieses Gericht ebidon. *Gewöhnlich bereitet man es mit frittierten Tempura-Shrimps zu, doch diese Variante hier punktet durch deutlich weniger Fett. Beträufeln Sie die Shrimps einfach mit 1–2 TL Mentsuyu (Rezept siehe Seite 120, alternativ ein Fertigprodukt aus der Flasche verwenden) und krönen Sie den Reis damit. Ich rate davon ab, die Shrimps mit Mentsuyu zu beträufeln, wenn sie schon auf dem Reis angerichtet sind – sonst wird der Reis zu stark von der Sauce durchfeuchtet.*

are best

Im Folgenden finden Sie eine Auswahl leckerer Rezepte auf der Basis von Tofu und Bohnen – vegan, eiweißreich und zudem gut vorzubereiten. Tofu und Bohnen wurden in Japan traditionell als Ersatz für Fleisch und Fisch eingesetzt, insbesondere von den Mönchen des Zen-Buddhismus. Diese Gerichte schmecken aber so lecker, dass die Allesesser in Ihrer Familie sie mit Sicherheit auch lieben werden!

Tofu-Donburi-Bento

INHALT

- Tofu im Sukiyaki-Stil mit Shiitake-Pilzen
- Brauner Reis
- Shibazuke-Pickles
- Obst

Tofu im Sukiyaki-Stil mit Shiitake-Pilzen

2 PORTIONEN ZUM ABENDESSEN PLUS 1–2 BENTO-PORTIONEN

Dieses Rezept ist im Grunde nichts anderes als eine fleischlose Sukiyaki-Variante. Unter Sukiyaki versteht man in Japan ein pikant-süßes Eintopfgericht mit Rindfleisch, das im Donburi-Stil serviert wird, also auf einem Reisbett. Es schmeckt besonders gut, wenn es im Voraus zubereitet wird. Daher rate ich, es zum Abendbrot zu servieren und einen Teil davon für das am nächsten Tag geplante Bento beiseitezustellen.

400 g fester Tofu am Stück
2 Stangen Lauch, nur die weißen Teile verwenden
50 g frische Enoki-Pilze
4 große oder 8 kleine frische Shiitake-Pilze
50 g Bund grünes Blattgemüse, etwa Mangold
½ EL Sesamöl
4 EL Mirin
2 EL Sake
4 EL Sojasauce
1 Prise Salz
1 knappe Handvoll Zuckerschoten

Mit einer der auf Seite 58 beschriebenen Methoden das überschüssige Wasser aus dem Tofu ziehen und den Tofu in Würfel schneiden..

Den Lauch diagonal in Ringe schneiden. Von den Enoki-Pilzen die Wurzeln (dort sind die Pilze zusammengewachsen) abschneiden und entsorgen. Die Pilze auseinandernehmen und zu kleineren Bündeln zusammenstellen. Die Stiele der Shiitake-Pilze wegwerfen und die Hüte vierteln (bei kleinen Shiitake-Pilzen lässt man sie ganz). Das grüne Blattgemüse grob zerkleinern.

Sesamöl in einer Pfanne auf mittlerer Stufe erhitzen. Lauch zufügen und so lange dünsten, bis er zu bräunen beginnt. Shiitake-Pilze zugeben und 1 Minute mitgaren.

Mirin, Sake und Sojasauce hinzufügen und alles zum Kochen bringen. Den Tofu und die Enoki-Pilze in die Pfanne geben, die Hitze reduzieren und alles 10 Minuten köcheln lassen. Das grüne Blattgemüse zugeben und das Gericht nochmals 2–3 Minuten weitergaren.

Während die Tofu-Mischung köchelt, in einer Kasserolle etwas Wasser mit 1 Prise Salz zum Kochen bringen. Wenn das Wasser kocht, die Zuckerschoten hineingeben und 2–3 Minuten blanchieren. In einem Sieb gut abtropfen lassen und als Topping auf die Tofu-Mischung geben.

Dieses Gericht schmeckt warm ebenso lecker wie kalt. Daher können Sie es abkühlen lassen, auf braunem Reis anrichten und wie gewohnt in Ihre Bento-Box packen – oder es in einem Thermo-Behälter warm halten.

Brauner Reis

1 PORTION

Für dieses Bento brauchen Sie 200 g gekochten braunen Reis, das Grundrezept für Reis finden Sie auf Seite 116.

Sie sollten jederzeit heißen, vorgekochten Reis zur Hand haben. Stellen Sie hierfür entweder den Timer Ihres Reiskochers am Vorabend so ein, dass der Reis morgens fertig ist, oder tauen Sie vorgekochten tiefgefrorenen Reis in der Mikrowelle 2 Minuten lang auf hoher Stufe auf.

Shibazuke-Pickles

Die hier verwendeten, rosafarbenen Shibazuke-Pickles sind ein traditionelles Würzmittel aus Kyoto. Dabei handelt es sich um Gurken, die mit roten Shiso-Blättern gefärbt wurden. Sie bereichern Bentos traditionell durch ihren knackigen Biss und geben dem Ganzen einen salzig-sauren Kick.

Shibazuke-Pickles bekommt man in der Regel problemlos in japanischen Lebensmittelläden. Können Sie keine auftreiben, ersetzen Sie sie durch saure Gurken in Scheiben oder durch kleine Cornichons.

Obst

Wollen Sie Ihr Bento mit etwas Süßem anreichern, greifen Sie zu frischem Obst. Wenn Sie hierfür zerkleinerte Früchte wie zum Beispiel Äpfel nehmen, legen Sie die Scheiben oder Schnitze ein paar Minuten in mit Zitronensaft versetztes Wasser – auf 500 ml Wasser rechnet man etwa 1 TL Zitronensaft. Die Säure verhindert, dass das Obst durch Oxidationsprozesse braun wird. Vor dem Einfüllen in die Bento-Box gut abtropfen lassen. Frisches Obst wird am besten zusammen mit einem Eisbeutel oder Kühlakku verpackt, alternativ können Sie auch zu einer Bento-Box mit integriertem Eisbeutel (siehe Seite 122) greifen. Natürlich können Sie auch eine im Ganzen belassene Frucht wie einen Apfel oder eine Banane mitnehmen.

Tofu richtig entwässern

Viele Tofu-Rezepte verwenden Tofu, der zuvor von überschüssigem Wasser befreit wurde. Es gibt hierfür verschiedene Methoden. Wählen Sie diejenige, die Ihnen am meisten zusagt. Auf jeden Fall nehmen Sie den Tofu in einem ersten Schritt aus der Verpackung und gießen das vorhandene Wasser ab.

Methode 1: Wenn Sie einen großen Tofu-Block haben, legen Sie ihn auf einen mikrowellengeeigneten Teller und stellen ihn nicht abgedeckt 2–3 Minuten auf hoher Stufe in die Mikrowelle. Bei einem kleinen Block liegt diese Zeit zwischen 90 Sekunden und 2 Minuten. Den Tofu anschließend mindestens 10 Minuten abkühlen lassen und das ausgetretene Wasser abgießen.

Methode 2: Diese Methode empfiehlt sich für Gerichte, in denen Tofu-Blöcke oder -Würfel zum Einsatz kommen – für fein zerkrümelten Tofu ist sie nicht geeignet. 950 ml Wasser in einem Topf zum Kochen bringen und 1 TL Salz zufügen. Den Tofu in Stücke der verlangten Größe schneiden und ins Wasser geben. 3 Minuten kochen, dann vorsichtig abtropfen lassen.

Methode 3: Den Tofu-Block in mehrere Lagen Küchenpapier einschlagen und auf einen Teller mit Rand legen – am besten auf einen Suppenteller. Den Tofu mit einem flachen Teller bedecken und diesen mit einer Dose beschweren. Tofu so mindestens 30 Minuten lang stehen lassen. Hierdurch wird die überschüssige Feuchtigkeit aus dem Tofu gepresst. Das ausgetretene Wasser abgießen.

Methode 4: Diese Methode ist perfekt, wenn im Rezept fein zerkrümelter Tofu verlangt wird. Den Tofu in ein sauberes Küchentuch oder Seihtuch geben und dieses fest zusammendrehen. So pressen Sie das überschüssige Wasser heraus.

Die Bento-Box packen

Ich verwende hierfür gern eine Thermo-Bento-Box, die speziell für Donburi-Reisgerichte entwickelt wurde. Der Reis kommt in den unteren Bereich, die Tofu-Gemüse-Mischung in den oberen. Unmittelbar vor dem Essen einfach das Gemüse mit einem Löffel auf dem Reis verteilen. Wenn Sie keinen Thermo-Behälter haben, nehmen Sie eine Bento-Box mit zwei getrennten Abteilen. Füllen Sie den Reis in einen Bereich und das Tofu-Gemüse in den anderen. Wenn Sie eine Mikrowelle zur Verfügung haben, wärmen Sie das Gericht vor dem Essen für 2 Minuten auf hoher Stufe auf. Wenn nicht, ist dies auch kein Problem – dieses Bento schmeckt auch kalt sehr gut!

REZEPTVARIANTEN

Tofu und Bohnen

Gisei Dofu aus dem Ofen

9 STÜCK BZW. 3 BENTO-PORTIONEN

Dies ist ein Klassiker der buddhistischen Zen-Küche. Der Name bedeutet so viel wie neu geformter oder falscher Tofu, vermutlich weil der Tofu zerdrückt wird, bevor man ihn wieder in eine quadratische Form bringt. Einer anderen Theorie zufolge hat das Gericht diesen Namen bekommen, weil in dem zerdrückten Tofu viele andere Zutaten versteckt sein können. Normalerweise bereitet man Gisei Dofu mit Ei als Bindemittel zu, ich habe diese Variante aber bewusst vegan gehalten und verwende Chiasamen.

3 getrocknete Shiitake-Pilze
480 ml Wasser
Pflanzenöl oder Sesamöl, zum Einfetten
400 g fester Tofu am Stück
½ mittelgroße Möhre
3 Frühlingszwiebeln
1 EL gemahlene Chiasamen oder1 gehäufter EL ganze Chiasamen
3 EL kochendes Wasser
½ EL Sesamöl
80 g tiefgefrorene, enthülste Edamame-Bohnen
1 EL Sojasauce
2 EL Zucker
⅓ TL Salz
Sesamöl, zum Bestreichen

Die getrockneten Shiitake-Pilze bereits am Vortag in einer Schüssel mit 480 ml Wasser quellen lassen. Die Pilze bis zur Verwendung im Wasser einweichen lassen.

Den Ofen auf 180 °C vorheizen. Eine rechteckige Kuchenform (20 cm) mit Pflanzen- oder Sesamöl einfetten. Den Boden der Form mit einem passend zugeschnittenen Stück Backpapier auslegen. Dessen Oberseite ebenfalls einfetten.

Den Tofu entwässern (siehe diese Seite) und zerdrücken.

Die Feuchtigkeit aus den Shiitake-Pilzen drücken und das Einweichwasser für die spätere Verwendung beiseitestellen. Die Pilzstiele entsorgen. Nun die Pilzhüte in dünne Scheiben schneiden. Die Möhre fein zerkleinern und die Frühlingszwiebeln hacken.

Die Chiasamen in einer kleinen Schüssel mit 3 EL kochendem Wasser übergießen. Ich bevorzuge ganze Chiasamen, da ich ihre Konsistenz mag, aber Sie können auch gern gemahlende Samen nehmen.

Das Sesamöl in einer Pfanne auf mittlerer Stufe erhitzen. Möhre und Shiitake-Pilze hineingeben und ein paar Minuten andünsten. Nun Tofu, Frühlingszwiebeln und 80 ml der Pilz-Einweichflüssigkeit zugeben. So lange köcheln lassen, bis die Flüssigkeit nahezu komplett eingekocht ist, dann die Edamame-Bohnen zufügen. Mit Sojasauce, Zucker und Salz würzen und alle Zutaten gut vermischen. Den Inhalt der Pfanne in eine Schüssel gleiten und zimmerwarm abkühlen lassen.

Die eingeweichten Chiasamen mitsamt dem Wasser zur Tofu-Mischung geben und sorgfältig unterrühren. Die Masse in die vorbereitete Kuchenform füllen und gleichmäßig verteilen. Die Oberfläche mit zusätzlichem Sesamöl bestreichen.

Auflauf 20–25 Minuten im Ofen backen, bis sich die Oberfläche schwach goldbraun gefärbt hat, dann aus dem Ofen nehmen und abkühlen lassen. Wenn der Auflauf erkaltet ist, vorsichtig auf einen Teller oder ein Schneidbrett stürzen und in 9 Stücke zerteilen.

Gisei Dofu hält sich im Kühlschrank 2–3 Tage, im Gefrierschrank bis zu 1 Monat, doch wird die Konsistenz durch das Einfrieren schwammartig und ein bisschen trockener. Ob Sie das stört oder nicht, finden Sie am besten heraus, wenn Sie zunächst probeweise eine kleine Portion einfrieren.

ABWANDLUNG: *Sie können Gisei Dofu mit jeglicher Art von Gemüse zubereiten. Nicht-Vegetarier können auch etwas Hackfleisch zufügen. Traditionell nimmt man Hähnchenhackfleisch, aber Puten- oder Schweinehack funktionieren ebenso gut.*

Teriyaki-Tofu mit Ingwer

3–4 PORTIONEN

Dieses pikante Gericht mit Biss mögen sogar diejenigen, die Tofu skeptisch gegenüberstehen.

400 g fester Tofu am Stück, entwässert (siehe Seite 58)
Speise- oder Kartoffelstärke
2–3 EL Olivenöl
1 cm Ingwer, in feine Streifen geschnitten
1 EL Sake
1 EL Mirin
1 TL Reis- oder Apfelessig
1 TL Zucker
1 EL Sojasauce
schwarzer Pfeffer

Den Tofu in 8–10 Würfel schneiden und jeden einzelnen in Speisestärke wälzen.

Das Olivenöl in einer Pfanne auf mittlerer Stufe erhitzen. Den Tofu rundum braten, bis er leicht gebräunt und fest ist. Dann aus der Pfanne nehmen und auf Küchenpapier abtropfen lassen.

Das überschüssige Öl mit einem Küchenpapier aus der Pfanne wischen. Den Ingwer hineingeben und bei mittlerer Hitze 1–2 Minuten andünsten. Nun Sake, Mirin, Essig, Zucker und Sojasauce zufügen, dann den Tofu zurück in die Pfanne gleiten lassen. Die Tofu-Würfel in der Sauce wenden, sodass sie gut damit überzogen sind. Zum Schluss alles großzügig mit schwarzem Pfeffer aus der Mühle würzen.

Dieses Gericht lässt sich nicht gut einfrieren, hält sich aber im Kühlschrank abgedeckt 2–3 Tage. Es zählt zu den Speisen, die man am besten zum Abendbrot zubereitet und einen Rest am nächsten Tag im Bento verwendet.

Klassisch japanisches Tofu-Soboro

3–4 PORTIONEN

Dieses traditionelle Gericht kennt man in Japan unter dem Namen *iridofu*. Serviert wird es auf einem Reisbett. Alternativ kann man es auch in den Soboro-Rezepten (siehe Seite 29) als Fleischersatz verwenden.

120 ml Dashi-Brühe (Grundrezept siehe Seite 119)
2 EL Miso (weiß, wenn möglich)
1 EL helle Sojasauce (Usukuchi)
1 Prise Salz
1 EL Sesamöl
1 Knoblauchzehe, gehackt
2 ½ cm Ingwer, gerieben
3 Frühlingszwiebeln, gehackt
4 getrocknete Shiitake-Pilze, eingeweicht und gehackt
400 g fester Tofu am Stück, entwässert (siehe Seite 58) und zerkrümelt

Dashi-Brühe, Miso, Sojasauce und Salz in einer kleinen Schüssel miteinander vermischen.

Das Sesamöl in einer Pfanne auf mittlerer Stufe erhitzen. Knoblauch, Ingwer und Frühlingszwiebeln darin 2 Minuten dünsten.

Gehackte Shiitake-Pilze und zerkrümelten Tofu in die Pfanne geben. Ein paar Minuten braten, bis die Feuchtigkeit fast vollständig aus der Pfanne verschwunden ist. Nun die Dashi-Mischung zugießen und alles unter Rühren so lange köcheln lassen, bis die Flüssigkeit verkocht ist.

Dieses Gericht hält sich im Kühlschrank 2–3 Tage. Es lässt sich auch sehr gut einfrieren – einfach in einen Gefrierbeutel aus Plastik füllen und diesen flach drücken. Auf diese Weite entsteht eine Platte, von der Sie später die Menge abbrechen, die Sie benötigen.

ZUTATENTIPP: *Ich habe hier helle Sojasauce (Usukuchi) verwendet – sie ist heller als normale Sojasauce und färbt daher den Tofu nicht braun. Sie können stattdessen aber auch dunkle Sojasauce nehmen. Geben Sie dann aber eine Prise Salz dazu, da helle Sojasauce salziger ist als dunkle.*

Tofu-Soboro provençal
3–4 PORTIONEN

Diese Abwandlung eines traditionellen japanischen Lieblingsgerichts profitiert von den Aromen Südfrankreichs.

1 EL Olivenöl
1 kleine Zwiebel, gehackt
2 Knoblauchzehen, gehackt
400 g fester Tofu am Stück, entwässert (siehe Seite 58) und zerkrümelt
2 TL Kräuter der Provence oder 1 TL getrockneter Rosmarin, ½ TL Thymian und ½ TL Majoran
2 EL entsteinte schwarze Oliven in Öl
120 ml Gemüsebrühe
½ TL Salz
schwarzer Pfeffer

Das Olivenöl in einer Pfanne auf mittlerer Stufe erhitzen. Die Zwiebel darin glasig dünsten. Nun den Knoblauch zufügen und 1–2 Minuten mitdünsten.

Tofu, Kräuter und Oliven in die Pfanne geben. Ein paar Minuten garen, bis nahezu jegliche Feuchtigkeit aus der Pfanne entwichen ist.

Die Gemüsebrühe zugießen und alles unter Rühren so lange kochen, bis die Flüssigkeit fast völlig eingekocht ist. Mit Salz und Pfeffer würzen. Beim Salzen jedoch auf jeden Fall abschmecken, vor allem wenn Sie gekörnte Brühe verwenden.

Dieses Gericht hält sich im Kühlschrank 2–3 Tage. Es lässt sich gut einfrieren – einfach in einen Gefrierbeutel aus Plastik füllen und diesen flach drücken, sodass Sie bei Bedarf so viel von der gefrorenen Platte abbrechen können, wie Sie brauchen.

Gebratene Tofu-Rollen
10 PORTIONEN

Abura-age, ein dünnes, bereits vorfrittiertes Tofu-Blatt, ist eine nützliche Zutat, die schnell gar wird. Dieses farbenfrohe Gericht heißt in Japan *shinoda-maki* und zählt zu den traditionellen Osechi-Neujahrsgerichten. Serviert werden diese in ojuu genannten, gut stapelbaren Lackschachteln, die an eine Bento-Box erinnern.

10 rechteckige Abura-age-Blätter
1 mittelgroße Möhre
20 grüne Bohnen
1 Prise Salz
600 ml Dashi-Brühe (Grundrezept siehe Seite 119)
2 EL Mirin
2 EL Sake
2 EL Zucker
3 EL Sojasauce

Die Abura-age-Blätter 1 Minute in einem Topf mit kochendem Wasser blanchieren. Hierdurch wird überschüssiges Öl entfernt und die Blätter lassen sich leichter entfalten.

In einem Durchschlag abtropfen, dann abkühlen lassen.

Die Möhre in dünne Stifte schneiden, die Länge entspricht der der grünen Bohnen. Die Bohnen putzen und die Fäden entfernen.

Wasser in einer kleinen Kasserolle mit 1 Prise Salz zum Kochen bringen. Die Möhre hineingeben und 2 Minuten kochen lassen, dann die grünen Bohnen zufügen und beides zusammen weitere 2 Minuten kochen. Wenn die grünen Bohnen eine leuchtend grüne Farbe angenommen haben, abgießen.

Das Wasser aus den Abura-age-Blättern drücken. Ein Blatt flach ausbreiten und an zwei der kurzen sowie an einer langen Seite aufschneiden. Dann das Blatt so auseinanderfalten, dass ein großes Rechteck entsteht. Diese Arbeitsschritte mit den anderen Abura-age-Blättern wiederholen.

2 grüne Bohnen und 2–3 Möhrenstifte an einer der beiden kurzen Seiten auf eines der aufgeklappten Abura-age-Blätter legen. Das Blatt, an der Gemüse-Seite beginnend, fest aufrollen und die Rolle mit einem Zahnstocher fixieren. Diese Arbeitsschritte mit den anderen Abura-age-Blättern wiederholen.

Die Rollen in eine große Kasserolle oder Bratpfanne legen, am besten nebeneinander in nur einer Lage. Dashi-Brühe, Mirin, Sake, Zucker, Sojasauce in genau dieser Reihenfolge zufügen und dazwischen immer gut umrühren. Nun alles zum Kochen bringen, dann die Hitze reduzieren und die Rollen 20 Minuten köcheln lassen. Anschließend in der Pfanne abkühlen lassen.

Die abgekühlten langen Rollen jeweils in 2–3 kürzere Rollen teilen. Damit sie in Ihrem Bento nicht auseinanderfallen, am besten in Bento-Förmchen aus Silikon verpacken.

Die Rollen halten sich im Kühlschrank 4–5 Tage. Sie bleiben saftiger, wenn man sie in der Kochflüssigkeit aufhebt.

Gebratene Tofu-Rollen lassen sich gut einfrieren und sind dann bis zu 1 Monat haltbar. Sie können die gegarten Rollen ungeschnitten einfrieren – oder in mundgerechte Stücke zerteilt in einem Bento-Förmchen aus Silikon, sodass Sie die Rollen nur noch in Ihr Bento zu packen brauchen. Da die Stücke so klein sind, tauen sie im Bento bis zur Mittagszeit ganz von allein auf.

ZUTATENTIPP: *Wenn Sie beim Einkaufen nach Abura-age-Blättern suchen, finden Sie vielleicht die chinesische Variante, die in kleinen Rechtecken oder Würfeln angeboten wird. Für dieses Rezept brauchen Sie jedoch die unten abgebildeten rechteckigen frittierten Blätter (etwa postkartengroß), die man in japanischen Lebensmittelläden bekommt.*

Bohnen-Erbsen-Curry

4–6 PORTIONEN

Dieses vegane Curry, das dem indischen Chana Masala ähnelt, lässt sich schon ein paar Tage im Voraus zubereiten und auch gut einfrieren. Sie können es in der Mikrowelle erwärmen oder in einem Thermo-Behälter bis zum Mittagessen warm halten. Essen Sie das Curry mit braunem Reis, den Sie in einem separaten Behälter mitnehmen, oder mit Puy-Linsen und braunem Reis (Rezept siehe diese Seite).

3 große Zwiebeln
4 cm Ingwer
3 Knoblauchzehen
2 Möhren
4–5 EL Kokosöl
Salz
400 g stückige Tomaten aus der Dose
480 ml Sojabohnen-Kochflüssigkeit
480 ml Wasser
150 g gekochte Sojabohnen
155 g tiefgefrorene, enthülste Edamame-Bohnen
75 g tiefgefrorene grüne Erbsen
4 EL japanisches oder mildes Madras-Currypulver
1 EL Garam Masala
Salz und schwarzer Pfeffer

Die Zwiebeln in dünne Scheiben schneiden. Ingwer und Knoblauch schälen und fein hacken. Die Möhren grob zerkleinern.

In einer großen Pfanne mit schwerem Boden 2–3 EL Kokosöl erhitzen. Die Zwiebeln hineingeben, dann die Hitze auf niedrige Stufe reduzieren und die Zwiebeln mit etwas Salz bestreuen. So lange garen, bis die Zwiebeln sich goldbraun gefärbt haben und sehr weich sind. Nun Ingwer und Knoblauch zufügen und 1–2 Minuten mitdünsten.

Tomaten, Möhren, Kochflüssigkeit der Sojabohnen und Wasser in die Pfanne geben. Alles zum Kochen bringen, dann die Hitze reduzieren und Gemüse 20 Minuten köcheln lassen. Sojabohnen, Edamame und Erbsen zufügen und nochmals alles 10 Minuten köcheln lassen.

In einer zweiten Pfanne 2 EL Kokosöl auf mittlerer Stufe erhitzen. Currypulver und Garam Masala darin unter Rühren kurz andünsten, bis das Öl zu duften beginnt. Diese Würzmischung in die Pfanne mit den anderen Zutaten geben, dann das Gericht mit Salz und Pfeffer abschmecken.

Das Curry hält sich im Kühlschrank 4–5 Tage, in der Gefriertruhe bis zu 1 Monat.

Puy-Linsen und brauner Reis

Das ist streng genommen kein Rezept, sondern eine gute Kombination für vegane Mahlzeiten. Mischen Sie einfach gekochte Puy-Linsen mit gegartem braunem Reis. Ich nehme dafür gern 1 Teil Linsen auf 3 Teile Reis. Diese Beilage passt gut zu dem Bohnen-Erbsen-Curry auf dieser Seite, ebensogut aber zu jedem anderen Curry oder Eintopf. Puy-Linsen, die grün und sehr fest sind, sind hierbei besser als rote oder gelbe Linsen, da diese weicher sind und schnell matschig werden, wenn man sie mit Reis vermischt.

Tiefgefrorene Edamame-Bohnen richtig zubereiten

Tiefgefrorene Edamame-Bohnen können Sie wunderbar als Vorrat in der Gefriertruhe aufbewahren. Da sie bereits vorgekocht sind, können Sie sie in der Hülse auftauen – am besten schmecken sie jedoch, wenn man sie kurz kocht.

Hierfür so viel Wasser mit 1 Prise Salz zum Kochen bringen, dass die später zugefügten Edamame-Bohnen vollständig mit Wasser bedeckt sind. Wenn das Wasser sprudelnd aufkocht, die gefrorenen Bohnen hineingeben. Je nach Größe der Bohnen zwischen 30 Sekunden und 1 Minute kochen lassen, dann durch ein Sieb abgießen. Wenn Sie möchten, können Sie die Bohnen vor dem Verzehr noch mit etwas Salz bestreuen.

Enthülste Edamame-Bohnen können im Rezept Reis mit grünen Erbsen (siehe Seite 29) die Erbsen ersetzen, genau wie in jedem anderen Rezept, das grüne Erbsen verwendet. Edamame-Bohnen machen sich auch gut in Salaten. Wenn Sie Zeit und Lust haben, stecken Sie ein paar enthülste Edamame-Bohnen auf einen kleinen Spieß – das ergibt eine witzige Bento-Dekoration.

Eine japanische Bento-Revolution der jüngsten Vergangenheit ist das Reis-Sandwich Onigirazu. Dieser Begriff bedeutet so viel wie »nicht (zu einem Reisball) gepresst« – es handelt sich also um ein Wortspiel, das Bezug auf die traditionellen Onigiri-Reisbällchen nimmt. Gegenüber dem Reisbällchen hat das Reis-Sandwich den Vorteil, dass die Füllungen sehr viel unterschiedlicher ausfallen können. Auch passt deutlich mehr Füllung hinein, was das Mittagessen noch leckerer macht. Hier kommen einige Vorschläge für Bentos mit Reis-Sandwiches.

Reis-Sandwich-Bento

INHALT

- Reis-Sandwich mit Ei, Käse und Schinken
- Tomatensalat mit süßen Zwiebeln
- Wurst-Blüten

Reis-Sandwich mit Ei, Käse und Schinken

1 PORTION

1 mittelgroßes Ei
Pflanzenöl, zum Braten
Salz und schwarzer Pfeffer
2 Scheiben Schinken
1 Scheibe Schmelzkäse oder dünn geschnittener Käse Ihrer Wahl
2 Blätter Kopfsalat
200 g warmer, gekochter Japonica-Reis (Grundrezept Reis siehe Seite 116)
1 großes Nori-Algenblatt

Um das Ei zu braten, das Öl in einer kleinen beschichteten Pfanne auf mittlerer Stufe erhitzen. Das Ei in die Pfanne schlagen und mit Salz und Pfeffer bestreuen. Sobald das Eiweiß fest zu werden beginnt, die Hitze reduzieren, einen Deckel auflegen und warten, bis das Eigelb durchgebraten ist. Nun das Spiegelei aus der Pfanne auf einen Teller gleiten und abkühlen lassen.

Die Schinkenscheiben so zurechtschneiden, dass sie in etwa die Größe der Käsescheibe haben. Falls notwendig, auch das Spiegelei auf diese Größe bringen.

Die Salatblätter waschen und gut trocken tupfen – es sollte keine Feuchtigkeit auf der Oberfläche zurückbleiben.

Den warmen Reis mit 1 Prise Salz würzen.

Mit einer Gabel kleine Löcher in das Nori-Algenblatt stechen. Dann lässt sich das Algenblatt, wenn es weich ist, besser zerkauen.

Um das Reis-Sandwich zusammenzustellen, ein Stück Frischhaltefolie oder Pergamentpapier ausbreiten, das größer als das Nori-Blatt ist. Das Algenblatt darauf platzieren und die Hälfte vom Reis darauf zu einem Quadrat anordnen, das diagonal auf dem Blatt sitzt.

Nun die Füllung folgendermaßen auf den Reis geben: 1 Salatblatt, darauf 1 Scheibe Schinken, 1 Spiegelei, 1 Scheibe Käse, 1 Scheibe Schinken und zum Abschluss 1 Salatblatt geben.

Die Füllung nun mit der zweiten Hälfte vom Reis bedecken.

Zwei diagonal gegenüberliegende Ecken des Nori-Blattes über dem Reis einschlagen und leicht andrücken, damit das Algenblatt am Reis haften bleibt.

Mit den beiden übrigen Ecken ebenso verfahren. Falls die Ecken überstehen, diese einschlagen.

Das ins Algenblatt eingeschlagene Sandwich so umdrehen, dass die eingeschlagenen Kanten nach unten zeigen. Die Frischhaltefolie bzw. das Pergamentpapier über dem Sandwich zusammenfalten und das Sandwich leicht flach drücken.

Das Reis-Sandwich mit einem befeuchteten Messer halbieren, dabei durch Folie oder Pergamentpapier schneiden (in einem Rutsch durchschneiden, damit das Sandwich nicht auseinanderfällt).

Tomatensalat mit süßen Zwiebeln

4–6 PORTIONEN

Dieser belebende, farbenfrohe Salat ist die perfekte Ergänzung zu einem Reis-Sandwich.

1 große süße Zwiebel oder rote Zwiebel
4 mittelgroße Tomaten
1 EL Rotweinessig
2 EL Olivenöl
1 TL grobes Salz
schwarzer Pfeffer

Die Zwiebel sehr dünn schneiden. In eine Schüssel mit kalten Wasser geben und ein paar Minuten einweichen lassen, dann durch ein Sieb abgießen.

Die Tomaten in große Würfel schneiden und die Kerne entfernen.

Essig, Öl und Salz in einer Schüssel mischen und mit dem Schneebesen verrühren (oder in ein kleines Einmachglas geben und dieses kräftig durchschütteln).

Tomaten und Zwiebel in eine Schüssel füllen und mit dem Dressing mischen. Großzügig mit schwarzem Pfeffer würzen.

Der Salat hält sich im Kühlschrank 2–3 Tage.

ZUTATENTIPP: *Wenn Sie weder süße noch rote Zwiebeln bekommen können, nehmen Sie eine normale Speisezwiebel. Bestreuen Sie diese nach dem Aufschneiden mit ein wenig Salz und arbeiten Sie dieses gut ein, bevor Sie die Zwiebelscheiben in eine Schüssel mit Wasser legen. So wird der scharfe Zwiebelgeschmack stark gemildert.*

Wurst-Blüten

4 BLÜTEN

In dekorative Formen geschnittene Würstchen bereichern Ihr Bento in ästhetischer Hinsicht und schenken ihm gleichzeitig eine Extraportion Nährstoffe.

2 kleine Wiener Würstchen

Die Wiener Würstchen quer halbieren. Das runde Ende jeder Hälfte vertikal über Kreuz etwa 1 cm tief einschneiden.

Wasser in einem kleinen Topf zum Kochen bringen. Die beiden Wursthälften hineinlegen und etwa 2 Minuten kochen lassen, bis sich die »Blütenblätter« geöffnet und ein wenig eingedreht haben. Gut abtropfen und vor dem Einfüllen in die Bento-Box abkühlen lassen.

ABWANDLUNG 1: *Wurst-Herzen: 1 Wiener Würstchen 2 Minuten lang in kochendes Wasser legen, dann abkühlen lassen. Die runden Enden schräg (der Winkel sollte 45 Grad betragen) abschneiden. Einen kurzen essbaren Pasta-Stick (siehe unten) durch einen der Abschnitte stecken und den zweiten so aufspießen, dass die beiden Stücke ein Herz ergeben (bis zum Mittagessen ist der Pasta-Stick weich und damit essbar geworden). Alternativ können Sie die beiden Hälften des Herzens natürlich auch mit einem normalen Bento-Spieß fixieren.*

ABWANDLUNG 2:
Blumenkohl-Würstchen-Schaf: Ein vom Stiel befreites Blumenkohl-Röschen weich kochen. Nun das Ende eines Wiener Würstchens abschneiden und eine Minute lang kochen. Röschen und Wurstende abkühlen lassen, dann beides mit einem essbaren Pasta-Stick (siehe unten) so zusammenstecken, dass der Blumenkohl den Körper des Schafes und der Wurstabschnitt den Kopf bildet. Zwei schwarze Sesamsamen als Augen zufügen.

Essbare Pasta-Sticks

1 knappe Handvoll Spaghetti (1,7 mm Durchmesser oder dicker)
Wasser in einer Sprayflasche
Salz und Pfeffer

Ein Backblech (für Ofen bzw. Tischbackofen) mit Alufolie auskleiden. Wenn Sie einen Ofen nutzen, diesen auf 180 °C vorheizen. Die Spaghetti nebeneinander auf das Blech legen und leicht mit Wasser besprühen oder beträufeln. Mit Salz und Pfeffer würzen.

Nudeln 5–6 Minuten im Ofen bzw. 2–3 Minuten im Tischbackofen backen, bis sie goldbraun gefärbt sind. Dabei einmal wenden. Achtung, dass sie nicht anbrennen.

Die Pasta-Sticks halten sich in einem luftdicht verschlossenen Behälter mehrere Monate lang. Brechen Sie die für Ihr Bento benötigten Stücke einfach von den Spaghetti ab. Bis zum Mittagessen sind die Pasta-Sticks weich und damit essbar geworden.

Die Bento-Box packen

Legen Sie die beiden Hälften des Reis-Sandwiches mit der Schnittseite nach oben in Ihre Bento-Box. Den Tomatensalat mit süßen Zwiebeln in ein Bento-Förmchen aus Silikon verpacken und an eine Seite der Box stellen. Die Lücken mit Wurst-Blüten und Petersilie füllen.

REZEPTVARIANTEN

Reis-Sandwiches

Reis-Sandwich mit Bacon und Ei

1 PORTION

Dieses mit Bacon gefüllte Reis-Sandwich wird nicht in ein Nori-Algenblatt, sondern stattdessen in einen dünnen Crêpe gewickelt. So entsteht eine witzige Variante der traditionellen Bacon-Ei-Kombination.

2 Scheiben Bacon
schwarzer Pfeffer (ein paar Umdrehungen mit der Mühle)
200 g warmer, gekochter Japonica-Reis (Grundrezept Reis siehe Seite 116)
1 Eier-Crêpe (Rezept siehe Seite 49)

Den Bacon in kleine Stücke schneiden. In einer Bratpfanne ohne Fett so lange braten, bis er kross, aber nicht verbrannt ist. Das Fett abgießen. Die Bacon-Stückchen zusammen mit frisch gemahlenem schwarzen Pfeffer unter den warmen Reis mischen.

Stellen Sie das Sandwich so zusammen, wie auf Seite 63 für das Reis-Sandwich mit Ei, Käse und Schinken beschrieben, wickeln Sie es aber nicht in ein Nori-Algenblatt, sondern in einen Eier-Crêpe. Verzichten Sie darauf, analog zum Algenblatt kleine Löcher in den Crêpe zu stechen, sonst könnte das Sandwich auseinanderfallen. Da das Ei nicht so gut wie das Nori-Blatt am Reis haftet, verpacken Sie das Sandwich in Plastikfolie bzw. Butterbrotpapier und wickeln es auch beim Essen nicht komplett aus.

Reis-Burger mit Mangold und Käse

1 PORTION

Diese Art von Reis-Sandwich wird als Reis-Burger bezeichnet und ist eine beliebte Spezialität einer japanischen Fast-Food-Kette. Der Burger kommt ohne Buns aus, stattdessen wird leicht angerösteter Reis verwendet, der die Füllung zusammenhält. Die Kombination der zwei verschiedenen Käsesorten bringt jede Menge Geschmack und macht dieses Bento-Gericht zu einer Option, die gerade Vegetarier lieben werden.

4 Blätter Mangold
½ EL Olivenöl
½ Knoblauchzehe, fein gehackt
Salz und schwarzer Pfeffer
30 g Edamer, Fontina oder ein ähnlich milder Käse, klein gewürfelt
2 EL geriebener Parmesan

¼ TL Cayennepfeffer
200 g warmer, gekochter Japonica-Reis (Grundrezept Reis siehe Seite 116)

Die grünen Teile der Mangold-Blätter hacken (die Stiele abschneiden und für eine andere Verwendung aufheben).

Die Hälfte des Öls in einer beschichteten Bratpfanne auf mittlerer Stufe erhitzen. Den Knoblauch darin kurz anschwitzen, dann den Mangold zufügen und so lange dünsten, bis die Blätter zusammengefallen sind. Mit Salz und Pfeffer würzen. Dann die Pfanne vom Herd nehmen und den gewürfelten Käse untermischen. Die Mischung auf einen Teller geben und beiseitestellen.

Parmesan und Cayennepfeffer unter den Reis mischen. Nun den Reis zu zwei Fladen formen.

Die Pfanne mit einem Küchenpapier auswischen, das restliche Öl hineingeben und auf mittlere Stufe erhitzen. Die Reis-Fladen darin so lange braten, bis sie auf einer Seite leicht gebräunt sind. Dann auf Küchenpapier abtropfen lassen.

Die beiden Fladen zu einem Sandwich zusammensetzen, wobei die gebräunten Seiten außen liegen und die Mangold-Käse-Füllung in der Mitte platziert wird. Den Reis-Burger in Butterbrotpapier wickeln. Wenn Sie möchten, können Sie ihn vor dem Einfüllen in die Bento-Box halbieren; dabei mit dem Messer einfach mitten durch die fixierende Papierhülle schneiden.

WEITERE REIS-SANDWICH-FÜLLUNGEN

Jede pikante Füllung, die in einem ganz normalen Brot-Sandwich gut schmeckt, eignet sich auch für ein Reis-Sandwich. Hier folgen ein paar Ideen.

- Eine Füllung aus Thunfisch-Salat, aufgeschnittener Zwiebel und Kopfsalat mit weißem Reis, der mit Yukari (getrockneten Shiso-Blättern) gemischt ist.
- Eine Füllung aus Dry Curry (siehe Seite 29) und hart gekochtem Ei (Grundrezept siehe Seite 49) mit weißem Reis.
- Reis-Burger mit einer Füllung aus pochiertem Fleischteig (Grundrezept siehe Seite 17).
- Eine Füllung aus Avocado, Räucherlachs und Frischkäse mit braunem Reis.
- Eine Füllung aus Roastbeef-Scheiben (Grundrezept siehe Seite 44) und Brunnenkresse mit braunem Reis.
- Eine Füllung aus japanischem Tamagoyaki-Omelett (siehe Seite 50) und Edamame-Bohnen mit braunem, mit Sesamsalz (Gomashio) gemischtem Reis.

So gelingt das Reis-Sandwich

Genau wie bei Onigiri-Reisbällchen und Sushi-Rollen ist die Reissorte für das Gelingen entscheidend. Mittelkörniger Japonica-Reis ist so klebrig, dass er sich gut formen lässt und zusammenhält, wenn man die Körner leicht zusammendrückt. (Mittelkörniger brauner Reis funktioniert ebenfalls.) Rundkornreis oder süßer Reis eignet sich ebenfalls für einige Rezepte, doch mischt man ihn am besten zur Hälfte mit mittelkörnigem Reis, damit die Konsistenz nicht zu klebrig und damit unangenehm wird. Langkornreis wie Jasmin- oder Basmatireis sollte so zubereitet werden, dass die Körner sich locker voneinander trennen, daher ist er für Rezepte, in denen es darum geht, dass der Reis gut zusammenhält, nicht geeignet. Kocht man Langkornreis, bis er breiig wird, kleben die Körner zwar zusammen, schmecken aber nicht mehr gut.

- Nehmen Sie warmen Reis – kalter Reis hält nicht gut zusammen. Falls Sie vorgekochten Reis verwenden, erwärmen Sie ihn vor der Zubereitung.
- Aromatisieren Sie den Reis, wenn die Füllung sehr schlicht ist – ein wenig Salz ist immer gut. Sie können auch die japanische Reis-Gewürzmischung Furikake (siehe Seite 119) zufügen.
- Trocknen Sie Gemüse, das Sie in der Füllung nutzen (etwa Salat), gründlich und tupfen Sie auch überschüssiges Öl in der Füllung ab. Feuchtigkeit aus Wasser oder Öl kann dazu führen, dass der Reis auseinanderfällt.
- Wenn Sie ein großes Nori-Algenblatt nutzen, etwa um ein Reis-Sandwich darin einzuhüllen, stechen Sie kleine Löcher hinein, bevor Sie es um den Reis wickeln. Ein Nori-Blatt, das die im Reis enthaltene Feuchtigkeit aufnimmt und weich wird, lässt sich schlecht beißen. Sticht man jedoch Löcher hinein, wenn es noch trocken und knackig ist, lässt sich das Sandwich besser essen. Wenn Sie knackige Nori-Blätter bevorzugen, nehmen Sie ein separat verpacktes Blatt mit und wickeln Sie es erst unmittelbar vor dem Essen um Ihr Reis-Sandwich. So hält der Reis auch zusammen.
- Falls Sie für Ihr Reis-Sandwich eine andere Hülle als Algenblätter oder gar keine nutzen, entfernen Sie beim Essen die Plastikfolie oder das Butterbrotpapier, in das es gewickelt ist, nicht vollständig, damit das Sandwich nicht auseinanderfällt.

Half a loaf
is better than
no bread.
Bagel Sand
Coffee

In den letzten Jahren gab es immer mehr Menschen, die ihre tägliche Kohlenhydrataufnahme verringern möchten, sei es aus gesundheitlichen Gründen oder um ihr Gewicht zu reduzieren. Obwohl bei traditionellen Bentos eine Kohlenhydratquelle – normalerweise Reis – im Mittelpunkt steht, ist es ganz einfach, ein Low-Carb-Bento zu kreieren, das lecker schmeckt und immer noch angenehm sättigt. Im Fokus steht hierbei Konnyaku, eine Zutat, die in Japan seit Jahrhunderten gegessen wird, aber im Westen relativ unbekannt ist. Diese geleeartige Substanz wird aus der Wurzel der Konjak-Pflanze gewonnen. Man bekommt sie im Handel unter anderem in Form küchenfertiger Blöcke oder langer Stränge, die als Shirataki-Nudeln bekannt sind. Sie lernen im Folgenden auch noch andere Low-Carb-Bentos kennen.

Bento mit Shirataki-Nudeln und Hähnchen

INHALT

- Shirataki-Nudeln mit Gemüse aus der Pfanne
- Hausgemachte Yakisoba-Sauce
- Limetten-Hähnchen-Spieße

Shirataki-Nudeln mit Gemüse aus der Pfanne

1 PORTION

Dieses Rezept beruht auf einem beliebten Schnellgericht, nämlich Yakisoba-Nudeln aus der Pfanne. Anstelle der üblichen Weizennudeln werden jedoch Shirataki-Nudeln verwendet.

2 Kohlblätter, in Streifen geschnitten
½ Selleriestange, dünn geschnitten
½ mittelgroße Möhre, geraspelt
200–225 g Shirataki-Nudeln, in Wasser eingelegt
½ EL Pflanzenöl
1 cm Ingwer, fein gehackt
2 Frühlingszwiebeln, gehackt
ein paar Tropfen Chili- oder Sesamöl
Salz und schwarzer Pfeffer
1–2 EL hausgemachte Yakisoba-Sauce (siehe diese Seite)
Beni Shoga (eingelegter Ingwer), zum Garnieren, optional

Kohl, Sellerie und Möhre in eine Schüssel geben und mit kochendem Wasser übergießen. Ein paar Minuten ziehen lassen, dann durch ein Sieb abgießen. So wird das Gemüse schneller gar, und zwar ohne Zugabe von viel Öl.

Shirataki-Nudeln in einem Sieb abtropfen lassen und gut unter fließendem Wasser abspülen. Nochmals gründlich abtropfen lassen und anschließend ohne Zugabe von Öl in eine beschichtete Pfanne geben. Bei mittlerer Hitze unter Rühren so lange garen, bis das Wasser von der Oberfläche verdunstet ist und die Nudeln anfangen, leise zu quietschen.

Die Shirataki-Nudeln aus der Pfanne nehmen. Pflanzenöl und Ingwer in dieselbe Pfanne geben und auf mittlerer Stufe unter Rühren anschwitzen, bis das Öl zu duften beginnt, dann die Frühlingszwiebeln zufügen. Nun Kohl, Sellerie und Möhre zugeben und ein paar Minuten mitgaren lassen, dabei ab und zu umrühren. Die Nudeln zurück in die Pfanne geben und alles nochmals 2–3 Minuten braten und durchrühren.

Nun mit Chili- oder Sesamöl, einem Hauch Salz, schwarzem Pfeffer und der Yakisoba-Sauce würzen. Anschließend alles gut durchmischen.

Das Gericht vor dem Einfüllen in die Bento-Box abkühlen lassen. Mit ein wenig Beni Shoga (eingelegtem Ingwer) garnieren. Shirataki-Nudeln lassen sich übrigens nicht gut einfrieren, da ihre Konsistenz dann schwammartig und wenig appetitlich wird.

Hausgemachte Yakisoba-Sauce

ETWA 360 ML

Die hausgemachte Variante enthält weniger Zucker als die im Handel erhältlichen Produkte, punktet aber mit jeder Menge Geschmack. Sie können dieses Gewürz auch in anderen Pfannengerichten einsetzen.

1 große Zwiebel, fein gehackt
1 Prise Salz
½ EL Pflanzenöl
120 ml dunkle Sojasauce
120 ml japanische Worcestershire-Sauce
3 EL Mirin
2 EL Tomatenmark
2 EL Zucker
120 ml Wasser

Zwiebel auf einen mikrowellengeeigneten Teller legen und mit Salz bestreuen. Ohne Abdeckung auf hoher Stufe 3 Minuten in der Mikrowelle garen. (Sie können diesen Schritt auch auslassen, doch dauert es dann länger, bis die Zwiebel weich gedünstet ist.)

Die Zwiebel zusammen mit dem Pflanzenöl in einen Topf geben. Auf niedriger Stufe unter häufigem Rühren dünsten, bis sich die Zwiebel hellbraun färbt.

Die restlichen Zutaten zufügen und alles zum Kochen bringen, dabei häufig umrühren, damit sich der Zucker auflöst. Wenn die Mischung kocht, die Hitze reduzieren und die Sauce 10 Minuten köcheln lassen.

Sauce abkühlen lassen und anschließend in einem dicht verschlossenen Gefäß aufbewahren. Sie hält sich im Kühlschrank bis zu 1 Monat.

Limetten-Hähnchen-Spieße

2 SPIESSE

Dieses Rezept basiert auf einem weiteren beliebten Take-away-Gericht, nämlich Yakitori-Hähnchenspießen. In Japan werden diese Spieße oft in einer ziemlich süßen Sauce ertränkt – ich würze sie einfach mit Salz, schwarzem Pfeffer und Limette und grille sie dann. Die leckersten Resultate erzielen Sie übrigens mit Fleisch von Hähnchenschenkeln.

1 großer oder 2 kleine Hähnchenschenkel ohne Knochen, ingesamt etwa 150 g
1 Stange Lauch, nur die weißen Teile verwenden
Salz und schwarzer Pfeffer
Pflanzenöl
1 Limette

Das Hähnchenfleisch in 2 ½ cm große Würfel schneiden. Sie können die Haut entfernen oder auch am Fleisch lassen – wie Sie wollen. Den Lauch in Stücke ähnlicher Größe zerteilen.

Die Fleisch- und Gemüsestücke abwechselnd auf die Spieße stecken und großzügig mit Salz und Pfeffer bestreuen.

Eine Grillpfanne auf mittlerer Stufe erhitzen und mit ein wenig Öl bestreichen. Die Spieße in die Pfanne legen und etwa 5–7 Minuten braten, bis das Hähnchenfleisch durch ist. Die Spieße dabei ab und zu wenden.

Zur Abrundung den Limettensaft über die Spieße träufeln.

Die Bento-Box packen

In diesem Fall empfiehlt sich eine zweiteilige Bento-Box. Der eine Bereich wird mit den Nudeln befüllt, der andere mit den Hähnchenspießen. Legen Sie einen Limetten-Schnitz dazu, der vor dem Essen über dem Fleisch ausgepresst wird.

REZEPTVARIANTEN

Shirataki, Konnyaku und kohlenhydratarme Alternativen

Reis-Shirataki-Pilaw mit Hähnchen

4–6 PORTIONEN

Dieses Gericht ist inspiriert von dem amerikanischen »San Francisco Treat«, bei dem Reis mit Fadennudeln kombiniert wird. Ich habe die Fadennudeln hier durch gehackte Shirataki-Nudeln ersetzt, was sowohl die Kalorien- als auch die Kohlenhydratmenge reduziert. Anstelle des Hähnchenfleischs können Sie auch gekochtes Putenfleisch oder jegliche anderen Fleischreste verwenden.

2 Reiskocher-Tassen ungekochter weißer Reis (bei Zubereitung im Reiskocher) oder 300 g ungekochter weißer Reis (bei Zubereitung im Topf)
200–225 g Shirataki-Nudeln, in Wasser eingelegt
1 EL Butter oder Olivenöl
1 mittelgroße Zwiebel, gehackt
1 Knoblauchzehe, gehackt
2 EL gehackte Petersilie
50 g gekochtes Hähnchenfleisch, in kleine Würfel geschnitten
80 g tiefgefrorene grüne Erbsen und Möhren, gemischt
1 Würfel Hühner-Bouillon oder 1 EL gekörnte Brühe
¼ TL Salz
schwarzer Pfeffer (ein paar Umdrehungen mit der Mühle)

Den Reis in einem Sieb mit Wasser abspülen und abtropfen, danach 10 Minuten trocknen lassen.

Die Shirataki-Nudeln in einem Sieb abtropfen lassen und dann mit kochendem Wasser übergießen. Erneut gründlich abtropfen lassen. Wenn die Nudeln so weit abgekühlt sind, dass man sie problemlos anfassen kann, in 1 cm lange Stücke schneiden.

Weitere Zubereitung im Reiskocher:
Die Butter in einer Bratpfanne schmelzen, dann Zwiebel und Knoblauch zufügen. Beides so lange andünsten, bis die Zwiebel glasig zu werden beginnt, dann den Reis und die zerkleinerten Nudeln in die Pfanne geben. So lange garen, bis der Reis ganz mit Butter überzogen ist.

Reis und Shirataki-Mischung in den Topf des Reiskochers geben. Nun Petersilie, Hähnchenfleisch, gefrorene grüne Erbsen und Möhren, Hühnerbrühe, Salz, Pfeffer und so viel Wasser zugeben, wie man zur Zubereitung von 2 Tassen Reis braucht. Den Reiskocher so einstellen, als ob Sie gewöhnlichen Reis kochen würden.

Weitere Zubereitung im Topf:
300 g Reis abwiegen. Zwiebel, Knoblauch, Reis und Shirataki-Nudeln in einem Topf andünsten. 360 ml Wasser, Hühnerbrühe, Salz und Pfeffer zufügen und alles zum Kochen bringen. Nun die Hitze auf niedrige Stufe reduzieren, Hähnchenfleisch, gefrorene grüne Erbsen und Möhren obenauf in den Topf legen, den Deckel aufsetzen und alles 20–25 Minuten köcheln lassen, bis das ganze Wasser verdunstet ist. Den Topf vom Herd nehmen und Reis bei geschlossenem Deckel nochmals 10 Minuten ruuhen lassen.

Das Gericht hält sich im Kühlschrank 2–3 Tage.

Shirataki-Hähnchen-Ramen

1–2 PORTIONEN

Diese Nudelsuppe ist sättigend, aber arm an Kohlenhydraten. Besonders lecker schmeckt sie mit hausgemachter Hühnerbrühe. Um die Suppe gehaltvoller zu gestalten, reichern Sie sie mit gekochten Hähnchenfleischresten oder anderem zerkleinertem Fleisch an. Möchten Sie Ihr Mittagessen heiß genießen, füllen Sie die Suppe in einen Thermo-Behälter. Besitzen Sie kein solches Gefäß, nehmen Sie die Suppe in einem auslaufsicheren Behälter mit und erhitzen sie in einer Mikrowelle.

200–225 g Shirataki-Nudeln, in Wasser eingelegt
1 knappe Handvoll Bohnensprossen, Wurzeln entfernt
180 ml Hühnerbrühe, am besten ungesalzen
1 TL Sesamöl
1 TL Sojasauce
Salz, nach Geschmack

Was genau sind Shirataki und Konnyaku?

Shirataki-Nudeln bestehen aus Glucomannane, einem wasserlöslichen Ballaststoff, der aus der Wurzel der Konjak-Pflanze stammt. Mittlerweile gewinnen sie als kohlenhydratarme Alternative zu Weißmehl-Pasta zunehmend an Beliebtheit. Bei Konnyaku handelt es sich um einen gelatineartigen Block aus derselben Substanz. Der Begriff shirataki bedeutet so viel wie »weißer Wasserfall«, da die Nudelstränge wie fließendes Wasser aussehen. Eine andere Bezeichnung für die gallertartigen Nudeln ist ito-konnyaku, was man mit »Konnyaku-Fäden« übersetzen kann. Früher gab es zwischen ito-konnyaku und Shirataki-Nudeln Unterschiede bei der Herstellung, doch heute werden die Begriffe häufig nicht mehr klar voneinander getrennt.

Konnyaku und Shirataki werden in Japan seit Jahrhunderten gegessen, nicht als Diätkost, sondern wegen ihrer leckeren Konsistenz, die in Eintopf- und anderen Gerichten gefragt ist. Dennoch spricht man bei Konnyaku auch von einem »Magenreiniger«. Wenn Sie auf Ihre Kalorien- oder Kohlenhydrataufnahme achten müssen, können diese Lebensmittel eine nützliche Ergänzung Ihres Speiseplans darstellen, da sie viele Ballaststoffe und gleichzeitig sehr wenig Kalorien enthalten.

Die gummi- oder geleeartige Konsistenz von Konnyaku und Shirataki kann am Anfang gewöhnungsbedürftig sein, doch die meisten Menschen finden sie nach ein paar Versuchen ziemlich lecker. Der größte Nachteil besteht darin, dass häufig das Wasser, in das diese Produkte eingelegt sind, einen leicht fischigen Geruch hat, der als unangenehm empfunden wird. Es ist allerdings ganz einfach, diesen Geruch zu beseitigen: Sie können die Shirataki-Nudeln bzw. die Konnyaku-Streifen oder -würfel entweder mit kochendem Wasser übergießen oder ein paar Minuten lang kochen. Alternativ kann man sie auch kurz in einer Bratpfanne (ohne Öl) oder einem Wok sautieren, bis das Wasser von der Oberfläche verdunstet ist und die Nudeln, Streifen oder Würfel leicht zu quietschen beginnen.

Es gibt auch Shirataki-Nudeln, die fein säuberlich gebündelt und für die Verwendung in traditionellen japanischen Küchen bestimmt sind. Seit ein paar Jahren sind auch getrocknete Shirataki-Nudeln erhältlich. Lassen Sie die Nudeln laut den Anweisungen auf der Packung einweichen. Sobald sie wieder weich geworden sind, kann man sie in jedem Rezept verwenden, das in Wasser eingelegte Shirataki-Nudeln verlangt.

Konnyaku-Blöcke können genau wie Gelatineblöcke halb durchsichtig sein oder auch eine hell- bis dunkelgraue Färbung mit schwarzen Flecken zeigen. Der dunklen Variante sind Algen zugesetzt, die zusätzlich für Geschmack sorgen. Einige Menschen finden Letztere auch ästhetisch ansprechender. Die Grundzutat ist jedoch immer gleich, daher kann man beide Varianten beim Kochen verwenden.

Eventuell finden Sie im Handel auch Konnyaku- oder Shirataki-Reis. Hierbei handelt es sich einfach um Konnyaku in Form von Reiskörnern. Dieser »Reis« wird nicht pur gegessen, sondern normalem Reis oder anderen Getreidekörnern zugesetzt, um die Kohlenhydrat- und Kalorienbilanz zu verbessern.

Zu guter Letzt gibt es auch noch Tofu-Shirataki-Nudeln. Bei ihrer Herstellung wird Sojamilch in die Basis aus Glucomannane gemischt. Sie können wie ganz normale Shirataki-Nudeln verwendet werden, haben aber aufgrund der zugefügten Sojamilch einen höheren Kaloriengehalt.

Heutzutage bekommt man Shirataki-Nudeln in gut ausgestatteten Supermärkten, außerdem in Naturkostläden und online. Neben den traditionellen langen, dünnen Nudeln gibt es zahlreiche andere Formen, die man von Pasta her kennt. Konnyaku bekommt man in japanischen Lebensmittelgeschäften.

1 mariniertes hart gekochtes Ei (Rezept siehe Seite 50), halbiert
schwarzer oder weißer Pfeffer, optional
Gehackte Frühlingszwiebel zum Garnieren, optional

Bereiten Sie den Thermo-Behälter vor, indem Sie kochendes Wasser einfüllen und den Deckel schließen.

Die Shirataki-Nudeln in einem Sieb abtropfen lassen und mit kochendem Wasser übergießen. Dann erneut gründlich abtropfen lassen.

Die Bohnensprossen in einem Sieb mit Wasser abspülen und mit kochendem Wasser übergießen. Dann gründlich abtropfen lassen.

Hühnerbrühe in einen Topf geben und Shirataki-Nudeln zufügen. Alles zum Kochen bringen, Sesamöl und Sojasauce zugeben und mit Salz würzen. (Wenn Sie gekörnte Brühe oder Brühwürfel verwenden, lassen Sie das Salz weg oder nehmen Sie weniger davon.)

Das heiße Wasser vorsichtig aus dem Thermo-Behälter abgießen. Die Suppe mit den Nudeln einfüllen und das Ei sowie die Bohnensprossen obenauf geben. Achten Sie darauf, den Thermo-Behälter nicht zu voll zu machen, und verschließen Sie ihn sorgfältig. Alternativ können Sie Suppe, Nudeln und andere Zutaten auch in einen auslaufsicheren, mikrowellengeeigneten Behälter geben und vor dem Mittagessen in der Mikrowelle erhitzen.

Möchten Sie das Gericht zusätzlich würzen, nehmen Sie einen kleinen Gewürzbehälter mit schwarzem oder weißem Pfeffer und gehackter Frühlingszwiebel mit, die Sie kurz vor dem Essen über Ihre Suppe streuen.

Dieses Gericht lässt sich bereits am Vortag zubereiten – die Shirataki-Nudeln halten sich perfekt in der Suppe. Diese sollte allerdings beim Einfüllen in den Thermo-Behälter kochendheiß sein, damit sie zur Mittagszeit noch schön warm ist.

Shirataki-Sesam-Nudeln

1–2 PORTIONEN

Dieses sättigende Mittagessen basiert auf einem beliebten chinesischen Schnellgericht, den Sesam-Nudeln. Die Sauce und das Gemüse sollten Sie getrennt von den Nudeln verpacken und alles erst kurz vor dem Essen zusammenmischen. Am besten schmeckt dieses Gericht kalt, daher sollte es mit einem Eisbeutel oder Kühlakku gekühlt werden.

200–225 g Shirataki-Nudeln, in Wasser eingelegt
2 EL Sesamöl
1 cm Ingwer, fein gehackt
1 Knoblauchzehe, fein gehackt
1 TL rote Chiliflocken
2 EL Tahini oder Surigoma (gemahlener Sesam)
1 EL Reisessig
1 EL Sojasauce
1 TL Zucker
2 Suppenkellen (à 120 ml) fein zerkleinertes rohes Gemüse nach Wahl, etwa Gemüsepaprika, Gurke (ohne Kerne), Daikon-Rettich oder Bohnensprossen (nicht zerkleinert)
1 EL gehackte Frühlingszwiebel
1 EL weiße Sesamsamen, geröstet

Die Shirataki-Nudeln in einem Sieb abtropfen lassen und mit kochendem Wasser übergießen. Dann erneut gründlich abtropfen lassen.

1 EL Sesamöl in einer Bratpfanne auf mittlerer Stufe erhitzen. Ingwer und Knoblauch darin so lange anschwitzen, bis das Öl zu duften beginnt. Dann Chiliflocken und abgetropfte Shirataki-Nudeln in die Pfanne geben und gut durchrühren, damit die Nudeln ganz mit dem Öl überzogen sind. Anschließend alles aus der Pfanne nehmen und abkühlen lassen.

Das restliche Sesamöl in einer Schüssel mit Tahini, Reisessig, Sojasauce und Zucker zu einer Sauce verrühren.

Zum Verpacken die Nudeln in eine Bento-Box oder einen Behälter füllen, der groß genug ist, um später auch das Gemüse und die Sauce aufzunehmen. Sauce und Gemüse zunächst in separate Behälter füllen und das Gemüse mit der gehackten Frühlingszwiebel und den Sesamsamen bestreuen. Erst kurz vor dem Essen alle Bestandteile zusammenmischen.

VORBEREITUNGSTIPP: *Dieses Nudelgericht kann schon am Vorabend zubereitet werden. Achten Sie in diesem Fall aber darauf, die Zutaten wie gerade beschrieben getrennt voneinander zu verpacken. Wenn Sie die Sauce zu früh untermischen, werden die Nudeln wässrig.*

ABWANDLUNG: *Anstelle von Tahini können Sie glatte Erdnussbutter nehmen oder auch die Hälfte des Tahinis dadurch ersetzen. Verzichten Sie in diesem Fall auf die Zugabe von Zucker, da im Handel erhältliche Erdnussbutter bereits Zucker enthält.*

Konnyaku-Nudeln mit Hähnchen und Chili

1–2 PORTIONEN

Konnyaku ist im Grunde dasselbe wie Shirataki, wird allerdings im Handel in Blöcken angeboten. Diese Blöcke können Sie ganz nach Belieben zerkleinern. Für dieses Rezept schneide ich daraus dünne, breite Nudeln, die ich mit Chili und Hähnchen kombiniere.

300 g Konnyaku im Block
120 g Hähnchenfleisch ohne Knochen, weißes oder dunkles Fleisch
Salz und schwarzer Pfeffer
1 EL Olivenöl
1 Knoblauchzehe, fein gehackt
1 TL rote Chiliflocken
1 TL gehackter frischer Rosmarin

Konnyaku in einem Sieb abtropfen lassen und mit kochendem Wasser übergießen. Unter fließendem Wasser abkühlen, dann entlang der Längsseite des Blockes in etwa 3 mm breite Streifen schneiden.

Das Hähnchenfleisch in dünne Streifen schneiden und leicht mit Salz und Pfeffer würzen.

Eine Bratpfanne ohne Zugabe von Öl auf mittlerer Stufe erhitzen. Die Konnyaku-Streifen hineingeben und unter Rühren anbraten, bis die Oberfläche der Streifen trocken ist und sie zu quietschen beginnen. Dann aus der Pfanne nehmen.

Öl und Knoblauch in dieselbe Pfanne geben. Sobald das Öl zu duften beginnt, das Hähnchenfleisch (mit der Hautseite nach unten, falls Sie die Haut am Fleisch belassen haben) in die Pfanne legen und durchgaren. Nun die Chiliflocken, den Rosmarin und die Konnyaku-Streifen zufügen. Alles gut durchmischen und mit Salz und Pfeffer würzen.

Dieses Gericht kann 1–2 Tage im Voraus zubereitet werden. Es schmeckt warm oder kalt gleichermaßen gut.

Würzige Konnyaku-Streifen

3–4 PORTIONEN ALS BEILAGE

Dieses klassische Konnyaku-Gericht ist ziemlich salzig und eignet sich eher als kohlenhydratarme Beilage – weniger als Hauptgericht.

300 g Konnyaku im Block
½EL Sesamöl
1 TL rote Chiliflocken
1 EL Sake
1 EL Mirin
1 EL Sojasauce
6 g Bonito-Flocken oder 1 TL gekörnte Dashi-Brühe

Konnyaku in einem Sieb abtropfen lassen und mit kochendem Wasser übergießen. Unter fließendem Wasser abkühlen, dann entlang der Schmalseite des Blocks in etwa 5 mm breite Streifen schneiden.

Das Sesamöl in einer Bratpfanne auf mittlerer Stufe erhitzen. Die Chiliflocken zufügen und kurz durchrühren. Die Konnyaku-Streifen in die Pfanne geben und so lange dünsten, bis sie zu quietschen beginnen.

Sake und Mirin zugießen und alles so lange garen, bis die Flüssigkeit verkocht ist. Dann die Sojasauce sowie die Bonito-Flocken bzw. die gekörnte Dashi-Brühe zufügen. Nochmals so lange kocheln lassen, bis die Sojasauce eingekocht ist.

Hält sich im Kühlschrank 4–5 Tage.

ABWANDLUNG: *Eine Fleisch-Variante dieses Gerichtes erhalten Sie, wenn Sie 85 g dünn geschnittenes Rindfleisch in Sesamöl anbraten und dann mit dem Rezept wie beschrieben fortfahren, wobei Sie die Bonito-Flocken weglassen. Sie können ein wenig mehr Sojasauce oder auch einen Spritzer Austernsauce zufügen.*

Konnyaku-Reis

Konnyaku ist auch in Form von Reiskörnern erhältlich. Konnyaku-Reis kann beim Kochen mit normalem Reis gemischt werden. Er sieht gekocht wie ganz normaler Reis aus, hat aber weniger Kalorien und Kohlenhydrate. Außerhalb von Japan ist Konnyaku-Reis noch immer kaum zu finden, doch Sie können ihn von einigen japanischen Lebensmittelläden und natürlich online beziehen. Mischen Sie vor dem Kochen einfach ein paar Esslöffel Konnyaku-Reis in den Reis, den Sie normalerweise verwenden, und folgen Sie bei der Zubereitung den im Grundrezept für Reis auf Seite 116 gegebenen Anweisungen.

Bunter Reis mit Blumenkohl

1 PORTION

Sie können die in Reis und anderen Gerichten auf Getreidebasis enthaltene Kohlenhydratmenge reduzieren, indem Sie einen Teil des Getreides durch kohlenhydratarmes gehacktes Gemüse ersetzen. In diesem Rezept ergänzt zerkleinerter Blumenkohl den Reis, und bunte Gemüsepaprika bringt Pfiff hinein. Sie können hier ganz nach Wunsch auch anderes Gemüse zufügen, etwa Möhren, Mais, gehackten Brokkoli, Zucchini oder Frühlingszwiebeln.

100 g gehackter Blumenkohl
1 EL fein gehackte rote Gemüsepaprika
1 EL fein gehackte gelbe Gemüsepaprika
1 TL Butter
1 Prise Salz
200 g gekochter brauner oder weißer Reis (Grundrezept Reis siehe Seite 116)

Blumenkohl und Gemüsepaprika in einen Topf geben und knapp mit Wasser bedecken. Butter und Salz zufügen und alles zum Kochen bringen, dann die Hitze auf mittlere Stufe reduzieren. Nun den Großteil der Flüssigkeit im Topf abgießen. Unter ständigem Rühren so lange köcheln, bis die noch verbleibende Flüssigkeit verkocht ist. Der Blumenkohl sollte bissfest und nicht breiig sein.

Das Gemüse mit dem Reis mischen. Vor dem Einfüllen in die Bento-Box abkühlen lassen.

So stellen Sie Ihr eigenes Low-Carb-Bento zusammen

Es ist nicht schwierig, eigene kohlenhydratarme Bento-Varianten zu kreieren: Wählen Sie einfach Zutaten, die arm an Kohlenhydraten und Zucker sind. Reduzieren Sie die Menge an Reis, Brot, Pasta und Kartoffeln oder lassen Sie diese Lebensmittel ganz weg – das ist der einfachste Weg, um die Kohlenhydratmenge zu verringern. Achten Sie dabei auf folgende wichtige Punkte:

- Lassen Sie die Finger von kohlenhydratreichem Gemüse – nicht alle Arten sind Low Carb! Insbesondere gilt das für Winterkürbis, Mais, normale und Süßkartoffeln, dicke Bohnen und Erbsen, Pastinaken, Möhren und Zwiebeln.
- Zu den kohlenhydratarmen Sorten zählen grüne Bohnen, Zuckerschoten und andere Bohnen oder Erbsen, die man mit Schoten isst.
- Obst enthält generell viel Zucker.
- Bevorzugen Sie, wann immer möglich, komplexe Kohlenhydrate, wie sie in Vollkorn und Bohnen vorhanden sind, gegenüber einfachen Kohlenhydraten, wie sie in weißem Reis, geschälten Kartoffeln und Weißmehlpasta vorkommen.
- Vermeiden bzw. reduzieren Sie süße Würzmittel und Aromastoffe. Industriell hergestellte Saucen wie Ketchup, Austernsauce und Braune Sauce enthalten eine Menge Zucker. Obwohl ich versucht habe, in den hier vorgestellten Rezepten den Anteil des verwendeten Zuckers so gering wie möglich zu halten, können Sie gern zu einem Zuckerersatzstoff greifen, der sich erhitzen lässt.
- Ganz wichtig ist es, dass Ihr Bento eine ausgeglichene Nährstoffbilanz hat. Wenn Sie weißen Reis lieben, achten Sie auf jeden Fall darauf, diesen nur in begrenzter Menge einzusetzen (es sei denn, ein Arzt hat Ihnen davon abgeraten) und ergänzen Sie ihn mit ballaststoffreichem Gemüse und magerem Protein.

Oben links: Grüne Bohnen mit Bonito-Flocken (Seite 76); oben rechts: Möhren-Shirishiri (Seite 79); Mitte links: Japanischer Kartoffelsalat (Seite 81); Mitte rechts: Marinierte Pilze (Seite 80); unten links: Lotoswurzel-Salat (Seite 85); unten rechts: Würziger Brokkoli (Seite 75).

GEMÜSE UND BEILAGEN VORBEREITEN

In diesem Kapitel stelle ich Ihnen einige meiner Lieblings-Gemüsebeilagen vor, die sich gut in einer Bento-Box unterbringen lassen. Alle Rezepte können im Voraus zubereitet und im Kühlschrank aufbewahrt werden – die meisten können Sie sogar einfrieren.

Versuchen Sie, in jede Bento-Box mindestens zwei verschiedene Gemüsesorten als Beilage oder Lückenfüller zu integrieren. Wenn sie sich in der Farbe voneinander unterscheiden, macht dies Ihr Bento nicht nur attraktiver, sondern sorgt auch dafür, dass es im Hinblick auf die Nährstoffe besser ausgeglichen ist.

Ich schmücke meine Bentos gern mit ein wenig belebendem Grün, nicht nur der Farbe wegen, sondern natürlich auch aufgrund der Vitamine und anderer Nährstoffe. Im Folgenden lernen Sie einige delikate und Bento-freundliche Rezepte mit Spargel, Brokkoli, Kohl, grünen Bohnen und Spinat kennen.

SPARGEL

Spargel ist heutzutage das ganze Jahr über erhältlich, doch im Frühling schmeckt er am besten. Ergänzend zu den hier vorgestellten Rezepten eignet er sich super als Füllung für Fleischröllchen, etwa für das Schweinefleisch-Gemüse-Rollen-Bento auf Seite 37.

Blanchierter Spargel

4–6 PORTIONEN

Das Geheimnis besteht hier darin, den Spargel nicht zu lange zu kochen, er sollte immer noch bissfest sein.

10–12 grüne Spargelstangen mittlerer Größe
1 Prise Salz

Die harten Enden der Spargelstangen abschneiden und entsorgen. Jede Stange in 2–3 Stücke zerkleinern.

In einem Topf so viel Wasser zum Kochen bringen, dass der (später zugegebene) Spargel knapp damit bedeckt ist. Das Salz zufügen. Nun die Spargelstücke mit Ausnahme der Spitzen ins Wasser geben und etwa 2 Minuten kochen lassen. Dann die Spargelspitzen zufügen und alles nochmals 1 Minute kochen lassen, danach durch ein Sieb abgießen. Damit der Spargel rasch abkühlt, kaltes Wasser darüber laufen lassen, hierdurch bleibt die strahlend grüne Farbe erhalten.

Gebratener Spargel mit Balsamico

4–6 PORTIONEN

Der Balsamico-Essig bringt einen Hauch von Süße mit, wodurch der Eigengeschmack des Spargels betont wird. Dieses Gericht schmeckt warm so gut wie kalt.

10–12 Spargelstangen mittlerer Größe
1 EL Balsamico
½ EL Olivenöl
1 Prise Salz

Den Ofen auf 180 °C vorheizen.

Die harten Enden der Spargelstangen abschneiden und entsorgen. Jede Stange in Stücke von 5 cm Länge zerteilen. Den Spargel auf einem Backblech verteilen und mit Balsamico, Olivenöl und Salz beträufeln bzw. bestreuen. Spargel 10 Minuten im Ofen backen, bis er leicht gebräunt ist.

Gebratener Spargel hält sich 2–3 Tage im Kühlschrank, in der Gefriertruhe bis zu 1 Monat.

Spargel mit Sesamsamen

4–6 PORTIONEN

Nehmen Sie schwarze Sesamsamen, um einen deutlichen Farbkontrast zu erzielen.

10–12 Spargelstangen mittlerer Größe
½ EL Pflanzenöl
1 frische rote Chilischote, fein gehackt
1 EL Sojasauce
1 EL Mirin oder 1 TL Ahornsirup
2 EL schwarze Sesamsamen

Die harten Enden der Spargelstangen abschneiden und entsorgen. Jede Stange schräg in Stücke von 5 cm Länge zerteilen.

Das Öl in einer Pfanne auf mittlerer Stufe erhitzen. Die rote Chilischote hineingeben und unter Rühren ein paar Sekunden anbraten. Nun die Spargelstücke in die Pfanne geben und unter Rühren 5 Minuten braten, bis sie ein wenig weich zu werden beginnen. Sojasauce und Mirin zugeben und alles so lange garen, bis in der Pfanne keine Flüssigkeit mehr vorhanden ist. Die Sesamsamen zufügen, kurz durchrühren, bis ein paar Samen aufplatzen, dann Pfanne vom Herd nehmen.

Hält sich 2–3 Tage im Kühlschrank, in der Gefriertruhe bis zu 1 Monat.

Spargelsalat »mimosa«

2–4 PORTIONEN

Für mich sind Eier, Mayonnaise und Spargel eine perfekte Kombination. Wenn es draußen heiß ist, sollten Sie den Salat mit einem Eisbeutel oder Kühlakku kühl halten. Das Rezept funktioniert auch gut mit weißem Spargel – sogar wenn er aus dem Glas oder der Dose kommt.

10–12 Spargelstangen
Salz
2 hart gekochte Eier (Grundrezept siehe Seite 49)
½EL Apfelessig
2 EL Mayonnaise
Schwarzer Pfeffer

Die harten Enden der Spargelstangen abschneiden und entsorgen. Jede Stange schräg in Stücke von 5 cm Länge zerteilen. Etwas Wasser mit 1 Prise Salz in einem Topf zum Kochen bringen. Nun die Spargelstücke mit Ausnahme der Spitzen ins Wasser geben und etwa 4 Minuten kochen lassen. Im Anschluss die Spargelspitzen zufügen und alles nochmals 1–2 Minuten kochen lassen. Dann durch ein Sieb abgießen und kaltes Wasser über den Spargel laufen lassen, damit die Farbe erhalten bleibt. Zum Schluss gut abtropfen lassen.

Die Eier pellen und grob hacken. (Ich finde, dies geht einfacher, wenn Sie zunächst Eiweiß und Eigelb trennen. Das Eiweiß zerkleinere ich mit einem Messer und das Eigelb zerdrücke ich in einer Schüssel mit einem Löffel.)

Den Spargel in einer Schüssel mit dem Essig mischen. Nun die Mayonnaise untermengen und alles nach Belieben mit Salz und Pfeffer abschmecken. Das gehackte Ei über den Spargel streuen.

Der Spargel kann nach dem Kochen (ohne Gewürze oder Sauce) separat eingefroren werden. Reduzieren Sie die Kochzeit dann um 2 Minuten, kühlen Sie den Spargel unter fließend kaltem Wasser ab und verpacken Sie ihn in Gefrierbeutel. Tauen Sie ihn vor der Verwendung über Nacht im Kühlschrank auf, bevor Sie mit dem Rezept fortfahren.

ABWANDLUNG: *Kalter gekochter Spargel mit aufgeschnittenen, hart gekochten Eiern (Grundrezept siehe Seite 49) und Mayonnaise ergibt eine leckere Sandwich-Füllung.*

BROKKOLI UND BLUMENKOHL

Brokkoli ist das ganze Jahr über erhältlich, mit Nährstoffen vollgepackt und sieht in der Bento-Box sehr attraktiv aus. Ebenfalls nützlich ist Blumenkohl: Er lässt sich als kohlenhydratarme Alternative zu Reis (Blumenkohl-Reis siehe Seite 35) oder als ganz normales Gemüse verwenden. Alle hier vorgestellten Brokkoli-Rezepte (mit Ausnahme von Brokkoli-Kinpira) funktionieren mit Blumenkohl ebenso gut.

Würziger Brokkoli

3–4 PORTIONEN

- 1 großer Brokkoli, nur die Röschen verwenden
- ½ EL Olivenöl
- 1 Prise schwarzer Pfeffer
- 1 Prise edelsüßes Paprikapulver
- 1 Prise gemahlener Kreuzkümmel
- ½ TL rote Chiliflocken, oder nach Geschmack
- ½ TL Knoblauchsalz oder 1 TL Salz und ¼ TL Knoblauchpulver

Brokkoli-Röschen nebeneinander in nur einer Lage in eine große Bratpfanne legen und so viel Wasser zufügen, dass sie gut damit bedeckt sind. Das Wasser auf hoher Stufe zum Kochen bringen, dann einen Deckel auflegen und die Hitze auf mittlere Stufe reduzieren. Den Brokkoli 2 Minuten dämpfen, bis er bissfest ist. Anschließend in einem Sieb gut abtropfen lassen.

Das Öl in einer Pfanne auf mittlerer Stufe erhitzen. Schwarzen Pfeffer, Paprikapulver, Kreuzkümmel und Chiliflocken hineingeben und kurz durchrühren. Nun den abgetropften Brokkoli und das Knoblauchsalz (alternativ Salz und Knoblauchpulver) zufügen und alles gut vermischen, damit die Röschen mit den Gewürzen überzogen sind.

Der Brokkoli hält sich 2–3 Tage im Kühlschrank, in der Gefriertruhe bis zu 1 Monat.

Brokkoli-Röschen mit Bacon und Knoblauch

2–3 PORTIONEN

- 10–12 Brokkoli-Röschen, frisch oder tiefgefroren
- 2 Scheiben Bacon, klein geschnitten
- 1 Knoblauchzehe, in dünne Scheiben geschnitten
- ½ EL Olivenöl
- Salz und schwarzer Pfeffer

Wenn Sie frischen Brokkoli verwenden, diesen in kleine Röschen zerteilen.

Eine Bratpfanne ohne Öl auf mittlerer Stufe erhitzen und den Bacon hineingeben. So lange anbraten, bis er anfängt, knusprig zu werden. Den Bacon auf einen Teller geben und die Pfanne mit einem zusammengeknüllten Küchenpapier auswischen.

Nun Knoblauch und Olivenöl in dieselbe Pfanne geben und Knoblauch so lange braten, bis er sich hellbraun zu färben beginnt.

Bei Verwendung von frischem Brokkoli die Röschen mit 80 ml Wasser in die Pfanne geben. Sobald das Wasser kocht, einen Deckel auflegen und die Hitze auf niedrige Stufe reduzieren. Brokkoli bissfest dämpfen, er sollte sich dabei strahlend grün färben. Wenn Sie tiefgefrorene Ware verwenden, fügen Sie kein Wasser zu: einfach den Brokkoli in die Pfanne geben und komplett erwärmen.

Anschließend den Deckel abnehmen und das Gemüse auf hoher Stufe so lange garen, bis die noch in der Pfanne vorhandene Flüssigkeit verkocht ist. Den Bacon zurück in die Pfanne geben und alles mit Salz und Pfeffer abschmecken.

Hält sich 2–3 Tage im Kühlschrank.

Brokkoli-Kinpira

4–5 PORTIONEN

Kinpira ist ein würziges japanisches Pfannengericht, das sich prima für Bentos eignet – und gleichzeitig eine gute Methode, um die Brokkoli-Stängel zu verwenden, anstatt sie wegzuwerfen.

- 3 Köpfe Brokkoli, nur die Stängel verwenden
- 1 EL Sesamöl
- 1 EL weiße Sesamsamen
- 1 TL rote Chiliflocken
- 2 EL Sojasauce

Die harte äußere Schicht der Brokkoli-Stängel mit einem Gemüseschäler oder Messer entfernen. Die Stängel in 5 cm lange, streichholzdünne Streifen schneiden.

Eine Bratpfanne auf mittlerer Stufe erhitzen und das Sesamöl hineingeben. Brokkoli-Streifen zufügen und unter Rühren 2–3 Minuten andünsten; sie sollten noch ein wenig knackig sein. Nun Sesamsamen und Chiliflocken zugeben.

Den Brokkoli auf eine Seite der Pfanne schieben. Die Sojasauce direkt auf den Pfannenboden gießen – es soll dabei durchaus zischen. Gemüse und Sauce rasch verrühren, dann die Pfanne vom Herd nehmen.

Hält sich im Kühlschrank 3–4 Tage, in der Gefriertruhe bis zu 1 Monat.

ABWANDLUNG: *Kohl-Kinpira. Anstelle der Brokkoli-Stängel den fein gestiftelten Strunk eines Kohlkopfes verwenden.*

KOCHTIPP: *Super, wenn Sie einen Dampfgarer haben: Er eignet sich perfekt zum Vorkochen von Brokkoli oder Blumenkohl, da das Gemüse bei dieser Methode auf keinen Fall wässrig wird. Einfach 2–3 Minuten im Dampf garen, bis die Röschen bissfest sind.*

Brokkoli und Blumenkohl richtig einfrieren

Vorgekochte und tiefgefrorene Brokkoli- oder Blumenkohl-Röschen sparen Ihnen jede Menge Zeit. Sie lassen sich in Pfannengerichten oder Salaten verwenden und eignen sich bestens, um Lücken in der Bento-Box zu füllen. Lassen Sie den Brokkoli nach dem Kochen auf jeden Fall gut abtropfen, dann hält er sich im Kühlschrank ein paar Tage länger. Falls Sie ihn einfrieren möchten, ist er nach dem Auftauen dann weniger wässrig.

Die Röschen einzeln vom Strunk abtrennen. Einen Topf mit Salzwasser zum Kochen bringen – im Topf sollte so viel Wasser sein, dass die Röschen knapp damit bedeckt sind.

Die Brokkoli-Röschen 2–3 Minuten im Wasser köcheln lassen, die Blumenkohl-Röschen 2 Minuten. Das Gemüse anschließend in ein großes Sieb abgie0en und unter fließend kaltem Wasser rasch abkühlen. Gründlich abtropfen lassen. In Gefrierbeutel oder -behälter verpacken und bis zu 2 Monate einfrieren.

Die Röschen vor der Verwendung in der Mikrowelle auftauen oder einfach dem Gericht, das Sie gerade zubereiten, unaufgetaut beigeben. Oder gefroren in ein Bento-Förmchen füllen (so gelangt keine Feuchtigkeit aus den Röschen in die umliegenden Speisen) und dieses in Ihre Bento-Box integrieren. Bis zur Mittagszeit sind die Röschen aufgetaut.

KOHL UND CHINAKOHL

Der Geschmack und die Konsistenz von Kohl verändern sich im Lauf des Jahres. Im Winter ist er dick und knackig, im Frühjahr zart und süß. Bei Chinakohl, auch als Napa-Kohl bekannt, handelt es sich um ein völlig anderes Gemüse, das sich durch einen hohen Wassergehalt auszeichnet.

Gesalzener Chinakohl

5–6 PORTIONEN

Dieses Gericht lässt sich auch aus normalem Kohl zubereiten, doch eignet sich Chinakohl besser, da er zarter ist.

½ großer Chinakohl
1–1 ½ % des Kohl-Gewichtes in Salz (für einen großen Chinakohl rechnet man etwa 1 EL)

Kohl in 5 cm breite Streifen schneiden und in einen verschließbaren Gefrierbeutel füllen. Salz zufügen und den Beutel verschließen, dabei so viel Luft wie möglich herausdrücken. Den Kohl im Beutel kneten, damit er seine Struktur verliert und weich wird. Vor dem Servieren den Beutel mindestens 30 Minuten in den Kühlschrank legen.

Gesalzenen Chinakohl können Sie mit einem Spritzer Zitronensaft und ein paar Tropfen Öl als Salat auf den Tisch bringen oder auch in Pfannengerichten verwenden: Er wird sehr viel schneller gar als unbehandelter roher Kohl. Sie können auch Suppen damit anreichern. Nach etwa 5 Tagen im Kühlschrank beginnt der Kohl ein wenig zu gären, doch kann er immer noch als Pickle oder in gekochten Gerichten eingesetzt werden. Er sollte jedoch innerhalb von 6–7 Tagen aufgebraucht werden – auf jeden Fall aber, bevor er unangenehm riecht.

Kohl mit Zwiebel aus der Pfanne

1 PORTION

Dieses Pfannengericht hält sich ein paar Tage lang im Kühlschrank. Daher können Sie die unten angegebenen Mengen ruhig erhöhen und das Gericht zum Abendessen servieren. Vergessen Sie aber nicht, eine Bento-Portion für den nächsten Tag beiseitezustellen.

2 Kohlblätter
½ mittelgroße Möhre
¼ mittelgroße Zwiebel
½ EL Olivenöl
1 TL Sojasauce
Salz und schwarzer Pfeffer

Den Stiel aus den Kohlblättern herausschneiden und entsorgen, dann die Blätter zerkleinern. Die Möhre in Julienne-Streifen schneiden und die Zwiebel dünn aufschneiden.

Das Öl in einer Pfanne auf mittlerer Stufe erhitzen. Die Zwiebel darin glasig dünsten. Nun die Möhre und 1 Minute später die Kohlblätter zufügen, dabei ständig rühren. Die Sojasauce zugeben und alles mit Salz und Pfeffer würzen.

GRÜNE BOHNEN

Da tiefgefrorene grüne Bohnen überall erhältlich sind, habe ich darauf verzichtet, Ihnen Tipps zum Selbsteinfrieren zu geben. Versuchen Sie aber auf jeden Fall, möglichst häufig frische Bohnen zu verwenden, da diese eine sehr viel bessere Konsistenz haben.

Grüne Bohnen mit Miso und Erdnussbutter

1 PORTION

Diese Ergänzung für Ihr Bento ist einfach, lecker und bringt Farbe hinein.

1 TL Erdnussbutter
1 TL Miso
¼ TL Zucker
2 TL Dashi-Brühe (Grundrezept siehe Seite 119)
30 g blanchierte grüne Bohnen, klein geschnitten

Alle Zutaten mit Ausnahme der grünen Bohnen in einer Schüssel gut vermischen. Nun die Bohnen zufügen und nochmals alles durchmengen. Packen Sie das Gemüse in ein Bento-Förmchen, bevor Sie es in Ihre Bento-Box integrieren.

Grüne Bohnen mit Bonito-Flocken

1 PORTION

In der traditionellen japanischen Küche wird blanchiertes Gemüse häufig mit Bonito-Flocken kombiniert, die man im Land unter der Bezeichnung *katsuobushi* kennt. Sie können diese Methode auch für blanchiertes und anschließend gut ausgedrücktes Blattgemüse wie etwa Spinat verwenden.

30 g blanchierte frische oder tiefgefrorene grüne Bohnen, klein geschnitten
1 EL Bonito-Flocken
1 TL Sojasauce

Die grünen Bohnen in einem Bento-Förmchen anrichten und mit den Bonito-Flocken bestreuen. Die Sojasauce zugeben und gut durchmischen.

SPINAT UND GRÜNES BLATTGEMÜSE

Für alle im Folgenden aufgeführten Spinat-Rezepte können Sie ebenso gut Komatsuna, Mangold oder anderes grünes Blattgemüse verwenden.

Spinat mit Mais

1 PORTION

Spinat und süßer Mais ergänzen sich nicht nur in puncto Geschmack – das dunkle Grün und das strahlende Gelb passen ebenfalls perfekt zueinander.

30 g blanchierter frischer oder tiefgefrorener Spinat
1 EL Maiskörner, tiefgefroren oder aus der Dose
1 TL Butter
1 Prise Salz
1 Prise Cayennepfeffer

Wenn Sie frischen Spinat verwenden, drücken Sie das Wasser nach dem Blanchieren gut heraus. Alle Zutaten in einer kleinen Schüssel vermischen und diese locker mit Frischhaltefolie bedecken. Auf hoher Stufe 1 Minute – oder bis die Butter geschmolzen ist – in die Mikrowelle stellen. Nochmals leicht durchmischen, abkühlen lassen und in die Bento-Box geben.

Spinat-Namul

1 PORTION

Namul ist eine klassische Gemüsebeilage aus Korea.

30 g blanchierter frischer oder tiefgefrorener Spinat
¼ TL geriebener Knoblauch (ein paarmal über die Reibe fahren) oder 1 Prise Knoblauchsalz
1 TL Sojasauce
1 Prise Zucker
1 TL weiße Sesamsamen, geröstet

Wenn Sie frischen Spinat verwenden, drücken Sie das Wasser nach dem Blanchieren gut heraus. Alle Zutaten in einer Schüssel gut vermischen und in ein Bento-Förmchen füllen. Falls Sie gefrorenen Spinat einsetzen, ist dieser bis zur Mittagszeit aufgetaut und verzehrbereit.

Sautierter Spinat, Bacon und Ei

1 PORTION

In der Regel bereitet man sautierten Spinat aus rohen Spinatblättern zu, doch wenn Sie vorgekochten Spinat nehmen, besteht weitaus weniger Gefahr, dass das Gericht wässrig wird.

30 g blanchierter frischer oder tiefgefrorener Spinat
1 Scheibe Bacon
1 Ei
Salz und schwarzer Pfeffer
1 TL Pflanzenöl
1 Prise geriebene Muskatnuss

Wenn Sie frischen Spinat verwenden, drücken Sie nach dem Blanchieren das Wasser gut heraus. Den Bacon in kleine Würfel schneiden und das Ei mit 1 Prise Salz und schwarzem Pfeffer in einer Schüssel verquirlen.

Das Öl in einer Bratpfanne auf mittlerer Stufe erhitzen und den Bacon hineingeben. Unter Rühren so lange braten, bis er kross zu werden beginnt. Nun die Hitze auf hohe Stufe stellen und den Spinat in die Pfanne geben. Mit ein wenig Muskatnuss würzen.

Das Ei zufügen und die Pfanne sofort vom Feuer nehmen. Mit einem Pfannenwender den Inhalt der Pfanne zwei- oder dreimal wenden, damit das Ei in der Restwärme durchgaren kann.

Vor dem Einfüllen in die Bento-Box abkühlen lassen.

ABWANDLUNG: *Verwenden Sie zwei Eier anstelle von einem. Nachdem Sie die verquirlten Eier zugegeben haben, warten Sie, bis das Ei zu stocken beginnt. Dann klappen Sie das Omelett mit einem Pfannenwender vorsichtig zusammen. Das Spinat-Bacon-Omelett eignet sich gut als Füllung für ein Sandwich oder Reis-Sandwich (siehe Seite 63).*

Grünes Blattgemüse richtig einfrieren

Tiefgefrorener Blattspinat ist zwar überall erhältlich, aber ich finde ihn nicht so praktisch für Bentos, weil er gewöhnlich in einem großen-Block eingefroren ist. Möchten Sie dunkelgrünes Blattgemüse selbst einfrieren, blanchieren Sie es einfach in viel kochendem Wasser und lassen Sie es anschließend unter fließend kaltem Wasser rasch abkühlen. Die Feuchtigkeit sorgfältig herausdrücken und das Gemüse in Stücke gleicher Größe schneiden. Es hält sich in der Gefriertruhe bis zu 1 Monat. Wenn Sie das Blattgemüse in 30-g-Einzelportionen in Bento-Förmchen einfrieren, können Sie immer bei Bedarf eins davon aus der Gefriertruhe nehmen, Gewürze zufügen und das Förmchen mit noch gefrorenem Inhalt in Ihre Bento-Box packen. Bis zur Mittagszeit ist der Spinat aufgetaut und verzehrbereit.

Oben links: Hijiki mit Möhre und Shiitake-Pilzen (Seite 88); oben rechts: Gemüsepaprika-Konfetti mit Sardellen (Seite 80); Mitte links: Buttriger Kabocha-Kürbis (Seite 84); Mitte rechts: Langsam geköchelter Kiriboshi-Daikon (Seite 84); unten links: Spinat-Namul (Seite 77); unten rechts: Klettenwurzel-Möhren-Kinpira (Seite 83)

Ein Bento sollte sowohl dem Auge als auch dem Gaumen etwas zu bieten haben. Wenn Sie buntes Gemüse wie Möhren, Auberginen und Gemüsepaprika integrieren, sieht Ihr Bento so lecker aus, wie es schmeckt. Im Folgenden stelle ich Ihnen eine Fülle schön bunter Gerichte vor, die sich im Voraus oder morgens schnell zubereiten lassen.

MÖHREN

Möhren sind das perfekte Bento-Gemüse. Man bekommt sie das ganze Jahr hindurch, sie halten sich tagelang im Kühlschrank und lassen sich – roh oder gekocht – auf unterschiedlichste Weise verwenden. Außerdem bringen sie einen willkommenen Schuss Farbe ins Essen.

Möhren in der Brühe gekocht

1–2 PORTIONEN

Das ist ebenso leicht, wie Möhren einfach zu kochen – schmeckt aber viel besser.

1 mittelgroße Möhre
240 ml Wasser
1 Brühwürfel oder 2 TL gekörnte Brühe

Die Möhre schälen und in Scheiben schneiden – wer mag, schneidet sie mit einem Bento-Messer in ansprechende Formen. Das Wasser in einem Topf zum Kochen bringen und den Brühwürfel darin auflösen. Die Möhrenstücke zugeben und weich kochen.

Die Möhren halten sich in der Kochflüssigkeit 2–3 Tage im Kühlschrank. Tiefgefroren kann man sie bis zu 1 Monat aufheben. Vor dem Einfrieren lasse ich in der Regel die Kochflüssigkeit abtropfen, damit ich die Möhren sofort gebrauchsfertig zur Hand habe und nicht erst die Flüssigkeit entfernen muss.

ABWANDLUNG: *Auf diese Weise können Sie auch gut Kartoffeln zubereiten, aber frieren Sie sie nicht ein. Kartoffeln eignen sich hierfür nicht besonders gut, es sei denn, als Püree.*

Möhren-Shirishiri

1–2 PORTIONEN

Shirishiri ist ein Gericht, das von den südlichen Okinawa-Inseln stammt. Es ist so fröhlich und sonnig wie das subtropische Wetter der Inseln und dazu noch leicht herzustellen und sehr lecker.

1 mittelgroße Möhre
1 mittelgroßes oder großes Ei
Salz
½ EL Olivenöl
Weißer Pfeffer, nach Geschmack

Die Möhre mithilfe einer Küchenreibe oder der Raspelscheibe einer Küchenmaschine zerkleinern. Das Ei in einer Schüssel mit 1 Prise Salz leicht verquirlen.

Eine Pfanne auf mittlerer Stufe erhitzen, doch das Öl noch nicht hineingeben. Zuerst die Möhre in die Pfanne gleiten lassen und 1 Minute unter Rühren braten, damit die überschüssige Feuchtigkeit verdunstet. Jetzt das Öl zugeben und die Möhre unter Rühren 2–3 Minuten garen. Mit 1 Prise Salz und ein wenig weißem Pfeffer würzen.

Die Hitze reduzieren, einen Deckel auflegen und die Möhre nochmals 2–3 Minuten dämpfen, bis sie weich, aber bissfest ist.

Die Möhrenraspel in der Mitte der Pfanne zusammenschieben und das verquirlte Ei daraufgeben, das dann langsam zum Boden der Pfanne durchsickert. Sobald das Ei zu stocken beginnt, die Möhren-Eier-Mischung wie einen Pfannkuchen wenden. Die Pfanne vom Herd nehmen, bevor das Ei anfängt, sich zu bräunen. Nun haben Sie ein Rührei mit jeder Menge Möhre darin! Vor dem Einfüllen in die Bento-Box abkühlen lassen.

Dieses Gericht lässt sich nicht gut einfrieren (das Ei wird dabei hart), hält sich aber 2–3 Tage im Kühlschrank.

ABWANDLUNG: *Fügen Sie unmittelbar nach Zugabe des Eis 85 g Thunfisch aus der Dose zu. In Okinawa schätzt man auch zerkleinertes Frühstücksfleisch aus der Dose als Ergänzung.*

Max' Zitronen-Möhren-Salat

1–2 PORTIONEN

Dieses Rezept stammt von meinem Mann – er hat mich mit diesem Salat und gegrilltem Schweinekotelett verwöhnt, als er bei einem unserer Treffen das erste Mal für mich gekocht hat. Ich liebe den Salat wegen dieser Erinnerung, aber auch, weil er so erfrischend ist.

1 mittelgroße Möhre
1 TL Zucker
⅛ TL Salz
Schwarzer Pfeffer, nach Geschmack
Saft von ½ Zitrone

Die Möhre mithilfe einer Küchenreibe oder der Raspelscheibe einer Küchenmaschine zerkleinern.

Zucker, Salz, Pfeffer und Zitronensaft in einer Schüssel verrühren. Die Möhre untermischen und den Salat vor dem Essen mindestens 20 Minuten in der Marinade durchziehen lassen.

Da es sich um einen Salat handelt, kann man ihn nicht einfrieren, doch er hält sich im Kühlschrank in einem gut verschlossenen lebensmittelechten Behälter 3–4 Tage lang.

PILZE

Pilze können Sie mit Fleisch füllen, marinieren (siehe mariniertes Gemüse, Seite 82) oder ganz einfach sautieren.

Sautierte Pilze

4 PORTIONEN

Ich verwende hierfür gern Shimeji-Pilze, doch können Sie auch Champignons, Maitake-, Shiitake- oder Portobello-Pilze wählen.

170 g beliebige Pilze
2 EL Olivenöl
1 Knoblauchzehe, in dünne Scheiben geschnitten
½ TL getrockneter Thymian
Salz und schwarzer Pfeffer

Die Pilze mit einem feuchten Küchenpapier säubern und dann in Scheiben schneiden.

Das Öl in einer Pfanne auf mittlerer Stufe erhitzen. Den Knoblauch hineingeben und anschwitzen, bis sich seine Farbe zu verändern beginnt. Nun den Knoblauch aus der Pfanne nehmen und die Pilze hineingeben.

Die Pilze so lange braten, bis sie sich auf einer Seite braun färben. Den Thymian zufügen, die Pilze wenden und von der anderen Seite bräunen lassen. Darauf achten, die Pilze nicht zu stark zu bewegen, damit sie nicht wässrig werden.

Den Knoblauch zurück in die Pfanne geben und mit den Pilzen mischen. Alles mit Salz und Pfeffer abschmecken.

Hält sich im Kühlschrank 2–3 Tage.

In Sake gedämpfte Pilze

4 PORTIONEN

Sie können jeden der unten aufgeführten Pilze durch Königsausternpilze, Maitake- oder Portobello-Pilze ersetzen.

120 g Enoki-Pilze
225 g Shimeji-Pilze
6–8 frische Shiitake-Pilze
1 frische rote Chilischote
2 EL Sake
1 TL Salz

Den Ofen auf 180 °C vorheizen.

Die unten zusammengewachsenen Wurzeln der Enoki-Pilze abschneiden und die Pilze voneinander trennen. Die Shimeji-Pilze in kleine Grüppchen teilen. Die Stängel der Shiitake-Pilze entsorgen und die Hüte in Scheiben schneiden. Die rote Chilischote in dünne Ringe schneiden.

Ein großes Stück Alufolie auf die Arbeitsfläche legen und die Pilze sowie die Chilischote in die Mitte geben. Mit Sake und Salz beträufeln bzw. bestreuen. Die Alufolie über den Pilzen zu einem Paket verschließen. Das Folienpaket auf ein Backblech legen und das Gemüse 10–12 Minuten im Ofen gar dämpfen.

Hält sich 2–3 Tage im Kühlschrank, in der Gefriertruhe bis zu 2 Wochen.

Marinierte Pilze

10–12 KLEINE PORTIONEN

Diese typisch japanischen eingelegten Pilze, nametake genannt, werden in der Regel im Glas verkauft, doch kann man sie auch ganz einfach selbst herstellen, wenn man die richtigen Zutaten zur Hand hat.

4 getrocknete Shiitake-Pilze
200 g oder 2 Packungen Enoki-Pilze
120 ml Konbu-Dashi (Rezept siehe Seite 119)
3 EL Sojasauce
2 EL Mirin
1 EL Sake
1 EL Reisessig

Die getrockneten Shiitake-Pilze am Vortag oder mindestens 1 Stunde vor der Zubereitung zugedeckt in Wasser einweichen, bis sie ausreichend aufgequollen sind. Dann die Flüssigkeit aus den wieder weich gewordenen Pilzen drücken und die Stiele abschneiden. Die Hüte in feine Streifen schneiden. (Das Einweichwasser lässt sich in einer Suppe weiterverwenden).

Die unten zusammengewachsenen Wurzeln der Enoki-Pilze abschneiden. Die Pilze in kleine Grüppchen aufteilen.

Pilze und Konbu-Dashi in einen Topf geben und zum Kochen bringen. Die Hitze so weit reduzieren, dass alles nur noch leicht köchelt. Unter gelegentlichem Umrühren etwa 5 Minuten köcheln lassen, bis die Enoki-Pilze sehr weich sind.

Nun Sojasauce, Mirin und Sake zugießen und weitere 3–4 Minuten köcheln lassen, bis die Flüssigkeit eingekocht ist und das Ganze ziemlich zähflüssig wird. Den Essig zufügen, die Hitze auf hohe Stufe stellen, Pilze 1 Minute unter Rühren kochen lassen, dann vom Feuer nehmen.

Die marinierten Pilze halten sich in einem luftdicht verschlossenen Gefäß bis zu 1 Woche im Kühlschrank. Tiefgefroren kann man sie bis zu 1 Monat aufheben. Sparsam verwenden, da die Pilze ziemlich salzig sind.

GEMÜSEPAPRIKA UND AUBERGINEN

Die vielseitige Gemüsepaprika schenkt Ihrem Bento viel Farbe. Auberginen und Gemüsepaprika, beides Sommergemüse, harmonieren gut miteinander.

Gemüsepaprika-Konfetti mit Sardellen

4–6 PORTIONEN

Die salzigen Sardellen bilden einen angenehmen Kontrast zur Süße der Gemüsepaprika.

Je 1 große rote, gelbe und grüne Gemüsepaprika
2 EL Olivenöl
2 Knoblauchzehen, fein gehackt
3 Sardellenfilets, abgetropft
Schwarzer Pfeffer

Gemüsepaprika von den Kernen befreien und in kleine Würfel schneiden.

Das Olivenöl in einer großen Bratpfanne auf mittlerer Stufe erhitzen. Den Knoblauch hineingeben und so lange braten, bis er anfängt, seine Farbe zu verändern. Dann aus der Pfanne nehmen.

Gemüsepaprika in die Pfanne geben und weich dünsten. Das Gemüse dann auf die eine Seite der Pfanne schieben und die Sardellen auf die leere Fläche geben. Sardellen so lange rühren, bis eine cremige Paste daraus entsteht. Nun den Knoblauch zurück in die Pfanne geben und alle Zutaten gut miteinander vermischen. Mit schwarzem Pfeffer würzen.

Vor dem Einfüllen in die Bento-Box abkühlen lassen. Das Gericht hält sich im Kühlschrank 2–3 Tage, in der Gefriertruhe bis zu 1 Monat.

Geschmorte Gemüsepaprika und Auberginen

4–6 PORTIONEN

4 kleine asiatische Auberginen, insgesamt etwa 300 g
1 mittelgroße grüne Gemüsepaprika
½ EL Sesamöl
2 EL Miso
2 EL Sake
1 EL Zucker
1 EL Pflanzenöl

Die Auberginen in 1 cm breite Scheiben schneiden, in eine mit Wasser gefüllte Schüssel legen und etwa 10 Minuten einweichen lassen. Anschließend gut abtropfen lassen. Gemüsepaprika von den Kernen befreien und klein schneiden.

Die Auberginen in einen flachen, mikrowellengeeigneten Behälter legen und mit Sesamöl beträufeln. Mit Frischhaltefolie abdecken und auf hoher Stufe 5 Minuten in die Mikrowelle stellen. In der Zwischenzeit Miso, Sake und Zucker in einer Schüssel verrühren.

Das Pflanzenöl in einer Pfanne auf mittlerer Stufe erhitzen. Die Auberginen hineingeben und so lange braten, bis sie leicht gebräunt sind. Die Gemüsepaprka zufügen und alles unter Rühren nochmals 3–4 Minuten garen.

Die Miso-Mischung zufügen und rasch unterrühren. Gemüse abschmecken und nach Belieben noch ein wenig Salz oder Sojasauce zufügen.

Hält sich im Kühlschrank 2–3 Tage, in der Gefriertruhe bis zu 1 Monat.

Caponata

6–8 PORTIONEN

Diese klassisch sizilianische Würzsauce braucht ein wenig Zeit, eignet sich aber gut für Bentos, da ihr süß-saurer Geschmack hervorragend zu Reis passt. Sie schmeckt auch wunderbar in Sandwiches. Probieren Sie doch mal die Kombination von Caponata und in Scheiben geschnittenem Schweinebraten oder streichen Sie sie einfach auf Brot.

1 große Aubergine, etwa 700 g, in 2 ½ cm große Würfel geschnitten
2 EL Olivenöl
1 mittelgroße Zwiebel, gehackt
4 Knoblauchzehen, fein gehackt
1 Selleriestange, fein gewürfelt
1 große rote Gemüsepaprika, in Stücke geschnitten
1 große gelbe Gemüsepaprika, in Stücke geschnitten
400 g stückige Tomaten aus der Dose, abgegossen
2 EL Tomatenmark
4 EL Kapern
2 EL entsteinte grüne Oliven, gehackt
2 EL Zucker
3 EL Rosinen, mindestens 10 Minuten in Wasser eingeweicht und abgegossen
3 EL Rotweinessig
Salz und schwarzer Pfeffer

Die Auberginenwürfel auf einem Backblech verteilen und 30 Minuten im 200 °C heißen Ofen rösten, damit sie weich werden. Alternativ können Sie das Gemüse auch in ein wenig Öl schwenken und in der Mikrowelle vorgaren (folgen Sie dazu den Instruktionen im Rezept »Geschmorte Gemüsepaprika und Auberginen« auf dieser Seite).

Die weichen Auberginenwürfel mit dem Olivenöl in eine große Pfanne geben und das Gemüse auf mittlerer bis hoher Stufe erhitzen. (Falls Sie die Auberginen in der Mikrowelle vorgegart haben, bräunen Sie die Auberginenwürfel zunächst 2–3 Minuten leicht an.) Nun die Zwiebel zufügen und glasig dünsten. Die Hitze auf mittlere Stufe reduzieren und Knoblauch, Sellerie und Gemüsepaprika in die Pfanne geben. So lange braten, bis die Gemüsepaprika weich ist.

Tomaten, Tomatenmark, Kapern, Oliven, Zucker, Rosinen und Essig zufügen. Gemüse bei schwacher Hitze 20–30 Minuten leicht köcheln lassen, bis esganz weich und die Sauce eingekocht und angedickt ist. Mit Salz und Pfeffer abschmecken. Über Nacht in den Kühlschrank stellen, damit sich die Aromen entwickeln und durchdringen.

Die Caponata hält sich im Kühlschrank bis zu 1 Woche. Sie lässt sich auch einfrieren, kann hierdurch allerdings etwas wässrig werden. Nach dem Auftauen können Sie jedoch wieder eine angenehm sämigeKonsistenz erzielen, wenn Sie die Sauce bei schwacher Hitze noch etwas köcheln lassen.

KARTOFFELN

In meinen Bentos setze ich Kartoffeln eher als Beilage und nicht als wichtigste Kohlenhydratquelle ein. Kartoffeln lassen sich schlecht einfrieren – es sei denn, sie sind püriert. Möchten Sie Kartoffeln für ein Rezept im Voraus zubereiten, kochen Sie einfach eine entsprechende Menge und bewahren Sie sie im Kühlschrank auf.

Japanischer Kartoffelsalat

2–4 PORTIONEN

Dieser Kartoffelsalat zählt in Japan zu den beliebtesten Bento-Gerichten. Wenn es draußen heiß ist, sollten Sie den in die Bento-Box gepackten Salat mit einem Eisbeutel oder Kühlakku kühlen.

2 mittelgroße Kartoffeln, geschält und gewürfelt
½ kleine Möhre, geschält und gewürfelt (etwas kleiner als die Kartoffeln)
Salz
½ kleine oder ¼ große Gurke
¼ kleine Zwiebel
1 TL Apfelessig
2 EL Mayonnaise
1 EL gehackte frische Petersilie
Salz und schwarzer Pfeffer, nach Geschmack

Kartoffel- und Möhrenwürfel in einen kleinen Topf geben, mit Wasser bedecken und ⅓ TL Salz zufügen. Das Wasser zum Kochen bringen und das Gemüse 5–6 Minuten garen, bis die Kartoffelwürfel sehr weich sind. Das Gemüse durch ein Sieb abgießen und gut abtropfen lassen, dann in den Topf zurückgeben. Den Topf ein wenig hin und her rütteln, damit die Kartoffeln Feuchtigkeit abgeben. Kartoffel- und Möhrenwürfel anschließend in eine Schüssel umfüllen.

Die Gurke sehr dünn schneiden und mit etwas Salz bestreuen. Das Salz mit den Händen einmassieren, dann jegliche überschüssige Feuchtigkeit aus der Gurke herausdrücken. Mit der Zwiebel ebenso verfahren.

Essig und Mayonnaise zu den Kartoffel- und Möhrenwürfeln geben und alles mit einer Gabel mischen und zerdrücken. Dann Gurke, Zwiebel und Petersilie unterrühren. Nach Belieben mit Salz und Pfeffer abschmecken. Bis zur Verwendung in den Kühlschrank stellen.

Der Kartoffelsalat hält sich im Kühlschrank 1–2 Tage.

ABWANDLUNG: *Fügen Sie noch eine oder mehrere dieser Zutaten dazu: 1 EL aufgetaute Maiskörner, 1 EL gekochter gewürfelter Schinken, 2 EL gewürfelter Cheddar (oder einen ähnlichen Hartkäse), 1 gehacktes hart gekochtes Ei (Grundrezept siehe Seite 49.).*

Kartoffelförmchen mit Käse

4 PORTIONEN

Die Kartoffelförmchen schmecken warm ebenso wie kalt.

2 mittelgroße Kartoffeln
Salz
2 EL Sahne
1 EL Butter
3 EL geriebener Cheddar- oder Gruyère-Käse
Schwarzer Pfeffer
1 Prise edelsüßes Paprikapulver

Kartoffeln schälen, in Würfel schneiden. In einen kleinen Topf geben, mit Wasser bedecken, ⅓ TL Salz zufügen. Wasser zum Kochen bringen und Kartoffelwürfel 5–6 Minuten kochen, bis sie weich sind. Durch ein Sieb abgießen, gründlich abtropfen lassen, in den Topf zurückgeben. Kartoffeln mit Sahne und Butter zerdrücken, die Hälfte des Käses untermischen. Mit Salz und Pfeffer würzen.

Mischung in 4 Bento-Förmchen aus Silikon füllen. Mit dem restlichen Käse und Paprikapulver bestreuen. 3–4 Minuten im Tischbackofen überbacken oder 1–2 Minuten ohne Abdeckung in die Mikrowelle stellen, bis der Käse geschmolzen ist. Die Förmchen abkühlen lassen, bevor Sie sie in die Bento-Box packen.

Tiefgefroren halten sich die Kartoffelförmchen bis zu 1 Monat. Stellen Sie sie zum Einfrieren auf ein Gefriertablett. Sind sie durchgefroren, in große Gefrierbeutel legen. Tauen Sie die Förmchen bei 200 °C im Backofen auf, bis der Käse an der Oberfläche Blasen bildet.

GEMISCHTES GEMÜSE

Wenn Sie jeden Tag ein Bento essen, nutzen Sie die Gelegenheit, viele bunte Nährstoffe hineinzupacken.

Mariniertes Gemüse

4–6 PORTIONEN

Dieses marinierte Gemüse ist im Grunde ein servierfertiger Salat. Sie können es gut im Kühlschrank vorrätig haben und nehmen damit eine Menge Vitamine und Nährstoffe zu sich. Experimentieren Sie mit verschiedenen Gemüsearten. Ich habe bereits Fenchel, Speiserüben, Daikon-Rettich und Radieschen ausprobiert.

Für die Essig-Marinade
2 getrocknete oder frische rote Chilischoten
1 Knoblauchzehe
1 EL ganze schwarze Pfefferkörner
4 EL Honig
240 ml Apfelessig
3 EL Olivenöl

Für das Gemüse (ergibt etwa 8–10 Schöpfkellen à 120 ml, klein geschnitten)
¼ mittelgroßer Kohlkopf
1 Brokkoli
2 Selleriestangen, am besten aus dem zarten Inneren der Staude
1 große Gurke
1 mittelgroße Möhre
1 große rote oder gelbe Gemüsepaprika

Die Zutaten für die Marinade in einem Topf miteinander vermischen. Unter Rühren erhitzen, bis der Honig geschmolzen ist, dann vom Herd nehmen.

Zum Vorbereiten des Gemüses Strunk vom Kohlkopf entfernen und entsorgen. Kohlblätter klein schneiden. Brokkoli in Röschen zerteilen und Stängel für eine andere Verwendung beiseitelegen (etwa für Brokkoli-Kinpira, siehe Seite 75). Sellerie in dünne Scheiben schneiden. Gurke entkernen und in etwas dickere Scheiben schneiden als den Sellerie. Möhre schälen und in dünne Scheiben zerteilen. Gemüsepaprika von den Kernen befreien und in dünne Streifen schneiden.

Das Gemüse in eine mikrowellengeeignete Schüssel oder Auflaufform füllen (ich nutze dazu eine rechteckige Pyrex-Form). Die Marinade über das Gemüse gießen. Mit Frischhaltefolie abdecken und auf hoher Stufe für 30 Sekunden in die Mikrowelle stellen. Dann aus der Mikrowelle nehmen und gut durchmischen.

Den Großteil der Marinade abgießen und das Gemüse in ein Bento-Förmchen oder einen separaten Behälter füllen.

Hält sich im Kühlschrank in einem lebensmittelechten Behälter mit dicht schließendem Deckel bis zu 1 Woche.

Nun mochte ich Ihnen ein paar Bento-geeignete Rezepte vorstellen, in denen in Japan beliebte, aber im Westen nicht ohne Weiteres erhältliche Gemüsesorten verwendet werden. Falls Sie zufällig in japanischen oder anderen asiatischen Lebensmittelläden oder auch auf dem Bauernmarkt darauf stoßen, lassen Sie es auf einen Versuch ankommen! Getrocknete Algen wie Nori, Wakame, Hijiki und Konbu bekommen Sie in japanischen Lebensmittelläden oder online.

KLETTENWURZEL

Die Klettenwurzel, in Japan *gobo* genannt, ist ein faserreiches Gemüse, das wunderbar nach Wald schmeckt und riecht.

Klettenwurzel-Möhren-Kinpira

4–6 PORTIONEN

Kinpira ist ein würziges japanisches Pfannengericht, und die Klettenwurzel eine der beliebten Zutaten hierfür.

2 schlanke Klettenwurzeln, etwa 225 g
1 mittelgroße Möhre
1 TL Sesamöl
1 TL Pflanzenöl
1 TL rote Chiliflocken oder 2 frische Chilischoten, fein gehackt
2 EL Sojasauce
1 EL Sake
2 TL Zucker
1 EL weiße Sesamsamen, geröstet

Die Klettenwurzel mit einer festen Gemüsebürste schrubben oder mit einem Messerrücken abschaben, anschließend gut abspülen, um jeglichen Schmutz zu entfernen. Die Wurzeln auf keinen Fall schälen, da in der Schale jede Menge Geschmack steckt. Die Klettenwurzeln in sehr dünne, etwa 5 cm lange Stifte schneiden, in eine große, mit kaltem Wasser gefüllte Schüssel legen und 10 Minuten einweichen lassen. Anschließend gut abtropfen lassen. Die Möhre schälen und ebenfalls in dünne Stifte schneiden.

Sesamöl und Pflanzenöl in einer großen Pfanne auf mittlerer Stufe erhitzen und den Chili hineingeben. Die Klettenwurzel zufügen und unter Rühren 4–5 Minuten garen, bis das Gemüse weich, aber bissfest ist. Nun die Möhre zugeben und alles nochmals 2–3 Minuten unter Rühren garen. Sojasauce, Sake, Zucker und Sesamsamen in die Pfanne geben und so lange rühren, bis keine Flüssigkeit mehr in der Pfanne ist.

Hält sich im Kühlschrank 4–5 Tage, in der Gefriertruhe bis zu 2 Wochen. Ist Ihnen das Gericht so zu scharf, nehmen Sie einfach weniger Chiliflocken oder lassen diese ganz weg. Sie können natürlich auch mehr davon verwenden, wenn Sie möchten!

Klettenwurzel-Tataki

4–6 PORTIONEN

Das japanische Wort *tataki* bedeutet »zerschmettern«, und genau das machen Sie mit den Klettenwurzeln in diesem herrlichen Gericht. Da das Wort aber gleichzeitig auch die Bedeutung »jede Menge Glück« hat, wird dieses Gericht auch gernezum traditionellen Neujahrsfest gereicht.

2 schlanke Klettenwurzeln, etwa 225 g
1 TL Salz

Für die Sauce
3 EL weiße Sesamsamen, geröstet
1 EL helle Sojasauce (Usukuchi)
1 EL Zucker
2 EL Reisessig
1 TL weißer Miso
1 TL Reisessig

Die Klettenwurzel mit einer festen Gemüsebürste schrubben oder mit einem Messerrücken abschaben, anschließend gut abspülen, um jeglichen Schmutz zu entfernen. Die Wurzeln auf keinen Fall schälen, da in der Schale jede Menge Geschmack steckt.

Mit einem Nudelholz oder dem Rücken eines schweren Messers mehrmals auf die Klettenwurzeln einschlagen, um die Fasern aufzubrechen, doch nicht so kräftig, dass die Wurzeln völlig zerschlagen sind. Die Wurzeln anschließend in 5 cm lange Stücke schneiden – sie sollten möglichst alle dieselbe Länge haben. Sind die Klettenwurzeln relativ dick, die Stücke halbieren oder vierteln.

Die Klettenwurzeln in eine große, mit kaltem Wasser gefüllte Schüssel legen und 10 Minuten einweichen lassen. Anschließend gut abtropfen lassen.

Einen mit Wasser gefüllten Topf zum Kochen bringen, Salz und Klettenwurzeln hineingeben. Das Wasser zum Kochen bringen, dann die Hitze reduzieren und das Gemüse in 3–4 Minuten bissfest kochen. Anschließend durch ein Sieb abgießen.

Die Sesamsamen in einen Mörser geben und mit dem Stößel zerdrücken. Falls Sie eine suribachi besitzen – die traditionelle japanische Variante von Mörser und Stößel –, ist jetzt der ideale Zeitpunkt, um sie einzusetzen! Die restlichen Saucen-Zutaten ebenfalls in den Mörser geben und alles gut miteinander und mit den zerdrückten Sesamsamen vermischen. Dabei die Gewürzmischung auch immer wieder von den Seiten des Mörsers nach unten schieben.

Die Sauce mit den Klettenwurzeln mischen.

Hält sich im Kühlschrank 3–4 Tage, in der Gefriertruhe bis zu 2 Wochen. Durch das Einfrieren brechen die Fasern der Klettenwurzeln noch ein wenig stärker auf, was es leichter macht, das Gemüse zu essen.

GETROCKNETER DAIKON-RETTICH

Der Daikon-Rettich ist ein großer weißer Rettich. Schneidet man ihn in Streifen und trocknet diese, bis sie eine lederartige Konsistenz bekommen haben, erhält man Kiriboshi. Hierbei handelt es sich um eines der ältesten konservierten Lebensmittel, die Japan kennt. Lassen Sie sich nicht von dem sehr starken Geruch der getrockneten Variante abschrecken – er verschwindet, wenn der Rettich im Wasser wieder aufquillt und seine ursprüngliche Feuchtigkeit zurückbekommt. Der eingeweichte Kiriboshi-Daikon steckt voller Geschmack, ebenso wie das Einweichwasser. Außerdem ist er reich an Ballaststoffen. Kiriboshi-Daikon können Sie wunderbar im Küchenschrank vorrätig haben – falls Sie ihn denn auftreiben können. In Japan nutzen ihn Veganer gern für die Herstellung von Dashi-Brühe.

Langsam geköchelter Kiriboshi-Daikon

4–6 PORTIONEN

Ganz traditionell wird der Kiriboshi-Daikon bei der Zubereitung sanft geköchelt. In diesem Rezept wird ein Blatt Abura-age, frittierter Tofu, verwendet – Sie bekommen ihn in japanischen Lebensmittelläden. Wenn Sie ihn nicht auftreiben können, nehmen Sie stattdessen 60 g in feine Streifen geschnittenes Hähnchenfleisch.

30 g Kiriboshi-Daikon
1 Blatt Abura-age (frittierter Tofu)
1 kleine Möhre
1 TL Pflanzenöl
480 ml Dashi-Brühe (Grundrezept siehe Seite 119) oder Wasser
1 EL Mirin
2 EL Sojasauce
1 TL Zucker

Den Kiriboshi-Daikon gründlich mit Wasser abspülen, dabei kleine Steinchen oder Schmutz entfernen. Den gesäuberten Kiriboshi-Daikon in eine mit Wasser gefüllte Schüssel legen und 10 Minuten einweichen. Dann abgießen und das überschüssige Wasser herauspressen.

Abura-age in dünne, etwa 3 mm breite Streifen schneiden. Die Möhre fein stifteln. Dann Kiriboshi-Daikon in Stücke zerteilen, die dieselbe Länge wie die Möhrenstifte haben.

Das Öl in einem Topf auf mittlerer Stufe erhitzen. Kiriboshi-Daikon, Abura-age und Möhre zufügen und 2 Minuten andünsten. Nun die restlichen Zutaten zufügen und alles zum Kochen bringen. Die Hitze reduzieren und das Gemüse 10–15 Minuten leicht köcheln lassen, bis die Kochflüssigkeit um ein Drittel eingekocht ist.

Hält sich im Kühlschrank 2–3 Tage, in der Gefriertruhe bis zu 1 Monat. Heben Sie das Gemüse in der Kochflüssigkeit auf, der Rettich gewinnt dann zusätzlich an Aroma. Gut abtropfen lassen, bevor Sie etwas davon in ein Bento-Förmchen einfüllen.

Kiriboshi-Daikon-Salat

4–6 PORTIONEN

Dieser Salat ist perfekt im Winter, wenn frische, regionale Produkte Mangelware sind. Anstelle des Krebsfleischimitats können Sie in feine Streifen geschnittenen Schinken oder anderen kalten Aufschnitt verwenden.

Für den Salat
30 g Kiriboshi-Daikon
1 Eier-Crêpe (Rezept siehe Seite 49)
6 Krebsfleischimitat-Sticks
1 Frühlingszwiebel
1 kleines Bund frische Petersilie

Für das Dressing
1 EL Zitronensaft
1 EL Reisessig
1 EL Sojasauce
1 TL Zucker
1 EL Sesamöl
1 EL weiße Sesamsamen, geröstet
1 Prise Salz
Schwarzer Pfeffer

Den Kiriboshi-Daikon gründlich mit Wasser abspülen, dabei kleine Steinchen oder Schmutz entfernen. Den gesäuberten Kiriboshi-Daikon in eine mit Wasser gefüllte Schüssel legen und 20 Minuten (länger als beim Langsam geköchelten Kiriboshi-Daikon) einweichen. Durch ein Sieb abgießen und das überschüssige Wasser herauspressen. In 5 cm lange Stücke schneiden.

Den Eier-Crêpe nach den Anweisungen auf Seite 49 zubereiten und in feine Streifen schneiden. Die Krebsfleischimitat-Sticks mit den Händen zerkrümeln. Frühlingszwiebel und Petersilie fein hacken.

Die Zutaten für das Dressing in ein Einmachglas oder ein anderes Gefäß mit dicht schließendem Deckel geben. Kräftig schütteln, um alles gut zu durchmischen. Alle Zutaten für den Salat in eine Schüssel geben und mit dem Dressing mischen.

Hält sich im Kühlschrank 1–2 Tage.

KABOCHA-KÜRBIS

Kabocha ist ein süßer Winterkürbis, der weniger Wasser enthält als der Gartenkürbis und die meisten anderen Winterkürbisse. In Japan wird er als Sommergemüse bezeichnet, obwohl er das ganze Jahr über erhältlich ist.

Buttriger Kabocha-Kürbis

4–6 PORTIONEN

Dieses süß-salzige Gericht ist sehr gehaltvoll und schmeckt für mich fast schon wie ein Dessert.

½ mittelgroßer Kabocha-Kürbis
2 EL Zucker
¾TL Salz
3 EL Butter
1 EL Sojasauce oder Mentsuyu (Rezept siehe Seite 120)

Den Kürbis von den Kernen befreien und in 4 cm große Würfel schneiden. Alle Flecken und unebenen Stellen an der Schale entfernen. Sie können die restliche Schale dranlassen oder dünn abschälen (ein Gemüseschäler leistet hier gute Dienste) – der Kabocha wird dann schneller gar. Gewürfelten Kürbis in einen Topf mit schwerem Boden geben und mit Zucker und Salz bestreuen. Dann etwa 15 Minuten durchziehen lassen: Hierdurch wird dem Kürbis Feuchtigkeit entzogen, sodass er in gekochtem Zustand cremiger wird.

Das Kürbisfleisch knapp mit Wasser bedecken (nicht zu viel Wasser zugießen, sonst wird das Ergebnis zu wässrig) und alles zum Kochen bringen. Die Hitze reduzieren und ein Stück zerknittertes Butterbrotpapier auf die köchelnden Kürbisstücke legen. So bleiben die Kürbiswürfel in derKochflüssigkeit . Kürbis 10–15 Minuten köcheln lassen, danach sollten Sie mit einem Spieß leicht in das Fruchtfleisch stechen können.

Das Papier entfernen. Im Topf sollte sich jetzt nur mehr wenig Flüssigkeit befinden, sonst gießen Sie sie ab. Anschließend Butter und Sojasauce zufügen. Alles behutsam durchrühren, dabei das Kürbisfleisch nicht zu sehr zerdrücken. Heiß oder kalt servieren.

Hält sich im Kühlschrank 3–4 Tage, in der Gefriertruhe bis zu 2 Wochen.

LOTUSWURZEL

Bei der Lotuswurzel handelt es sich um das Rhizom der Lotuspflanze. Sie enthält viel Stärke sowie eine Menge Ballast- und andere Nährstoffe. Von der Form her ähnelt sie einem Würstchen. Sie wird als Glück bringendes Gemüse betrachtet, da es die Löcher in der Wurzel erlauben, »in die Zukunft zu sehen«. Schneidet man die Wurzel in dünne Scheiben, sehen diese aus wie Spitze. Frische Lotuswurzeln fühlen sich sehr fest an und sind bräunlich-beige.

Lotuswurzel-Salat

3–4 PORTIONEN

Dieser Salat schmeckt am nächsten Tag noch besser. Wenn man ein wenig Essig ins Kochwasser gibt, bekommt die Lotuswurzel eine knackige Konsistenz und eine wunderschöne weiße Färbung.

310 g Lotuswurzeln (1–2 Wurzeln, ja nach Durchmesser)
1 Spritzer Weißweinessig oder Reisessig

Für das Dressing
1 EL körniger Senf
1 EL Weißweinessig
½ TL Salz
Schwarzer Pfeffer
1 Prise Zucker
2 EL Olivenöl
1 EL gehackte frische Petersilie

Einen Topf mit Wasser zum Kochen bringen. Die Lotuswurzel(n) schälen und in dünne Scheiben schneiden. Falls das Wasser noch nicht kocht, die Scheiben in eine mit kaltem Wasser gefüllte Schüssel legen, damit sie sich nicht verfärben.

Ein wenig Essig ins kochende Wasser geben (etwa 5 % der Wassermenge – ich gebe in der Regel einfach einen Schuss hinein) und die Lotuswurzelscheiben zufügen. 2 Minuten sprudelnd kochen lassen, dann durch ein Sieb abgießen. Um das Gemüse rasch abzukühlen, kaltes Wasser über die Lotuswurzelscheiben laufen lassen. Anschließend gut abtropfen lassen.

Die Zutaten für das Dressing in einer Schüssel mischen und gründlich durchrühren. Die Lotuswurzelscheiben zugeben und alles gut vermischen.

Dieser Salat hält sich im Kühlschrank 3–4 Tage. Gekochte Lotuswurzeln halten sich in der Gefriertruhe ohne Dressing bis zu 1 Monat.

Würzige Lotuswurzeln aus der Pfanne

3–4 PORTIONEN

Dieses knackige Gericht ist von Kinpira, einem traditionellen japanischen Pfannengericht, inspiriert.

310 g Lotuswurzeln (1–2 Wurzeln, je nach Durchmesser)
Speisestärke
1 EL Pflanzenöl oder Olivenöl
1 Knoblauchzehe, gehackt
½ TL getrocknete rote Chiliflocken
1 EL Mirin
½ EL Reisessig
1 EL Sojasauce

Die Lotuswurzel(n) schälen (sehr große Exemplare längst halbieren) und in runde Scheiben bzw. Halbmonde schneiden. Die Scheiben 5 Minuten lang in eine mit Wasser gefüllte Schüssel legen, dann durch ein Sieb abgießen. Stärke auf einen Teller geben und Lotuswurzelscheiben darin wenden.

Das Öl in einer großen Bratpfanne auf mittlerer Stufe erhitzen. Den Knoblauch hineingeben und unter Rühren dünsten, bis er seine Farbe zu verändern beginnt. Nun die Lotuswurzelscheiben zugeben und auf beiden Seiten goldbraun braten. Die Chiliflocken zufügen und alles kurz durchrühren.

Mirin und Essig zugeben und alles unter Rühren köcheln lassen, bis die Flüssigkeit verkocht ist. Dann die Sojasauce zugießen, alles kurz durchrühren und die Pfanne vom Herd nehmen.

Hält sich im Kühlschrank 2–3 Tage, in der Gefriertruhe bis zu 1 Monat.

Zeit sparen beim Gemüse für Ihr Bento

Wenn Sie die Gemüsebeilagen im Voraus zubereiten und bereits portioniert einfrieren, ist es ein Leichtes, Ihr Bento am Morgen blitzschnell zuzubereiten. Am besten frieren Sie das gekochte Gemüse in kleinen Bento- oder Cupcake-Förmchen aus Silikon oder Papier ein – dann können Sie das Förmchen einfach aus dem Gefrierschrank nehmen und in Ihre Bento-Box stellen. Bis zur Mittagszeit ist der Inhalt aufgetaut. Auf jeden Fall müssen die Portionen hierfür aber klein sein, sonst könnte das Gemüse noch gefroren sein, wenn Sie es mittags essen möchten!

Hier kommt noch ein Vorschlag, um morgens Zeit zu sparen: Bereiten Sie am Vortag zum Abendessen einfach eine Portion Gemüse mehr zu und stellen Sie diese in den Kühlschrank. Am nächsten oder übernächsten Tag können Sie diese Beilage dann in Ihr Bento integrieren.

Lotuswurzel-Tofu-Patties mit Ingwersauce

8–12 MINI-PATTIES

Dieses Rezept nutzt zum Binden die in der Lotuswurzel enthaltene Stärke und ergibt eine kompakte vegane Beilage oder ein veganes Hauptgericht. Die salzig-süße Sauce passt perfekt dazu, aber Sie können auch Ketchup oder ein wenig Sojasauce nehmen.

300 g fester Tofu am Stück
200 g Lotuswurzel (etwa 1 Wurzel mittlerer Größe)
2 EL gehackte Frühlingszwiebel
½ TL Salz
Pflanzenöl zum Braten

Für die Sauce
2 TL Speisestärke, in 60 ml Wasser gelöst
1 TL geriebener Ingwer
1 EL Zucker
2 EL Sojasauce

Den Tofu mithilfe der Methode 4 (siehe Seite 58) entwässern. Die Lotuswurzel schälen und reiben. Tofu und geriebene Lotuswurzel in einer Schüssel mischen, dabei den Tofu zerdrücken. Frühlingszwiebel und Salz zufügen.

Die Zutaten für die Sauce in einer separaten Schüssel vermischen.

Eine Bratpfanne auf niedriger bis mittlerer Stufe erhitzen und so viel Öl zugeben, dass der Boden leicht damit überzogen ist. Sobald das Öl heiß ist, die Tofu-Lotus-Mischung löffelweise in die Pfanne geben, dabei leicht flach drücken und dazwischen etwas Platz lassen. Die Mini-Patties goldbraun braten, dann wenden und von der anderen Seite braten.

Die Hitze auf mittlere Stufe erhöhen und die Sauce zufügen. Die Mini-Patties etwas hin und herschieben, damit sie ganz mit der Sauce überzogen sind. Sobald die Sauce angedickt hat und die Mini-Patties schön damit umhüllt sind, die Pfanne vom Herd nehmen.

Die Mini-Patties halten sich im Kühlschrank 2–3 Tage, in der Gefriertruhe (mit oder ohne Sauce) bis zu 1 Monat.

SOJABOHNEN UND EDAMAME

Getrocknete Sojabohnen und Edamame-Bohnen (das sind grüne, unreife Sojabohnen) bieten sich als simple, mit Nährstoffen vollgepackte Ergänzungen Ihres Bentos an. Mittlerweile findet man Edamame-Bohnen in vielen Supermärkten im Tiefkühlregal, und getrocknete Sojabohnen bekommt man in Naturkostläden und asiatischen Lebensmittelläden. Sojabohnen im Glas oder der Dose können Sie inzwischen problemlos in Supermärkten kaufen.

Langsam geköchelte Sojabohnen mit Konnyaku

4–6 PORTIONEN

Dieses traditionelle japanische Gericht wird mit Konnyaku (siehe Seite 69) zubereitet, einer Art von Gelee, das aus der Wurzel der Konjak-Pflanze hergestellt wird und reich an Ballaststoffen ist.

200 g Konnyaku am Stück
120 ml Wasser oder Dashi-Brühe (Grundrezept siehe Seite 119)
2 EL Sojasauce
2 EL Mirin
1 EL Zucker
1 mittelgroße Möhre, geschält und gewürfelt
75 g gekochte Sojabohnen, abgegossen

Konnyaku entwässern und in kleine Würfel schneiden. Um den etwas merkwürdigen Geruch zu beseitigen, kochendes Wasser über die Würfel gießen.

Wasser, Sojasauce, Mirin und Zucker in einem Topf zum Kochen bringen. Konnyaku-Würfel und Möhre zugeben und alles 5 Minuten leicht köcheln lassen, dann die Sojabohnen zufügen. Auf niedriger Stufe nochmals 15–20 Minuten köcheln lassen, bis kaum noch Flüssigkeit im Topf ist. Dabei gelegentlich umrühren, damit nichts am Boden anbrennt.

Vor dem Einlagern abkühlen lassen. Dieses Gericht hält sich in einem gut schließenden Behälter im Kühlschrank 4–5 Tage. Sie können es auch einfrieren, doch entwickelt der Konnyaku dabei eine schwammartige Konsistenz.

Knackige Sojabohnen aus der Pfanne

4 PORTIONEN (ODER 1 SNACK ZUM FILM FÜR MICH!)

Dieser Snack hat Suchtpotenzial – und eignet sich optimal als Lückenfüller in Ihrem Bento.

75 g gekochte Sojabohnen, abgegossen
2 EL Mehl
2 EL Olivenöl
1 Knoblauchzehe, sehr fein gehackt
2 EL brauner Zucker
1 TL Cayennepfeffer
2 EL Sojasauce

Die Sojabohnen im Mehl wenden, bis sie ganz damit überzogen sind.

Das Olivenöl in einer Pfanne auf mittlerer Stufe erhitzen. Knoblauch und Sojabohnen hineingeben und so lange andünsten, bis die Sojabohnen braun werden. Dabei häufig umrühren, damit die Sojabohnen nicht zusammenkleben.

Die Sojabohnen in der Pfanne zur Seite schieben und überschüssiges Öl mit einem zusammengeknüllten Küchenpapier aus der Pfanne wischen. Die Hitze erhöhen und Zucker, Cayennepfeffer und Sojasauce in genau dieser Reihenfolge zugeben. Nach jeder Zugabe gut umrühren. Dann alles rasch vermischen, sodass die Sojabohnen mit der Sauce überzogen sind und die Flüssigkeit verkocht. Die Sojabohnen anschließend auf eine mit Küchenpapier ausgelegte Platte legen, damit überschüssige Flüssigkeit aufgesaugt wird.

Vor dem Einfüllen in die Bento-Box abkühlen lassen. Hält sich im Kühlschrank 3–4 Tage.

Edamame-Käse

4 PORTIONEN

Edamame-Käse macht sowohl bei der Herstellung als auch beim Essen Spaß und eignet sich nicht nur für Bentos, sondern auch als Snack.

4 Scheiben Schmelzkäse
80 g enthülste Edamame-Bohnen, aufgetaut
1 Prise Cayennepfeffer, optional

Die Käsescheiben auf dem Boden einer beschichteten Pfanne auslegen und die Edamame-Bohnen und den Cayennepfeffer darauf verteilen. Alles auf mittlerer Stufe so lange erhitzen, bis der Käse schmilzt und knusprig wird. Pfanne vom Herd nehmen, bevor der Käse anbrennt. Edamame-Käse in kleine Stücke schneiden und servieren.

ABWANDLUNG: *Um diesen Snack noch leckerer zu machen, anstelle des Schmelzkäses geraspelten Cheddar oder Gruyère verwenden.*

Getrocknete Sojabohnen richtig kochen

Ganze Sojabohnen stecken nicht nur voller Eiweiß, sondern haben auch einen hohen Gehalt an Ballaststoffen, der allerdings verloren geht, wenn die Sojabohnen zu Sojamilch und Tofu verarbeitet werden. Es ist aber ganz einfach, Sojabohnen zu kochen, und zudem kann man sie in fast jedem Gericht einsetzen. Ein zusätzlicher Bonus: Die Kochflüssigkeit enthält jede Menge Umami, was gerade länger gekochten Gerichten besonderen Geschmack verleiht. Achten Sie darauf, nicht zu viele Sojabohnen auf einmal zu kochen, da sich ihr Volumen hierbei stark vergrößert!

Spülen Sie die Sojabohnen ab und entfernen Sie kleine Steinchen oder aufgebrochene Bohnen. Wenn Sie die Sojabohnen auf konventionelle Art kochen möchten, weichen Sie sie in reichlich kaltem Wasser über mehrere Stunden oder über Nacht ein. Verwenden Sie einen Dampfkochtopf, genügt es, sie etwa 1 Stunde einweichen zu lassen. Anschließend durch ein Sieb abgießen und abspülen.

Konventionelle Methode:
Die abgegossenen Bohnen in einen Topf geben und 5 cm hoch mit Wasser bedecken. Alles zum Kochen bringen, dann die Hitze reduzieren und die Bohnen leicht köcheln lassen. So lange kochen, bis Sie die Bohnen ganz leicht zwischen den Fingern zerdrücken können, bei Bedarf mehr Wasser zufügen. Die Garzeit beträgt etwa 2 Stunden.

Im Dampfkochtopf:
Wenn Sie häufiger getrocknete Bohnen zubereiten möchten, ist ein normaler oder elektrischer Dampfkochtopf eine hervorragende Anschaffung. Die abgegossenen Bohnen in den Topf füllen und 5 cm hoch mit Wasser bedecken. Einen kleinen hitzebeständigen oder mikrowellengeeigneten Teller umgedreht auf die Bohnen legen – er sollte im Durchmesser mindestens 2 ½ cm kleiner sein als der Topf. So wird verhindert, dass die Häutchen, die sich während des Garprozesses von den Bohnen lösen, die Öffnungen des Dampkochtopfes verstopfen.

Den Dampfkochtopf einschalten, dabei den Anweisungen des Herstellers folgen. Wenn der Druck aufgebaut ist, die Bohnen 20 Minuten lang kochen. Anschließend abwarten, bis sich der Druck abgebaut hat – lassen Sie kein kaltes Wasser über den Deckel laufen und wenden Sie keine ähnlichen Methoden an, um diesen Vorgang zu beschleunigen. Gießen Sie die Kochflüssigkeit ab, bevor Sie die Bohnen im Kühlschrank oder der Gefriertruhe aufheben, aber fangen Sie sie auf: Sie stellt eine prima Suppengrundlage dar! Gekochte Sojabohnen halten sich im Kühlschrank gut abgedeckt 3–4 Tage, in der Gefriertruhe bis zu 1 Monat.

ALGEN

Algen kommen in Japan in vielen ganz alltäglichen Gerichten vor und werden auch für Bentos verwendet. Wenn Sie in einem japanischen Lebensmittelgeschäft zufällig auf getrocknete Algen stoßen, geben Sie ihnen eine Chance, auch wenn Sie noch nie welche probiert haben. Sie stecken voller Mineralstoffe, Vitamine und Ballaststoffe.

HIJIKI

Getrocknete Hijiki-Algen müssen vor Gebrauch in Wasser eingeweicht und danach gut abgetropft werden. Sie sind sehr dünn, daher dauert dieser Vorgang nicht lange. Im Handel findet man zwei Arten: Me-Hijiki, die winzigen Triebe der Pflanze, und Naga-Hijiki, ihre Stiele. In den hier vorgestellten Rezepten können beide Varianten verwendet werden, doch ist Naga-Hijiki einfacher zu verarbeiten, da die winzigen Blättchen von Me-Hijiki beim Abgießen leicht in den Löchern des Siebs verschwinden können.

Hijiki mit Möhren und Shiitake-Pilzen

3–4 PORTIONEN

Eine klassische Bento-Beilage! Sie können sie mit jeder Art von zerkleinertem gekochten Fleisch, frittiertem Tofu (Abura-age), Dosenthunfisch oder gekochten Sojabohnen variieren.

30 g getrocknete Hijiki-Algen
2 frische oder getrocknete Shiitake-Pilze
½ mittelgroße Möhre
½ EL Pflanzenöl oder Sesamöl
240 ml Dashi-Brühe (Grundrezept siehe Seite 119)
2 EL Mirin
1 EL Zucker
3 EL Sojasauce

Hijiki-Algen in einer Schüssel mit reichlich kaltem Wasser mindestens 30 Minuten einweichen (oder auch im Kühlschrank über Nacht), dann durch ein Sieb abgießen. Wenn Sie Naga-Hijiki verwenden, schneiden Sie die Stiele in 2 ½ cm lange Stücke.

Falls Sie auf getrocknete Shiitake-Pilze zurückgreifen, weichen Sie diese mindestens 1 Stunde oder über Nacht in reichlich Wasser ein. Anschließend die Stiele abschneiden und entsorgen. Die Hüte in feine Scheiben schneiden.

Die Möhre in dünne Stifte schneiden.

Das Öl in einem Topf erhitzen und die Möhre hineingeben. 1–2 Minuten braten, dann die Algen und die Pilze zufügen und nochmals 1 Minute garen.

Nun Dashi-Brühe, Mirin, Zucker und Sojasauce zugeben und zum Kochen bringen. Die Hitze reduzieren und alles 5–6 Minuten leicht köcheln lassen. Anschließend abkühlen lassen und Algen-Gemüse-Mischung in der Kochflüssigkeit aufheben.

Das Gericht hält sich im Kühlschrank 2–3 Tage, in der Gefriertruhe bis zu 1 Monat. Lassen Sie das Gemüse und die Algen in der Kochflüssigkeit, dadurch verstärkt sich der Geschmack. Lassen Sie nur das gut abtropfen, was Sie für Ihr Bento-Förmchen brauchen.

Hijiki mit Knoblauch

3–4 PORTIONEN

Schmeckt köstlicmit Reis oder Pasta vermischt.

30 g getrocknete Hijiki-Algen
2 EL Olivenöl
2 Knoblauchzehen, fein gehackt
1 kleine getrocknete oder frische rote Chilischote, fein gehackt
½TL Salz

Hijiki-Algen in einer Schüssel mit reichlich kaltem Wasser mindestens 30 Minuten einweichen, dann durch ein Sieb abgießen. Wenn Sie Naga-Hijiki verwenden, schneiden Sie die Stiele in 2 ½ cm lange Stücke.

Das Olivenöl in einer Pfanne auf mittlerer Stufe erhitzen. Den Knoblauch hineingeben und kurz andünsten, dann die Chilischote zufügen. Nun die Algen in die Pfanne geben und 2 Minuten braten. Mit Salz abschmecken.

Hält sich im Kühlschrank 4–5 Tage, in der Gefriertruhe bis zu 1 Monat.

KONBU

Konbu-Algen werden häufig zur Herstellung von Dashi-Brühe genutzt (Rezept siehe Seite 119). Da ihre Konsistenz hart und lederartig ist, dauert es ziemlich lange, bis diese Alge fertig gekocht ist. Aber die Mühe lohnt sich – Konbu-Algen stecken voller Umami und bergen jede Menge gesunder Nährstoffe!

Langsam geköchelte Konbu-Algen

2 SCHÖPFKELLEN À 120 ML

Eine kleine Menge dieser pikanten Algenzubereitung, in Japan *konbu no tsukudani* genannt, ist oft in einer Ecke der Bento-Box versteckt und wird zusammen mit dem Reis gegessen. Auch Reisbällchen lassen sich damit füllen. Dieses Rezept ist ein cleverer Weg, um die bei der Herstellung von Dashi-Brühe übrig gebliebenen Konbu-Algen zu verwerten. Ich friere die Konbu-Algen, die ich für die Dashi-Herstellung verwendet habe, in der Regel ein. Wenn ich genug davon gesammelt habe, nehme ich dieses Rezept in Angriff.

120 g Konbu-Algen (Reste von der Herstellung von Dashi-Brühe)
2 EL Mirin
2 EL Sake
1 EL Zucker
3 EL Essig
120 ml dunkle Sojasauce oder Tamari
2 EL weiße Sesamsamen, geröstet

Die Konbu-Algen in 2 ½ cm lange Stücke zerteilen. (Falls Sie gefrorene Konbu-Algen verwenden, lassen Sie sie etwas antauen, bis sie zwar noch kalt sind, sich aber leicht schneiden lassen.)

Die Konbu-Algen mit den übrigen Zutaten (außer den Sesamsamen) in einen Topf geben und alles zum Kochen bringen. Die Hitze reduzieren und Algen 20–30 Minuten köcheln lassen. Danach sollten sie sehr zart sein – machen Sie die Beißprobe. Wenn die Flüssigkeit zu schnell verkocht, fügen Sie ein wenig Wasser zu. Am Ende sollte kaum noch Flüssigkeit im Topf sein. Abschließend die gerösteten Sesamsamen mit den gekochten Algen mischen.

Das Gericht hält sich in einem dicht verschlossenen Behälter 1 Monat im Kühlschrank, in der Gefriertruhe ein paar Monate.

KOCHTIPP: *Wenn Sie nicht auf dem Spartrip sind, bereiten Sie das Gericht mit eingeweichten Konbu-Algen zu, die nicht zuvor für die Dashi-Zubereitung herhalten mussten – dann schmeckt es noch besser.*

ZUTATENTIPP: *Bei Tamari handelt es sich um eine dunkle, reichhaltige Sojasauce. In diesem Rezept ist sie sowohl ihrer Farbe als auch ihres Geschmacks wegen eine Option. In jüngster Zeit erfreut sich Tamari zunehmender Beliebtheit, da sie frei von Weizen und damit von Gluten ist.*

KOCHTIPP: *Um Sesamsamen anzurösten, eine Pfanne ohne Öl auf niedriger bis mittlerer Stufe erhitzen. Die Sesamsamen so lange hin und her schieben, bis ein paar davon aufplatzen – Vorsicht, sie können dabei aus der Pfanne fliegen. Die Sesamsamen im Anschluss unverzüglich auf einen Teller oder in eine Schüssel geben, bleiben sie in der Pfanne, brennen sie an.*

NORI

Nori-Algen kennen wir meist als Ummantelung von Sushi-Rollen, doch können sie auch anderweitig verwendet werden. Man kann Gemüse darin einwickeln – und viele lieben geröstete Nori-Blätter ganz einfach als Snack.

Knusprige koreanische Nori-Algen mit Sesamgeschmack

36 STÜCK, FÜR MEHRERE BENTOS AUSREICHEND

Diese Nori-Algen im koreanischen Stil machen sich super in Bentos: Man kann sie auf Reis legen, Gemüse damit bestreuen oder Salate damit anreichern.

6 große Nori-Algenblätter
2 EL Sesamöl
1 TL Meersalz

Ein großes Backblech auf die Arbeitsfläche legen oder dort mehrere Lagen Küchenpapier ausbreiten. Hierdurch soll verhindert werden, dass Öl und Salz Ihre Arbeitsfläche verschmutzen.

Ein Nori-Blatt auf das Backblech bzw. das Küchenpapier legen. (Es spielt für das Gelingen keine Rolle, welche Seite sich oben befindet, doch aus optischen Gründen sollte die schimmernde Seite nach oben zeigen.) Das Blatt mithilfe eines Backpinsels leicht mit Sesamöl bestreichen und mit 1 Prise Salz bestreuen. Mit den restlichen Nori-Blättern ebenso verfahren.

Eine große Bratpfanne auf mittlerer Stufe erhitzen. Wenn die Pfanne heiß ist, ein Nori-Blatt hineinlegen und mit einem Pfannenwender 10 Sekunden leicht auf den Pfannenboden drücken. Wenden und die zweite Seite ebenfalls 10 Sekunden auf den Boden der Pfanne pressen. Das Blatt nun aus der Pfanne nehmen und auf ein Gitter legen. Mit den restlichen Nori-Blättern ebenso verfahren.

Sobald die Blätter abgekühlt und knusprig sind, mit einer Küchenschere in jeweils 6 Stücke teilen. In einer Dose luftdicht verpacken und an einem kühlen, trockenen Ort aufheben.

ABWANDLUNG: *Nori-Sesam-Streusel. Nachdem alle Nori-Blätter fertig geröstet sind, 1 EL Sesamsamen in die noch heiße Pfanne geben. Die Samen hin und her schieben, bis sie zu platzen beginnen, dann aus der Pfanne nehmen. 2 geröstete Nori-Blätter in kleine Stückchen zerbrechen und mit den Sesamsamen mischen.*

Nori-ben

1 BENTO

Dieses klassische Bento enthält eine ganze Menge Reis, daher sollten Sie es wählen, wenn Sie richtig Hunger haben.

1 gute Handvoll Bonito-Flocken
3–4 EL Mentsuyu (Rezept siehe Seite 120) oderSojasauce
2 EL weiße Sesamsamen, geröstet, optional
2 große Nori-Algenblätter
500–600 g gekochter Reis (Grundrezept Reis siehe Seite 116)

Die Bonito-Flocken in einer Schüssel mit so viel Mentsuyu oder Sojasauce mischen, dass sie zwar befeuchtet, aber nicht durchweicht sind. Die gerösteten Sesamsamen (falls verwendet) untermischen. Die Nori-Blätter in briefmarkengroße Stücke reißen oder schneiden.

Den Boden einer Bento-Box mit einer Schicht Reis füllen. Ein wenig der Bonito-Flocken-Mixtur darauf verteilen, dann eine Lage Nori-Stückchen daraufgeben. Nun wieder eine Schicht Reis, dann Bonito-Flocken-Mix und schließlich Nori-Stückchen darauf verteilen. Diese Abfolge so lange wiederholen, bis die Bento-Box gefüllt ist, dabei mit einer Lage Nori-Stückchen abschließen. Wer mag, beträufelt die Oberfläche zusätzlich mit ein wenig Mentsuyu oder Sojasauce, obwohl der Reis hierdurch leicht zu salzig werden kann.

Um das Bento hinsichtlich der Nährstoffe abzurunden, können Sie noch ein wenig japanisches Tamagoyaki-Omelett (siehe Seite 50) sowie gedämpftes Gemüse hinzufügen.

ABWANDLUNG: *Anstelle der Bonito-Flocken können Sie auch blättrig zerteilten, gekochten Fisch oder zerkleinertes gekochtes Fleisch verwenden. Ebenfalls geeignet sind die im Soboro-Kapitel vorgestellten Soboro-Gerichte (siehe Seite 29) oder gehackte japanische Pickles. Auf die Nori-Lagen sollten Sie jedoch nicht verzichten, sonst wäre es ja kein Nori-ben mehr!*

WAKAME

Getrocknete Wakame-Algen bekommt man entweder in Form ganzer Blätter, die gehackt werden müssen, oder schon in kleine, gebrauchsfertige Stücke zerteilt. Bereits zerkleinerte Wakame-Algen sind leichter zu handhaben, da sie nur eingeweicht werden müssen. In der japanischen Küche werden lediglich die zarten Wakame-Blätter genutzt, doch in der koreanischen Küche (dort kennt man Wakame unter dem Begriff mareum-miyeok) verwendet man auch die Stiele. Während man die Blätter nur ein paar Minuten einzuweichen braucht, müssen die Stiele 30 Minuten oder länger gewässert werden. Achten Sie darauf, die Einweichzeit richtig zu wählen – zu sehr mit Wasser vollgesogene Wakame-Algen sind nicht sehr lecker, und zu kurz gewässerte Wakame-Stiele sind hart und kaum essbar.

Weichen Sie Wakame-Blätter niemals in heißem Wasser ein – nehmen Sie immer kaltes, andernfalls nimmt das Ganze eine schleimige Konsistenz an. Wakame-Stiele können zwar schon in warmes Wasser gelegt werden, aber niemals in kochendes. Manchmal sind die Wakame-Algen im Handel nicht klar gekennzeichnet. Falls Sie sich nicht ganz sicher sind, um welche Variante es sich handelt, weichen Sie die Algen ein und prüfen Sie nach ein paar Minuten, ob sie schon so weich sind, dass man sie problemlos essen kann. Die meisten japanischen Anbieter von getrockneten Wakame-Algen bringen nur die Blätter in den Handel.

Durch das Einweichen und Quellen vergrößern getrocknete Wakame-Algen ihr Volumen erheblich. Daher brauchen Sie für eine Bento-Portion nur eine sehr kleine Menge davon.

In den folgenden Rezepten wird durchgängig auf bereits zerkleinerte Wakame-Algenblätter zurückgegriffen, da diese in sehr kurzer Zeit aufquellen.

Wakame und Gurke in Essigsauce

2–3 PORTIONEN

In Japan ist dieses nach Essig schmeckende Gericht unter den Namen Sunomono bekannt. Die Kombination aus Wakame und Gurke ist sehr erfrischend und in Japan äußerst beliebt.

2 TL getrocknete, klein geschnittene Wakame-Algenblätter
10 cm Gurke, ohne Kerne
¼TL Salz
3 EL Reisessig
1 EL Zucker

Die Wakame-Algen in kaltem Wasser einweichen, bis sie weich geworden sind. Sie sollten aber noch fest sein, keinesfalls schlaff und schleimig. In einem Sieb gut abtropfen lassen und dann mit den Händenüberschüssiges Wasser herauspressen.

Die Gurke sehr dünn schneiden. Mit Salz bestreuen und 5 Minuten durchziehen lassen, dann mit den Händen überschüssiges Wasser herausdrücken.

Wakame-Algen, Gurke, Essig und Zucker in eine Schüssel geben und gut miteinander vermischen. Anschließend in Bento-Förmchen füllen.

Hält sich im Kühlschrank 1–2 Tage.

Wakame und Bohnensprossen aus der Pfanne

2 PORTIONEN

Eingeweichte Wakame-Algen können wie jedes andere Gemüse in Pfannengerichten eingesetzt werden.

2 TL getrocknete, klein geschnittene Wakame-Algenblätter
1 EL Sesamöl
1 gute Handvoll Bohnensprossen, Wurzeln entfernt
1 Prise Knoblauchsalz oder½ Knoblauchzehe, fein gehackt
2 TL Sojasauce
1 Prise Shichimi togarashi oder rote Chiliflocken

Die Wakame-Algen in kaltem Wasser einweichen, bis sie weich geworden sind. Sie sollten aber noch fest sein, keinesfalls schlaff und schleimig. In einem Sieb gut abtropfen lassen und dann mit den Händenüberschüssiges Wasser herauspressen.

Das Sesamöl in einer Pfanne auf mittlerer Stufe erhitzen. Die Bohnensprossen hineingeben und unter Rühren 30 Sekunden anbraten, dann Wakame-Algen zugeben und 30 Sekunden unter Rühren mitbraten. Knoblauchsalz, Sojasauce und Shichimi togarashi zufügen. Das Gericht abkühlen lassen und in Bento-Förmchen füllen.

Hält sich im Kühlschrank 1–2 Tage.

EXPRESS-BENTOS

Wenn Sie keine bereits vorgekochten Bento-Zutaten zur Hand haben, können Sie mit den folgenden Rezepten in Rekordzeit welche zubereiten. In diesem Kapitel stelle ich Ihnen Rezepte für 1-Personen-Bentos vor, die Sie in maximal 15 Minuten aus Ihren Vorräten zusammenstellen können. Ob sättigende Suppen oder reichhaltige Salate – hier bekommen Sie viele Inspirationen für leckere und nahrhafte Bento-Menüs. Dazu gibt es eine Fülle von Abwandlungen, sodass Sie eine Vielfalt eigener Bento-Kreationen verwirklichen können.

Mini
PRÉSIDENT
Crémeux
& Gourmand

SUPPEN-BENTOS AUS DEM THERMO-BEHÄLTER

An einem kühlen Tag gibt es kaum etwas Wohltuenderes als eine heiße Suppe. Wenn Sie einen Thermo-Behälter besitzen, ist es ganz einfach, in 15–20 Minuten eine Suppen-Bento-Variante zuzubereiten – auch wenn Sie keine vorbereiteten Zutaten parat haben. Diese handlichen Behälter für Einzelportionen sind eine prima Alternative zur Bento-Box und halten das Essen nicht nur warm, sondern bringen den Kochprozess auch für Sie zu Ende.

Wenn Sie sich einen neuen Thermo-Behälter anschaffen, achten Sie darauf, dass Sie ein für Suppen geeignetes, auslaufsicheres Modell kaufen. In der Regel haben diese Modelle Schraubdeckel anstelle eines Schnappverschlusses.

Hühnersuppen-Bento

INHALT

- Mediterrane Hähnchen-Gemüse-Suppe
- Kirschtomaten und Käse
- Brötchen

Mediterrane Hähnchen-Gemüse-Suppe

Sie brauchen das Gemüse nicht akribisch zu zerkleinern – nur so fein, dass es schnell gar wird. Denken Sie daran, dass es im Thermo-Behälter weiterkocht.

⅛ mittelgroße Zwiebel
10 cm Selleriestange
¼ kleine Möhre
30 g Hähnchenbrust ohne Haut
2 TL Olivenöl
180 ml Wasser
1 EL rohe Fadennudeln oderEngelshaar-Pasta, zerkleinert
1 Prise getrockneter Thymian
Salz und schwarzer Pfeffer
1 Zweig frischer Rosmarin

Zwiebel, Sellerie und Möhre hacken. Die Hähnchenbrust in Stücke zerteilen.

Das Olivenöl in einem kleinen Topf oder einer Bratpfanne erhitzen und das Gemüse so lange andünsten, bis die Zwiebel glasig wird. Das Hähnchenfleisch zufügen und braun braten.

Nun das Wasser zugießen und zum Kochen bringen. Die Nudeln und den Thymian zugeben und 3–4 Minuten köcheln lassen. Mit Salz und Pfeffer abschmecken. Die Suppe in den vorbereiteten Thermo-Behälter füllen (siehe den Thermo-Behälter-Tipp auf dieser Seite) und einen kleinen Zweig Rosmarin obenauf legen.

Beilagen

Ganze oder halbierte Kirschtomaten, Käsewürfel einer Sorte nach Wahl und knuspriges Brot.

THERMO-BEHÄLTER-TIPP: *Um sicherzustellen, dass Ihre Suppe zur Mittagszeit noch heiß ist, müssen Sie den Thermo-Behälter richtig vorbereiten. Füllen Sie ihn bis fast zum Rand mit kochendem Wasser und schließen Sie den Deckel. Lassen Sie ihn so stehen, während Sie die Suppe zubereiten. Ist die Suppe fertig, gießen Sie das kochendheiße Wasser vorsichtig aus, füllen die heiße Suppe sofort in den Thermo-Behälter und schließen den auslaufsicheren Deckel. Achten Sie darauf, den Behälter nur zu etwa 80 Prozentzu füllen, um Missgeschicke beim Öffnen zu vermeiden.*

Sandwich-Bento mit Baguette und Zwiebelsuppe

INHALT

- Schnelle Zwiebelsuppe
- Baguette-Sandwich »Le Parisien« mit gekochtem Schinken und Salat
- Pickles

Schnelle Zwiebelsuppe

½ mittelgroße Zwiebel
2 TL Butter
180 ml Rinderkraftbrühe
Salz und schwarzer Pfeffer
1 EL Parmesan

Die Zwiebel dünn schneiden. Die Scheiben nebeneinander in nur einer Lage auf einen Teller legen und auf hoher Stufe ohne Abdeckung für 1 Minute in die Mikrowelle stellen. (Hierdurch wird die Zwiebel beim Andünsten schneller braun.)

Die Butter in einem kleinen Topf schmelzen. Die Zwiebel hineingeben und braun dünsten. Nun die Kraftbrühe zugießen und zum Kochen bringen. Mit Salz und viel schwarzem Pfeffer abschmecken. Die Suppe in einen vorbereiteten Thermo-Behälter (siehe den Thermo-Behälter-Tipp oben) einfüllen und mit Parmesan bestreuen.

Beilagen

Das Sandwich »Le Parisien« bekommt man in den entsprechenden Läden von Paris und in ganz Frankreich. Bestreichen Sie ein halbiertes Baguette-Brötchen mit ein wenig Butter (ich bevorzuge ungesalzene, aber gesalzene schmeckt auch gut) und belegen Sie es mit dünnen Schinkenscheiben und ein paar Salatblättern. Alternativ können Sie hierfür auch ein normales Baguette in drei Teile schneiden.
Verpacken Sie das Sandwich mit einer Portion Pickles. Ich habe hier Cornichons genommen, doch können Sie stattdessen auch Ihre Lieblings-Pickles oder einfach normale Gurkenstücke nehmen.

Cremiges veganes Brokkoli-Suppen-Bento

INHALT

- Cremige Brokkoli-Suppe
- Edamame-Bohnen mit Mandeln
- Geröstetes Vollkornbrot

Cremige Brokkoli-Suppe

1 PORTION

Dieser Lunch ist für Veganer perfekt, er schmeckt aber auch Nichtveganern vorzüglich. In diesem Rezept wird gefrorener Brokkoli verwendet, da er schneller gar wird als frischer. Nährhefe trägt dazu bei, die Suppe auch ohne Zugabe von Milchprodukten dick und cremig zu machen. Reiben Sie gleich so viel Knoblauch, dass es auch für die Beilage Edamame-Bohnen mit Mandeln reicht (insgesamt 1 TL). Anstelle der Kokosmilch können Sie auch Mandel- oder Sojamilch wählen.

1 TL Pflanzenöl
1 EL gehackte Zwiebel
1 EL gehackter Stangensellerie
½ TL geriebener Knoblauch
45 g tiefgefrorener Brokkoli (etwa 3–4 Röschen), grob gehackt
120 ml Kokosmilch
2 EL Nährhefeflocken
Salz und schwarzer Pfeffer

Das Öl in einer kleinen Bratpfanne erhitzen und Zwiebel, Sellerie und Knoblauch darin anschwitzen. (Um Zeit zu sparen, Zwiebel und Sellerie nicht hacken, sondern direkt in die Pfanne reiben bzw. raspeln.) Sobald die Zwiebel glasig wird, den Brokkoli zufügen.

Kokosmilch und Nährhefe mischen und in die Pfanne gießen. Alles mit Salz und Pfeffer würzen. Wer will, püriert die Suppe mit einem Pürierstab, um sie schön cremig zu machen. Anschließend in den vorbereiteten Thermo-Behälter füllen (siehe Thermo-Behälter-Tipp auf Seite 93).

Edamame-Bohnen mit Mandeln

1 PORTION

1 EL Mandeln, grob zerkleinert
1 EL Olivenöl
½ TL Knoblauch
2 EL tiefgefrorene Edamame-Bohnen
Salz und schwarzer Pfeffer
1 TL Zitronensaft

Eine kleine Bratpfanne ohne Öl auf mittlerer Stufe erhitzen. Die Mandeln darin ein paar Minuten anrösten. Sobald sie zu bräunen beginnen, aus der Pfanne nehmen.

Das Olivenöl mit Knoblauch und Edamame-Bohnen in die heiße Pfanne geben. Etwa 1 Minute braten, bis die Edamame gar sind, dann die Mandeln zufügen. Mit Salz und Pfeffer abschmecken und einen Spritzer Zitronensaft zufügen.

In einem Beilagenbehälter verpacken.

Beilagen

Packen Sie einige Scheiben geröstetes Vollkornbrot ein, das Sie zu den Edamame-Bohnen mit Mandeln essen.

Suppen-Bento mit Eierflocken

INHALT

- Suppe mit Eierflocken
- Schneller gebratener Reis

Suppe mit Eierflocken und schnell gebratenem Reis

1 PORTION

Dieser sättigende, wohltuende Lunch ist von einer klassischen kantonesischen Kombination inspiriert. Er lässt sich im Handumdrehen zubereiten, wenn Sie übrig gebliebenen oder tiefgefrorenen Reis aus Ihrem Vorrat, Tiefkühl-Gemüse sowie gekochten Schweinebraten oder Schinken vom Metzger oder aus dem Supermarkt zur Hand haben.

Für den gebratenen Reis
150 g gekochter Reis, weiß oder braun (Grundrezept Reis siehe Seite 116)
1 TL Pflanzenöl
2 ½ cm Frühlingszwiebel, gehackt
1 TL gehackter Ingwer
80 g tiefgefrorenes gemischtes Gemüse, klein geschnitten
2 Scheiben (etwa 30 g) Schweinebraten, gewürfelt
1 TL Sesamöl
1 TL Sojasauce
Salz und schwarzer Pfeffer

Für die Suppe
1 TL Speisestärke
2 TL kaltes Wasser
2 ½ cm Frühlingszwiebel, gehackt
1 EL Maiskörner, tiefgefroren oder aus der Dose
1 TL Sesamöl
120 ml Wasser
1 großes Ei
Salz und schwarzer Pfeffer

Wenn Sie tiefgefrorenen Reis verwenden, stellen Sie ihn für 2 Minuten auf hoher Stufe in die Mikrowelle (oder bis sich die Körner leicht voneinander trennen lassen).

Um den gebratenen Reis zuzubereiten, zunächst das Pflanzenöl in einer großen Bratpfanne erhitzen. Frühlingszwiebel und Ingwer hineingeben und unter Rühren 1 Minute anschwitzen, bis das Öl zu duften beginnt. Dann das TK-Gemüse zufügen und alles 2–3 Minuten durcherhitzen, dabei häufig umrühren. Nun Schweinebraten, Reis und Sesamöl zugeben und so lange braten, bis der Reis leicht angeröstet ist. Mit Sojasauce, Salz und Pfeffer abschmecken. Den Reis auf einem großen Teller auf Zimmertemperatur abkühlen lassen, dann in einen Beilagenbehälter füllen. Die Bratpfanne auswischen, um darin die Suppe zuzubereiten.

Die Suppe kochen Sie, während der Reis abkühlt. Dazu in einer kleinen Schüssel die Speisestärke in 2 TL kaltem Wasser auflösen. Frühlingszwiebel und Maiskörner mit dem Sesamöl unter Rühren in der Pfanne andünsten, bis sich der Duft entfaltet. Nun die Mischung aus Speisestärke und Wasser zugießen und zum Kochen bringen. 120 ml Wasser zufügen. Das Ei in das kochende Wasser schlagen und mit Kochstäbchen oder einer Gabel schnell verquirlen, sodass sich dünne Stränge bilden. Mit Salz und Pfeffer würzen und in einen vorbereiteten Thermo-Behälter füllen.

ZEITSPARTIPP: *Wenn Sie für den gebratenen Reis und die Suppe dieselbe Pfanne nehmen, beschleunigt dies den Kochvorgang, da Sie für die Suppe nicht extra einen kalten Topf erhitzen müssen.*

Tomaten-Chili-Suppen-Bento

INHALT

- Tomaten-Chili-Suppe
- Schnelle Guacamole
- Tortilla-Chips

Tomaten-Chili-Suppe

1 PORTION

Diese wärmende Suppe ist die Grundlage für ein herzhaftes, schnelles Bento im Tex-Mex-Stil.

2 TL Olivenöl
30 g mageres Rinderhackfleisch
1 EL gehackte Zwiebel
1 Knoblauchzehe, gehackt
85 g stückige Tomaten aus der Dose
60 ml Wasser
1 EL Kidneybohnen aus der Dose, abgegossen
1 Prise gemahlener Kreuzkümmel
1 Prise getrockneter Oregano
Salz und schwarzer Pfeffer
1 Spritzer Tabasco

Das Öl in einer kleinen Bratpfanne erhitzen. Hackfleisch, Zwiebel und Knoblauch darin anbraten, bis das Fleisch Farbe angenommen hat. Tomaten und Wasser zufügen und alles zum Kochen bringen. Abgegossene Kidney-Bohnen, Kreuzkümmel und Oregano zugeben. Mit Salz und Pfeffer würzen und mit Tabasco-Sauce abschmecken. In einen vorbereiteten Thermo-Behälter einfüllen.

Schnelle Guacamole

1 PORTION

½ reife Avocado
2–3 EL Salsa (Fertigprodukt)
1 Spritzer Limettensaft
1 EL gehackte Frühlingszwiebel
1 Handvoll frische Korianderblätter, gehackt

Die Avocado mit der Salsa und dem Limettensaft in einer Schüssel zerdrücken. Frühlingszwiebel und Koriander zufügen und Guacamole in einen Beilagenbehälter packen.

Beilagen

Nehmen Sie eine Tüte Tortilla-Chips natur (Einzelportion) mit oder füllen Sie die benötigte Chipsmenge in einen verschließbaren Gefrierbeutel.

Suppen-Spezial: Misosuppe

Während Misosuppen-Bällchen (Rezept siehe Seite 99) ideal für die Herstellung Ihrer eigenen Instant-Misosuppe sind, bietet ein Thermo-Behälter Ihnen die Möglichkeit, daraus ein sättigendes Mittagsmahl zu machen.

Misosuppe aus dem Thermo-Behälter

1 PORTION

180 ml Dashi-Brühe (Grundrezept siehe Seite 119)oder180 ml Wasser mit ½TL Instant-Dashi-Brühe
Zusätzliche Zutaten nach Wahl (siehe unten)
1 gestrichener EL Misopaste, mehr oder weniger nach Geschmack

Dashi-Brühe in einem kleinen Topf zum Kochen bringen. Die Zutaten nach Wahl hineingeben. Ein paar Löffel Brühe aus dem Topf nehmen, in eine kleine Schüssel geben und die Misopaste darin auflösen, dann Mischung zurück in den Topf gießen. Die Suppe in einen Thermo-Behälter füllen.

Zutaten-Vorschläge für die Misosuppe:

- ¼ Block Tofu (Seidentofu oder fester Tofu), in der Dashi-Brühe durcherhitzt, plus 1 EL gehackte Frühlingszwiebel, der unmittelbar vor dem Verschließen des Thermo-Behälters zugegeben wird (soll die Frühlingszwiebel knackig bleiben, kann sie auch separat verpackt werden)
- 1 kleine Kartoffel, zerkleinert und in der Dashi-Brühe weich gekocht, 1 TL getrocknete, klein geschnittene Wakame-Alge
- 1 knappe Handvoll Babyspinat, 2 in Scheiben geschnittene Shiitake-Pilze, ein paar Sekunden in der Dashi-Brühe geköchelt
- gewürfelte Aubergine, in der Dashi-Brühe weich gegart
- zerkleinerter Winterkürbis, etwa Kabocha, in der Dashi-Brühe weich gekocht
- ein wenig in Stücke geschnittenes Hähnchenbrustfleisch, 1–2 in Scheiben geschnittene Champignons. Beides in der Dashi-Brühe gegart
- zerkleinerter Kohl oder Daikon-Rettich, in der Dashi-Brühe weich gekocht

Das Zeitaufwendigste bei Pfannengerichten ist das Zerkleinern der Zutaten. Ist dieser Schritt erst einmal erledigt, geht die restliche Zubereitung sehr schnell. Diese Bentos lassen sich alle in 10–15 Minuten herstellen – je nachdem, wie schnell Sie hacken können! Wenn Sie bereits zerkleinertes Gemüse zur Hand haben, geht es noch rascher.

Bento mit gebratenem Reis

1 PORTION

Für dieses Bento können Sie auf Ihren Vorrat an eingefrorenem Reis zurückgreifen oder aber pure Reisreste von Schnellimbiss-Gerichten verwerten. Fügen Sie viel Gemüse hinzu, um daraus ein ausgewogenes Bento herzustellen. Die Mayonnaise ist für ein Pfannengerichteher ungewöhnlich, das schmeckt aber super.

200 g gekochter Reis (Grundrezept Reis siehe Seite 116)
4 Brokkoli-Röschen
½ rote oder gelbe Gemüsepaprika (oder ¼ von jeder Variante)
2 TL Pflanzenöl
1 Ei
Salz
1 Frühlingszwiebel, gehackt
60 g gekochter Schinken oder anderes gekochtes Fleisch, gewürfelt
1 TL gekörnte Hühnerbrühe oder chinesische Suppenpaste
1 TL Sojasauce
½ EL Mayonnaise
schwarzer Pfeffer

Wenn Sie tiefgefrorenen Reis verwenden, stellen Sie ihn für 2 Minuten auf hoher Stufe in die Mikrowelle (oder bis sich die Körner leicht voneinander trennen lassen). Die Brokkoli-Röschen in kleine Stücke schneiden. Die Gemüsepaprika fein würfeln.

1 TL Öl in einer Pfanne auf mittlerer Stufe erhitzen. Das Ei aufschlagen und mit 1 Prise Salz in die Pfanne geben. Rasch durchmischen, damit ein Rührei entsteht. Das fertige Rührei aus der Pfanne nehmen.

Das restliche Öl und die Frühlingszwiebel in dieselbe Pfanne geben und kurz durchrühren. Schinken und Gemüse zufügen und unter Rühren 4–5 Minuten garen.

Nun Reis und Rührei in die Pfanne geben und unter Rühren 1–2 Minuten mitbraten. Gekörnte Brühe bzw. Paste, Sojasauce, Mayonnaise und viel schwarzen Pfeffer zufügen. Abschmecken und bei Bedarf ein wenig nachsalzen.

RESTEVERWERTUNGS-TIPP: *Stellen Sie die Reisreste von Schnellimbiss-Gerichten so schnell wie möglich in den Kühlschrank oder frieren Sie sie ein. Falls Sie vom Imbiss eine Extraportion Reis mitgenommen haben, stellen Sie ihn gleich in den Kühlschrank und nicht erst Stunden später!*

Yakisoba-Bento aus der Pfanne

1 PORTION

Bei Yakisoba handelt es sich um weiche Nudeln aus der Pfanne. Dieses Gericht eignet sich prima dazu, Gemüsereste zu verwerten.

2 Kohlblätter
½ mittelgroße Möhre
½ Selleriestange
85 g Hähnchen- oder Putenbrust, ohne Haut und Knochen
1 Packung Instant-Ramen-Nudeln, vorzugsweise luftgetrocknet
½ EL Pflanzenöl
½ cm Ingwer, fein gehackt
1 Frühlingszwiebel, grob gehackt
1 Prise Salz
1 EL Austernsauce
1 Spritzer englische Worcestershire-Sauce
Schwarzer Pfeffer
Aonori-Algenpulver, zum Garnieren, optional
Beni Shoga (eingelegter Ingwer), zum Garnieren, optional

In einer großen Pfanne Wasser für die Nudeln erhitzen.

Kohl und Möhre zerkleinern, den Sellerie diagonal in dünne Scheiben schneiden. Das Hähnchenfleisch in kleine Stücke zerteilen.

Wenn das Wasser für die Nudeln kocht, die Nudeln hineingeben und 1–2 Minuten kochen, bis sie sich voneinander getrennt haben, aber noch ziemlich hart sind. Durch ein Sieb abgießen und beiseitestellen.

Die Bratpfanne bei mittlerer Hitze wieder auf den Herd stellen und das Öl hineingeben. Ingwer und Frühlingszwiebel kurz einrühren.

Die zerkleinerte Möhre zufügen. Sobald sie ein wenig weich geworden ist, Sellerie und Kohl zugeben. Wenn das Gemüse bissfest ist, das und Salz in die Pfanne geben.

Sobald das Fleisch durch ist (es sollte Farbe annehmen, muss aber nicht braun werden), die Nudeln zurück in die Pfanne gleiten lassen. Alles rasch durchrühren, dann die Austernsauce und die Worcestershire-Sauce zugeben. So lange durchmischen, bis sich die Sauce gleichmäßig verteilt hat. Mit schwarzem Pfeffer würzen.

Vor dem Einfüllen in die Bento-Box abkühlen lassen. Zum Schluss mit dem Aonori-Pulver bestreuen und Beni Shoga obenauf legen.

ABWANDLUNG: *Möchten Sie Kohlenhydrate sparen, nehmen Sie anstelle der Instant-Ramen-Nudeln Shirataki-Nudeln (siehe Seite 69). Sie können auch bereits vorgegarte Spaghetti oder frische Nudeln nach chinesischer Art nehmen und sich so den Kochvorgang sparen.*

Low-Carb-Bohnensprossen-Bento aus der Pfanne

1 PORTION

Dieses kohlenhydratarme Pfannengericht enthält eine Menge Bohnensprossen, die wenig Kalorien haben und schön knackig sind. Dieses Bento ist genial, wenn Sie am Vortag geschlemmt haben – etwa für den Tag nach Thanksgiving. Gekochtes Putenfleisch eignet sich gut für dieses Rezept.

100 g Mungbohnen- oder Sojabohnensprossen
75 g Hähnchen- oder Putenfleisch, roh oder gekocht
½ EL Sesamöl
1 cm Ingwer, fein gehackt
1 Knoblauchzehe, fein gehackt
1 Frühlingszwiebel, gehackt
1 kleine frische rote Chilischote, ohne Kerne und dünn geschnitten
1 EL Sojasauce
Salz und schwarzer Pfeffer
1 Handvoll frische Korianderblätter, optional

Die Bohnensprossen in einem Sieb gut abspülen. Wenn Sie Zeit haben, entfernen Sie die fadenartigen Wurzeln – mehr der Optik als des Geschmacks wegen. Das rohe bzw. gekochte Hähnchen- oder Putenfleisch in dünne Streifen schneiden.

Das Öl in einer Bratpfanne auf mittlerer Stufe erhitzen. Ingwer, Knoblauch, Frühlingszwiebel und Chili darin unter Rühren kurz braten, bis das Öl zu duften beginnt.

Nun das Fleisch zugeben – wenn es roh ist, unter Rühren durchbraten. Dann auf hohe Stufe schalten und die Bohnensprossen in die Pfanne geben. Unter Rühren rasch etwa 2 Minuten anbraten, dabei darauf achten, dass die Bohnensprossen nicht schlaff und matschig werden. Die Sojasauce zugeben und alles mit Pfeffer und bei Bedarf mit ein wenig Salz würzen. Zum Schluss die Korianderblättchen unterrühren.

Vor dem Einfüllen in eine große Bento-Box abkühlen lassen. Wenn das Gericht für Ihren Geschmack zu wenig Kohlenhydrate enthält, servieren Sie puren Reis oder Nudeln dazu – oder einfach Brot.

Bento aus der Pfanne mit Salat, Blattgemüse und Mais

1 PORTION

Salat in einem pfannengerührten Gericht? Ja! Er schmeckt darin köstlich, knackig und harmoniert richtig gut mit dem kohlenhydratreichen Mais.

2 große Blätter Römersalat
1 kleiner Bund Brunnenkresse oder Rucola
175 g Maiskörner, tiefgefroren oder aus der Dose
1 Wiener Würstchen oder anderes gekochtes Fleisch
½ EL Olivenöl
½ kleine Zwiebel, dünn geschnitten
1 Knoblauchzehe, fein gehackt
1 TL Butter
Salz und schwarzer Pfeffer
Cayennepfeffer, optional

Salatblätter zerpflücken und die Brunnenkresse- oder Rucola-Blätter halbieren, wenn sie groß sind. Falls Sie Mais aus der Dose verwenden, gießen Sie ihn ab. Das Würstchen diagonal in Scheiben schneiden.

Das Olivenöl in einer Pfanne auf mittlerer Stufe erhitzen. Die Zwiebel hineingeben und unter Rühren glasig dünsten. Den Knoblauch zufügen und 1 Minute anbraten.

Das Würstchen in die Pfanne geben und 1 Minute unter Rühren anbraten, dann den Mais zufügen. 1 Minute unter Rühren garen, dann Salat und Brunnenkresse bzw. Rucola zufügen. Ein paar Sekunden garen, bis die Blätter anfangen, zusammenzufallen. Die Butter zugeben und alles mit Salz, Pfeffer und ggf. ein wenig Cayennepfeffer würzen.

Vor dem Einfüllen in die Bento-Box abkühlen lassen.

Hähnchen, Kichererbsen und Mangold aus der Pfanne

1 PORTION

Reichern Sie dieses schnelle und sättigende Pfannengericht mit so viel Knoblauch wie möglich an.

60 g Hähnchenbrust ohne Knochen
Salz und schwarzer Pfeffer
2–3 Knoblauchzehen
2 große Mangoldblätter
1–2 EL Olivenöl
1 getrocknete rote Chilischote
100 g Kichererbsen aus der Dose, abgegossen

Das Fleisch in dünne Streifen schneiden und mit Salz und Pfeffer würzen. Den Knoblauch in dünne Scheiben schneiden. Die Mangoldblätter von den Stielen trennen und die Stiele in dünne Streifen schneiden. Die Blätter grob hacken.

Öl, Knoblauch und Chili in eine große Bratpfanne oder einen Wok geben. Die Hitze auf mittlere Stufe einstellen. Während das Öl heiß wird, Knoblauch und Chili durchrühren, bis der Knoblauch Farbe annimmt. Die Chilischote aus der Pfanne nehmen und entsorgen.

Das Fleisch zufügen und etwa 3 Minuten rundum braun braten, dann aus der Pfanne nehmen.

Die Mangoldstiele in die Pfanne geben und 3–4 Minuten unter Rühren anbraten. Die Blätter zufügen und nochmals 1 Minute garen. Nun Kichererbsen und Fleisch in die Pfanne geben und so lange durchmischen, bis die Kichererbsen gut mit dem Öl überzogen sind. Mit Salz und Pfeffer würzen. Vor dem Einfüllen in die Bento-Box abkühlen lassen.

ABWANDLUNG: *Ersetzen Sie den Mangold durch Pak Choi. Fügen Sie dem Olivenöl ein paar Tropfen dunkles Sesamöl zu und geben Sie 1 TL Sojasauce in die heiße Pfanne, unmittelbar bevor Sie die Pak-Choi-Blätter hineingeben.*

Beilagen

Zu einer traditionellen japanischen Mahlzeit gehört in der Regel eine Misosuppe. Auch wenn Ihr Bento viel-

leicht weder traditionell ist noch japanische Zutaten enthält: Die Ergänzung durch eine Instant-Misosuppe macht aus Ihrem pfannengerührten Bento-Lunch etwas ganz Besonderes. Die beiden unten aufgeführten Rezepte zeigen, wie Sie mithilfe von Miso oder Tomatenmark einfache und schmackhafte Instant-Suppen herstellen können.

Misosuppen-Bällchen

20 PORTIONEN (1 BÄLLCHEN PRO PORTION)

Jedes Miso-Bällchen ist bereits mit anderen Zutaten gemischt – in heißem Wasser aufgelöst wird daraus blitzschnell eine Misosuppe. Wenn Sie mittags heißes Wasser zur Verfügung haben, ist dies eine gesunde Alternative zu gekauften Fertigsuppen.

300 g oder 20 EL Misopaste
1 EL gekörnte Dashi-Brühe
zusätzliche Zutaten nach Wahl:
1 TL gehackte Frühlingszwiebel
1 EL tiefgefrorenes gemischtes Gemüse (etwa Möhren und Erbsen)
1 kleine Prise getrocknete, zerkleinerte Wakame-Algen (siehe Seite 90)
1 Prise Kiriboshi-Daikon (Rezept siehe Seite 84)
1 TL weiße Sesamsamen, geröstet
1 EL zerkleinerter Abura-age (frittierter Tofu)
1 EL gehacktes, gekochtes Hähnchenfleisch

Miso, gekörnte Dashi-Brühe und die Zutaten nach Wahl in einen robusten Plastikbeutel füllen. Kneten Sie den Beutel , um alle Zutaten miteinander zu vermischen.

Den Beutel flach drücken und auf eine ebene Oberfläche legen. Nun teilen Sie die Miso-Mischung in 20 Portionen auf, indem Sie mit einem stumpfen Messer oder einem Lineal entsprechende Markierungen in den Beutel drücken. Holen Sie jede Portion mit einem Löffel heraus und wickeln Sie sie in Form eines Bällchens in Frischhaltefolie.

Die Misosuppen-Bällchen halten sich in der Gefriertruhe 1–2 Monate, abhängig von den verwendeten Zutaten.

Bei der Zubereitung der Suppe pro Bällchen einfach 180 ml heißes Wasser zufügen und umrühren.

ABWANDLUNG: *Stellen Sie die Misosuppen-Bällchen ganz puristisch her und nehmen Sie die ergänzenden Zutaten separat mit – bei der Suppenzubereitung dann einfach mit ins heiße Wasser geben. Weitere Zutatenvorschläge: Baby-Spinatblätter, jegliche Art von gekochtem Gemüse oder in Scheiben geschnittene Champignons.*

Wenn die Misosuppen-Bällchen wie leckere Süßigkeiten aussehen sollen, überziehen Sie sie mit etwas Farbigem, das zusätzlich Geschmack in die Suppe bringt. Ein beliebter Überzug besteht aus getrocknetem grünem Nori-Algenpulver, das man in Japan als aonori kennt. Ebenfalls geeignet sind feine Bonito-Flocken. Es sieht auch witzig aus, wenn man jedes Bällchen wie ein Geschenk verpackt.

Tomatensuppen-Bällchen

20 PORTIONEN (1 BÄLLCHEN PRO PORTION)

Diese Variate der Misosuppen-Bällchen wird auf der Basis von Tomatenmark hergestellt. Die Tomatensuppen-Bällchen sind kleiner als die Miso-Bällchen, da man pro Portion weniger Substanz benötigt.

1 EL Olivenöl
1 mittelgroße Zwiebel, gehackt
2 Knoblauchzehen, fein gehackt
1 große Gemüsepaprika (beliebigeFarbe), in kleine Stücke geschnitten
1 mittelgroße Möhre, in kleine Würfel geschnitten
225 g Tomatenmark
1 TL getrockneter Thymian
1 EL gekörnte Brühe
1 TL Salz
schwarzer Pfeffer

Das Olivenöl in einer Pfanne auf mittlerer Stufe erhitzen. Die Zwiebel hineingeben und glasig dünsten. Dann Knoblauch, Gemüsepaprika und Möhre zugeben und ebenfalls anbraten. Wenn das Gemüse weich ist, aus der Pfanne nehmen und abkühlen lassen.

Die abgekühlte Gemüse-Mischung und alle anderen Zutaten in einen robusten Plastikbeutel füllen. Den Beutel gut kneten, um alle Bestandteile miteinander zu vermischen.

Den Beutel flach drücken und auf eine ebene Oberfläche legen. Nun die Mischung in 20 Portionen aufteilen, indem Sie mit einem stumpfen Messer oder einem Lineal entsprechende Markierungen in den Beutel drücken. Holen Sie jede Portion mit einem Löffel heraus und wickeln Sie sie in Form eines Bällchens in Frischhaltefolie.

Tiefgefroren halten sich die Tomatensuppen-Bällchen bis zu 1 Monat.

Experimentieren Sie auch mit anderem Gemüse oder gekochtem, fein zerkleinertem Fleisch. Soll die Suppe recht würzig werden, geben Sie der Mischung Cayennepfeffer bei.

Als ich herausgefunden habe, dass man kleine Pasta-Mengen auch in nur wenig Wasser kochen kann (und nicht in einem großen Topf voller Wasser, wie man es mir beigebracht hat), war das eine Offenbarung für mich – von nun an habe ich die Nudeln für mein Bento ganz anders zubereitet. Wenn Sie es eilig haben, greifen Sie zu Pasta mit kurzer Kochzeit, im Idealfall 10–11 Minuten, und heben die Sorten, die länger brauchen, für andere Gelegenheiten auf. Haben Sie wirklich gar keine Zeit, sind die sogenannten Instant-Nudeln eine Option, obwohl sie in der Regel nicht so gut wie normale Pasta schmecken. In den folgenden Rezepten mit Pasta entspricht die Zeit für die Zubereitung der Kochzeit der Nudeln.

Mediterranes Farfalle-Pasta-Bento

1 PORTION

Dieses vegetarische Pasta-Gericht liebt die ganze Familie, egal ob es heiß oder kalt gegessen wird. Farfalle (Schmetterlingsnudeln) oder eine ähnliche Pasta mit einer Kochzeit unter 10 Minuten eignen sich am besten.

60 g rohe Farfalle oder eine ähnliche Pasta
Salz
1 Knoblauchzehe
½ rote Gemüsepaprika
30 g frischer Ziegenkäse
3 schwarze Oliven in Öl
3–4 sonnengetrocknete Tomaten in Öl
5–6 frische Basilikumblätter
1 EL Olivenöl
schwarzer Pfeffer

Die Pasta in einen großen, flachen Topf oder eine Bratpfanne geben und so viel kaltes Wasser (ja, kaltes Wasser!) zufügen, dass die Nudeln damit bedeckt sind. 1 TL Salz zufügen und alles zum Kochen bringen, dabei alle paar Minuten durchrühren. Die Pasta soll zum Schluss al dente sein.

Während die Pasta kocht, den Knoblauch fein hacken. Die Gemüsepaprika in dünne Streifen schneiden. Den Ziegenkäse in Scheiben schneiden. Die Oliven entsteinen, indem Sie mit der flachen Seite eines Messers leicht auf die Früchte drücken und die Kerne herausnehmen. Anschließend jede Olive in 2–3 Teile hacken. Die sonnengetrockneten Tomaten grob hacken. Die Basilikumblätter fein zerschneiden.

Die Pasta immer wieder durchrühren, damit die Nudeln nicht zusammenkleben. Olivenöl und Knoblauch in eine zweite kalte Bratpfanne geben. Auf mittlere Stufe schalten und den Knoblauch unter Rühren anschwitzen, bis er braun zu werden beginnt. Dann die Gemüsepaprika zufügen und unter Rühren 2–3 Minuten weich braten. Tomaten und Oliven zugeben. Die Pfanne vom Herd nehmen und das Basilikum hineingeben.

Die fertig gegarte Pasta durch ein Sieb abgießen und in die Pfanne mit dem Gemüse geben. Alles mit Salz und Pfeffer würzen und gut durchmischen. Den Ziegenkäse unterrühren. Das Nudelgericht auf einen Teller, ein Backblech aus Metall (siehe Packtipp unten) oder eine Schüssel geben und auf Zimmertemperatur abkühlen lassen, bevor es in die Bento-Box eingefüllt wird.

PACKTIPP: *Um heiße Nudeln vor dem Einfüllen in die Bento-Box schnellstmöglich abzukühlen, geben Sie das Gericht auf ein kaltes Backblech aus Metall oder in eine kalte große Bratpfanne und verteilen es dort. Das Metall zieht die Hitze aus den Nudeln. Darüber hinaus wird auf diese Weise verhindert, dass die Nudeln zusammenkleben.*

Bento mit Brokkoli, Bacon und Orecchiette

1 PORTION

Das Geheimnis einer schnellen Zubereitung besteht darin, den Brokkoli ganz fein zu zerkleinern. Hierfür leistet ein Wiegemesser mit Griffen an jeder Seite hervorragende Dienste. Haben Sie keines zur Hand, nehmen Sie einfach ein normales Küchenmesser und hacken damit. Für dieses Rezept empfehle ich Orecchiette oder eine ähnliche Pasta mit einer Kochzeit von weniger als 10 Minuten.

60 g rohe Orecchiette oder eine ähnliche Pasta
Salz
1 Knoblauchzehe
2–3 Brokkoli-Stängel (etwa 40 g gehackt)
3 Scheiben Bacon
1 EL Olivenöl
schwarzer Pfeffer
geriebener Parmesan, optional

Die Pasta in einen großen, flachen Topf oder eine Bratpfanne geben und so viel kaltes Wasser zufügen, dass die Nudeln damit bedeckt sind. 1 TL Salz einstreuen und alles zum Kochen bringen, dabei alle paar Minuten durchrühren. Die Pasta soll zum Schluss al dente sein.

Während die Pasta kocht, den Knoblauch fein hacken. Den Brokkoli ganz fein zerkleinern. Den Bacon klein würfeln.

Die Pasta zwischendurch umrühren, damit die Nudeln nicht zusammenkleben. Das Öl in einer zweiten Bratpfanne auf mittlerer Stufe erhitzen und den Bacon hineingeben. Unter Rühren braun braten, dann Knoblauch und Brokkoli zufügen. Wenn der Brokkoli bissfest ist, die Pfanne vom Herd nehmen.

Die fertig gegarte Pasta durch ein Sieb abgießen, dabei 60 ml des Kochwassers auffangen. Pasta und aufgefangenes Kochwasser in die Pfanne zum Brokkoli geben und alles gut vermischen. Mit Salz und Pfeffer würzen und nach Belieben mit Parmesan bestreuen. Vor dem Einfüllen in die Bento-Box auf Zimmertemperatur abkühlen lassen.

Pasta-Bento mit Hähnchenfleisch und Pilzen nach Japan-Art

1 PORTION

Das japanische Aroma verdankt dieses Gericht der Würzzutat Mentsuyu, einem Konzentrat auf Sojasaucen-Basis. Sie können alle Arten von frischen Pilzen verwenden, doch um das Bento noch japanischer zu machen, nehmen Sie Shiitake-, Enoki- oder Shimeji-Pilze. Spaghettini – dünne Spaghetti mit einer Kochzeit von etwa 6 Minuten – eignen sich gut.

60 g rohe Spaghettini
Salz
1 Handvoll beliebiger Pilze
ein paar Blätter Babyspinat
60 g Hähnchenbrust ohne Haut und Knochen
schwarzer Pfeffer
½ EL Pflanzenöl
2 EL Mentsuyu (Rezept siehe Seite 120) oder 1 EL Sojasauce und 1 Prise gekörnte Dashi-Brühe plus 1 EL Wasser
1 TL Zitronensaft

Die Spaghettini in der Mitte durchbrechen. Die Pasta in einen großen, flachen Topf oder eine Bratpfanne geben und so viel kaltes Wasser zufügen, dass die Nudeln damit bedeckt sind. 1 TL Salz zufügen und alles zum Kochen bringen, dabei alle paar Minuten durchrühren. Die Pasta soll zum Schluss al dente sein.

Während die Pasta kocht, die Pilze säubern und in Scheiben schneiden. Falls notwendig, die Babyspinat-Blätter waschen. Das Hähnchenfleisch in kleine Stücke schneiden und leicht mit Salz und Pfeffer würzen.

Die Pasta zwischendurch immer wieder umrühren, damit die Nudeln nicht zusammenkleben. Das Öl in einer zweiten Bratpfanne auf mittlerer Stufe erhitzen. Das Fleisch hineingeben und leicht braun braten. Dann die Pilze zugeben und ebenfalls anbräunen. (Bewegen Sie die Pilze in der Pfanne so wenig wie möglich – dann werden sie nicht wässrig. Lassen Sie sie auf einer Seite bräunen und dann wenden Sie sie.)

Spaghettini durch ein Sieb abgießen und mit dem Spinat in die Pfanne mit den Pilzen geben. Mentsuyu und Zitronensaft unterrühren und mit Pfeffer (ein paar Umdrehungen mit der Mühle) würzen. Abschmecken und bei Bedarf ein wenig Salz zufügen.

Vor dem Einfüllen in die Bento-Box abkühlen lassen.

Makkaroni-Käse-Bento

1 PORTION

Wenn Ihnen daran gelegen ist, Makkaroni und Käse heiß zu essen, müssen Sie dieses Bento entweder in einen Thermo-Behälter verpacken oder mittags Zugang zu einer Mikrowelle haben. Ich finde aber, dass es auch kalt richtig lecker schmeckt! Wichtig dabei ist, dass die Sauce flüssig bleibt und die Makkaroni nicht zu einem großen, stärkehaltigen Klumpen zusammenkleben. Wegen der Nährstoffbilanz habe ich noch ein wenig Gemüse zugefügt.

½ kleine Zwiebel
1 EL Butter
30 g Cheddar oder ein anderer kräftiger Hartkäse
60 g rohe Hörnchen-Makkaroni
Salz
160 g gemischtes tiefgefrorenes Gemüse
½ EL Speisestärke
240 ml Vollmilch
2 EL gewürfelter Schinken oder Kochwurst
1 EL geriebener Parmesan
½ TL gekörnte Gemüsebrühe
ein paar Spritzer Tabasco
schwarzer Pfeffer

Die Zwiebel dünn schneiden. ½ EL Butter in einer großen Pfanne auf mittlerer Stufe schmelzen. Die Zwiebel darin weich dünsten.

Den Cheddar raspeln.

Die Makkaroni in die Pfanne geben und so viel kaltes Wasser zufügen, dass die Nudeln bedeckt sind. ½ TL Salz einstreuen und alles zum Kochen bringen, dabei die Pasta alle paar Minuten umrühren, bis sie gar ist. Sie brauchen das Wasser nicht abzugießen, es sei denn, es bleibt noch viel in der Pfanne – es braucht nur ein wenig Wasser .

Das tiefgefrorene Gemüse in die Pfanne geben. Die Hitze reduzieren und einen Deckel auflegen. Während Sie die Sauce zubereiten, gart das Gemüse im Dampf und wird durcherhitzt. Die Speisestärke in der Milch auflösen. Wenn das Gemüse fertig ist, den Schinken in die Pfanne geben, dann die Stärkemischung zugießen. So lange durchrühren, bis die Sauce andickt. Dann Cheddar und Parmesan zufügen und nochmals alles gut durchmischen. Gekörnte Brühe, Tabasco und schwarzen Pfeffer zugeben. Abschmecken und bei Bedarf nachsalzen.

Das Gericht heiß in einen Thermo-Behälter (siehe Seite 123) oder einen mikrowellengeeigneten Behälter füllen. Alternativ können Sie das Bento natürlich auch kalt genießen!

Somen-Salat-Bento

1 PORTION

Somen sind sehr dünne japanische Weizennudeln, die sehr schnell gar werden. Anders als italienische Pasta kühlt man diese Nudeln unter fließendem Wasser ab und isst sie häufig kalt. Verpacken Sie dieses Bento an warmen Tagen zusammen mit einem Eisbeutel oder Kühlakku, damit es frisch bleibt und auf keinen Fall verdirbt.

720 ml Wasser
1 Bündel Somen, etwa 60 g
2 Frühlingszwiebeln
3 Krebsfleischimitat-Sticks
15 cm Gurke
1 Prise Salz
2 EL Mayonnaise
½ TL Sojasauce
schwarzer oder weißer Pfeffer

Das Wasser in einem Topf zum Kochen bringen. Das Somen-Bündel öffnen (dazu einfach das Papier abziehen) und die Nudeln ins kochende Wasser werfen. Wenn das Wasser kocht und aufschäumt, ein wenig kaltes Wasser zufügen – hierdurch verschwindet der Schaum. (Das Wasser kocht anschließend sofort weiter.) Die Nudeln nach 2 Minuten durch ein Sieb abgießen. Pasta wieder in den Topf geben und diesen mit kaltem Wasser füllen. Wiederum abgießen und den Vorgang noch zweimal wiederholen, bis die Nudeln vollständig erkaltet sind. Die Pasta in eine Schüssel mit kaltem Wasser und ein paar Eiswürfeln legen und dort lassen, während Sie die restlichen Zutaten verarbeiten.

Die Frühlingszwiebeln hauchdünn schneiden. Die Krebsfleischimitat-Sticks mit den Händen zerkleinern.

Die Gurke von den Kernen befreien und in dünne Streifen schneiden. (Ich schneide die Gurke zuerst diagonal in Scheiben und diese dann zu Streifen.) Gurkenstreifen mit Salz bestreuen, dann mit den Händen die überschüssige Feuchtigkeit herauspressen.

Mayonnaise, Sojasauce und Pfeffer in einer Schüssel mischen, dann zerkleinerte Krebsfleischimitat-Sticks , Gurke und Frühlingszwiebeln zufügen. Die Somen-Nudeln gut abtropfen lassen und ebenfalls in die Schüssel geben. Alles gut vermischen.

Das Gericht in eine Bento-Box einfüllen und mit einem Eisbeutel oder Kühlakku kühl halten. Sie können es auch in einen vorgekühlten Essensbehälter geben – temperieren Sie diesen in der Gefriertruhe, während Sie das Bento herstellen.

ABWANDLUNG: *Nehmen Sie Soba-Nudeln anstelle der Somen-Nudeln. Soba-Nudeln haben eine etwas längere Kochzeit, in der Regel etwa 5–6 Minuten. Abgießen und gut abspülen, genau wie bei den Somen-Nudeln.*

Nicht so süße Spaghetti Napolitana

1 PORTION

Spaghetti Napolitana gilt als klassisches *yoshoku* – ein von der westlichen Küche beeinflusstes japanisches Gericht. Trotz seines Namens hat es so gar nichts mit der italienischen Stadt Neapel zu tun – außer dass darin Spaghetti vorkommen! Normalerweise bereitet man das Gericht mit Tomatenketchup zu, was ich aber zu süß finde. Diese modifizierte Variante verwendet stattdessen Dosentomaten und Tomatenmark.

1 Knoblauchzehe
½ kleine Zwiebel
½ grüne Gemüsepaprika
2–3 Pilze, in Scheiben geschnitten
2 Wiener Würstchen
60 g rohe Spaghetti oder Spaghettini
Salz
1 EL Olivenöl
110 g stückige Tomaten aus der Dose
1 EL Tomatenmark
1 Spritzer englische Worcestershire-Sauce
schwarzer Pfeffer
geriebener Parmesan, optional

Den Knoblauch fein hacken. Zwiebel, Gemüsepaprika und Pilze dünn schneiden. Die Würstchen diagonal in Scheiben schneiden.

Die Spaghetti in der Mitte durchbrechen, sodass sie gut in einen großen, flachen Topf oder eine Bratpfanne passen. So viel kaltes Wasser zufügen, dass die Nudeln damit bedeckt sind. 1 TL Salz einstreuen und alles zum Kochen bringen, dabei alle paar Minuten durchrühren. Die Pasta soll zum Schluss al dente sein.

Während die Spaghetti kochen, eine zweite Bratpfanne mit dem Olivenöl auf mittlere Stufe erhitzen. Knoblauch hineingeben, kurz garen, dann die Zwiebel zufügen. Wenn die Zwiebel weich zu werden beginnt, Gemüsepaprika und Pilze zugeben. 3 Minuten unter Rühren braten, dann die Würstchen in die Pfanne geben und nochmals 2–3 Minuten braten, dabei häufig umrühren. Nun Dosentomaten, Tomatenmark und Worcestershire-Sauce zufügen und Kochtemperatur erhöhen. Alles 3–4 Minuten köcheln lassen, um die Flüssigkeit etwas einzukochen, dabei häufig umrühren.

Die Spaghetti in ein Sieb abgießen und gut abtropfen lassen. In die Pfanne zur Sauce geben und alles gut durchrühren. Mit Salz und Pfeffer würzen. Vor dem Einfüllen in die Bento-Box auf Zimmertemperatur abkühlen lassen. Nach Belieben mit dem geriebenen Parmesan bestreuen oder den Käse in einem separaten Behälter verpacken.

Die folgenden Bentos erinnern vom Prinzip her an die Angebote bei einer Cocktailparty für eine Person – allerdings ohne die Cocktails. Besonders gern mag ich die Häppchen – und ihre Zubereitung – im Sommer. Mein Mann und ich stellen uns dann verschiedene Pasteten, Käse- und Aufschnittsorten zusammen, die wir mit Brot, Crackern oder Rohkost essen. Zum Nachtisch gibt es Obst. Wir futtern gemütlich vor uns hin, ganz gleich, ob wir draußen faulenzen oder am Computer arbeiten.

Ich versuche immer, wenigstens ein Gemüse in die Appetithappen-Bentos einzubauen. Zu dem von mir am häufigsten verwendeten Gemüse zählen Möhren, Sellerie-Sticks, Gurkenscheiben, ganze Kirschtomaten, aufgeschnittener Fenchel und Endiviensalat. Mitunter verpacke ich geeignete Zutaten, etwa eine Pastete, auch in ein paar Salatblätter.

Die folgenden Bento-Kombinationen schließen einige meiner liebsten, einfach zuzubereitenden Rezepte für Pasteten und Aufstriche ein – die werden Sie nun alle kennenlernen. Aber es ist natürlich auch völlig in Ordnung, im Laden gekaufte Aufstriche jeglicher Geschmacksrichtung zu verwenden, wenn Sie keine Zeit haben, selbst etwas zu produzieren.

Wahrscheinlich wird Ihnen auffallen, dass ich hier mit der 1-Portion-Regel für Express-Bentos breche, da größere Mengen sehr viel einfacher herzustellen sind. Außerdem ist Resten ohnehin keine lange Lebensdauer beschieden!

Kombinationen für Appetithappen-Bentos

- Miso-Hummus (Rezept siehe Seite 106), Möhre und Sellerie-Sticks, dazu Pita-Chips
- Lachs-Rillettes (Rezepte siehe diese Seite), in Scheiben geschnittener Fenchel, Tartines (dünn geschnittenes, geröstetes Baguette)
- Corned-Beef-Pastete (Rezept siehe Seite 106), Krautsalat ohne Mayo, knackige Roggen-Cracker
- Tapenade (Rezept siehe Seite 106), Kirschtomaten, Salami oder anderer Aufschnitt, Obst, Mehrkornbrot
- Frischer Avocado-Dip (Rezept siehe Seite 107), Tortilla-Chips, Tomaten-Salsa, Käse
- Käse, Caponata (Rezept siehe Seite 81) oder Gemüsepaprika-Konfetti mit Sardellen (Rezept siehe Seite 80), Baguette
- Thunfisch-Pastete mit Knoblauch (Rezept siehe Seite 107), Gurkenscheiben, Pumpernickel
- Thunfischsalat-Aufstrich (Rezept siehe Seite 107) auf Sandwiches oder Crackern

Lachs-Rillettes

4–6 PORTIONEN

Rillettes und Pasteten – das klingt vielleicht ein wenig extravagant und kann, etwa mit Gänseleber hergestellt, auch teuer sein, aber nicht nur in Frankreich sind das ganz normale, alltägliche Lebensmittel. Rillettes bestehen in der Regel aus gekochtem Fleisch, das fein zerdrückt und zu einer Paste verarbeitet wird. Die hier vorgestellte Variante wird mit Lachs zubereitet.

225 g frischer Lachs
1 EL Weißwein
120 g Räucherlachs
2 EL weiche Butter
1 EL gehackter frischer Schnittlauch
2 EL Crème fraîche oder Sauerrahm
2 EL Zitronensaft
schwarzer Pfeffer

Den frischen Lachs von beiden Seiten großzügig salzen. Auf einen mikrowellengeeigneten Teller legen und mit Weißwein beträufeln. Den Teller mit Frischhaltefolie abdecken und auf hoher Stufe für 2 Minuten in die Mikrowelle stellen (je nach verwendeter Mikrowelle kann die Dauer ein wenig variieren, testen Sie daher ab und zu, ob der Fisch schon durch ist.)

Alternativ können Sie den Lachs auch in einem Dampfgarer durchgaren. Sobald er so weit abgekühlt ist, dass Sie ihn problemlos anfassen können, Haut und Gräten vorsichtig entfernen.

Den Räucherlachs fein zerkleinern. Alle Zutaten mit Ausnahme des schwarzen Pfeffers mischen und mit einer Gabel zu einer ziemlich glatten Paste zerdrücken. (Sie können dies auch mithilfe einer Küchenmaschine und der Pulse-Funktion erledigen.) Nun mit schwarzem Pfeffer (mehrere Umdrehungen mit der Mühle) würzen. Abschmecken und bei Bedarf nachwürzen.

Hält sich im Kühlschrank 2–3 Tage, in der Gefriertruhe bis zu 1 Monat. Ich friere in der Regel die Hälfte davon ein und teile mir die andere mit meinem Mann. Nach dem Auftauen gut durchrühren.

ZUTATENTIPP: *Sie können den frischen Lachs durch 225 g gut abgetropften Lachs aus der Dose ersetzen – aber es wird nicht genauso gut schmecken.*

Erbsen und Ziegenkäse mit Minze

6–8 PORTIONEN

Der zitronig-minzige, aber dennoch süße Geschmack der pürierten Erbsen ist ein wunderbarer Gegenpart zur würzigen Schärfe des Ziegenkäses.

10–12 frische Minzeblätter
Schale von 1 Zitrone plus 2 EL Zitronensaft
140 g Ziegenkäse
280 g tiefgefrorene Erbsen
1 EL Sauerrahm oder Crème fraîche
Salz und schwarzer Pfeffer

Die Minzeblätter fein zerkleinern. Die Zitronenschale abreiben und die Zitrone auspressen. Den Käse zerkrümeln.

Die gefrorenen Erbsen in einem Topf mit Salzwasser etwa 5 Minuten lang kochen, bis sie ein leuchtendes Grün zeigen. Anschließend abgießen und gut abtropfen lassen.

Die Erbsen in einer Küchenmaschine oder mit dem Pürierstab zu einer glatten Paste verarbeiten. Minze, Zitronensaft, Zitronenschale und Sauerrahm zugeben und alles durchmixen.

Die Paste aus der Küchenmaschine löffeln und in einer Schüssel mit dem zerkrümelten Ziegenkäse vermischen. Mit Salz und viel frisch gemahlenem schwarzem Pfeffer würzen. Abschmecken und bei Bedarf mehr Zitronensaft und Minze zufügen.

Tapenade

4–6 PORTIONEN

In der französischen Provence, wo ich lebe, ist dieser Oliven-Dip so verbreitet wie Erdnussbutter mit Marmelade in den Vereinigten Staaten. Tapenade kann man in vielen Supermärkten kaufen, aber am liebsten mache ich sie immer noch selbst, da ich dann die Zutaten nach meinem Geschmack anpassen kann. Ich nehme dafür Tanche-Oliven, die bei uns in der Gegend wachsen, doch können Sie auch andere schwarze, in Öl eingelegte Oliven wählen. Da die Tapenade sehr gehaltvoll und salzig ist, sollte sie in Maßen eingesetzt werden.

200 g schwarze Oliven in Öl
2 Knoblauchzehen
4 Sardellenfilets in Öl
1 EL Kapern
3 EL natives Olivenöl extra

Um die Oliven zu entsteinen, legen Sie sie in einen robusten Plastikbeutel. Wenn Sie mit der flachen Seite eines Küchenmessers auf den Beutel schlagen, trennen sich die Steine vom Fleisch lassen sich dann leicht herausklauben. Die Oliven fein hacken.

Den Knoblauch sehr fein hacken oder reiben. Sardellen und Kapern hacken. (Sie können all diese Zutaten auch in einer Küchenmaschine zerkleinern und mischen, das geht noch einfacher.)

Alle Zutaten in eine Schüssel geben und mit einer Gabel gut durchmischen.

Gut abgedeckt hält sich die Tapenade ein paar Wochen im Kühlschrank, tiefgefroren bis zu 3 Monaten.

ABWANDLUNG: *Die Tapenade mit 125 g gehackten, gerösteten Walnüssen oder Pekannüssen verfeinern.*

Miso-Hummus

4–6 PORTIONEN

Nachdem ich dieses Gericht auf meiner Website »Just Hungry« veröffentlicht habe, wurde daraus eines meiner beliebtesten Rezepte. Ich habe es hier ein bisschen mit Joghurt verfeinert, wodurch es noch frischer wird und auch gut für die Verdauung ist. Möchten Sie eine vegane Variante herstellen, nehmen Sie Joghurt aus Soja- oder Mandelmilch.

900 g Kichererbsen aus der Dose
2 Knoblauchzehen
3 EL Hatcho Miso oder eine andere weiße oder hellbraune Misopaste
2 EL Zitronensaft
2 EL griechischer Joghurt
2 EL Tahini
2–3 EL Olivenöl
Shichimi togarashi oder Cayennepfeffer

Die Kichererbsen in ein Sieb abgießen, mit Wasser abspülen und abtropfen lassen.

Die Knoblauchzehen grob hacken oder – wenn der Hummus ganz glatt werden und keine Knoblauchstückchen enthalten soll – fein reiben.

Kichererbsen und Knoblauch in eine Küchenmaschine geben und darin fein zerkleinern. Miso, Zitronensaft, Joghurt und Tahini zufügen und alles zu einer Paste verarbeiten. Dann das Olivenöl einträufeln und den Hummus nochmals durcharbeiten, bis die Konsistenz ganz glatt ist.

Mit ein wenig Shichimi togarashi oder Cayennepfeffer würzen. Abschmecken und bei Bedarf noch ein wenig Salz zufügen. (Wenn Sie das ziemlich salzige Hatcho Miso verwenden, benötigen Sie kein zusätzliches Salz.)

Wegen des Joghurts hält sich der Hummus nicht allzu gut. Im Kühlschrank können Sie ihn bis zu 2 Tage aufheben, in der Gefriertruhe bis zu 2 Monate, wenn Sie eine dünne Schicht Olivenöl auf die Oberfläche geben, damit er nicht austrocknet. Nach dem Auftauen gut durchrühren.

Corned-Beef-Pastete

4–6 PORTIONEN

Ich habe eine klammheimliche Vorliebe für Corned Beef aus der Dose. Mir ist klar, dass sein Image ziemlich schlecht ist, doch wenn es einen französischen Namen tragen und etwa Paté de boeuf heißen würde, wäre der Preis sicher sehr viel höher. Corned Beef ist mit Nährstoffen vollgepackt, enthält aber viel Fett, daher esse ich diese Köstlichkeit nur ab und zu.

340 g Corned Beef aus der Dose
2 EL Crème fraîche oder Sauerrahm
2 EL Mayonnaise
2 TL körniger Senf
½ TL Salz oder nach Geschmack
viel frisch gemahlener schwarzer Pfeffer

Das Corned Beef in kleine Würfel schneiden, in eine Schüssel legen und mit der Gabel zerdrücken.

Die restlichen Zutaten zufügen und alles so lange mischen und zerdrücken, bis eine ziemlich glatte Pastete entstanden ist. Abschmecken und nachwürzen.

Hält sich 2–3 Tage im Kühlschrank, in der Gefriertruhe bis zu 1 Monat.

Frischer Avocado-Dip

4–6 PORTIONEN

Dieser belebend schmeckende Dip bringt zwei meiner Lieblingszutaten zusammen: Avocados und Joghurt. Halten Sie ihn kühl, indem Sie ihn zusammen mit einem Eisbeutel oder Kühlakku verpacken.

2 reife Avocados
2 eingelegte Jalapeño-Schoten
245 g griechischer Joghurt
1 EL Limettensaft
½ TL Salz oder nach Geschmack
1 Bund frischer Koriander (entspricht etwa einer 50-g-Packung)

Die Avocados der Länge nach halbieren. Den Kern mit einer Messerklinge hin- und herbewegen und aus der Frucht lösen. Die Schale entfernen und das Fruchtfleisch grob zerkleinern. Die Stiele von den Jalapeños entfernen und die Schoten grob zerkleinern.

Alle Zutaten mit Ausnahme des Korianders in eine Küchenmaschine geben und zu einer glatten Masse verarbeiten. Die Korianderblätter zugeben und so lange pürieren, bis sie fein gehackt sind. Dip abschmecken und bei Bedarf mit Salz und Limettensaft nachwürzen.

Der Dip lässt sich nicht gut einfrieren, hält sich aber im Kühlschrank abgedeckt bis zu 2 Tage.

Thunfisch-Pastete mit Knoblauch

2–3 PORTIONEN

Dosen-Thunfisch gehört zu meinen Lieblingsvorräten für Bentos oder alltägliche Mahlzeiten – er ist so vielseitig, gesund und praktisch. Diese Pastete funktioniert auch als Dip, als Sandwich-Aufstrich und sogar als Pasta-Sauce.

340 g Thunfisch aus der Dose, vorzugsweise in Öl
2 Knoblauchzehen
2 EL Zitronensaft
½ TL Salz
3–4 EL Olivenöl
2 EL Kapern
Salz und schwarzer Pfeffer, nach Geschmack

Den Thunfisch gut abtropfen lassen. Den Knoblauch reiben.

Thunfisch, Knoblauch, Zitronensaft und Salz in eine Küchenmaschine geben und zu einer glatten Paste verarbeiten, dabei das Olivenöl langsam einträufeln. Nun die Kapern dazugeben und weiter pürieren, um alles gut zu vermischen. Abschmecken und bei Bedarf mit schwarzem Pfeffer und zusätzlichem Salz würzen.

Hält sich im Kühlschrank 1 Tag, in der Gefriertruhe bis zu 1 Monat.

ABWANDLUNG: *Anstelle der Kapern – oder ergänzend dazu – ein paar gehackte Oliven zufügen.*

ZUTATENTIPP: *Obwohl Thunfisch in Wasser weniger Kalorien als Thunfisch in Öl hat, bevorzuge ich für dieses Rezept die letztere Variante, da die Pastete dann eine bessere Konsistenz und mehr Geschmack bekommt.*

Thunfischsalat-Aufstrich

2–3 PORTIONEN

Zu guter Letzt kommt hier der Thunfischsalat-Aufstrich, den ich für Thunfisch-Sandwiches benutze. Er schmeckt auch gut als Dip. Ich nehme dafür am liebsten eine Mayonnaise in japanischem Stil, etwa Kewpie, aber greifen Sie ruhig zu Ihrer Lieblings-Mayo!

340 g Thunfisch aus der Dose, in Öl oder in Wasser
½ mittelgroße Zwiebel
Salz
3 EL Mayonnaise
schwarzer Pfeffer

Den Thunfisch gut abtropfen lassen, insbesondere wenn er in Wasser eingelegt ist, damit der Thunfischsalat nicht zu flüssig gerät.

Die Zwiebel fein hacken. Mit ein wenig Salz bestreuen, dann in eine mit kaltem Wasser gefüllte Schüssel legen. Ein paar Minuten im Wasser einweichen lassen, danach gut abtropfen lassen. Auf diese Weise wird der Zwiebelgeschmack gemildert.

Thunfisch, Zwiebel und Mayonnaise in einer Schüssel mischen und so lange verrühren, bis eine ziemlich glatte Masse entsteht. Abschmecken und bei Bedarf mit Salz und Pfeffer würzen.

Hält sich im Kühlschrank 1 Tag, in der Gefriertruhe bis zu 1 Monat.

Salat-Bentos sind ideal für warme Tage oder ein überheiztes Büro. Die meisten sollten Sie am besten morgens zubereiten oder allenfalls am Vorabend. Damit sie so frisch wie möglich bleiben, mit einem Eisbeutel oder Kühlakku verpacken.

Salat-Bento mit Shrimps, Knollensellerie und Apfel

1 PORTION

Das Dressing für diesen Salat macht Anleihen bei der klassischen französischen Remouladensauce. Anstelle von Mayonnaise oder Aioli verwende ich jedoch Joghurt, wodurch die Sauce leichter wird. Was die Shrimps angeht, nehme ich gern gefrorene, da sich das Bento morgens auf diese Weise schneller zubereiten lässt, aber Sie können natürlich auch zu frischen greifen, wenn Sie ausreichend Zeit haben, die Shrimps zu schälen und zu säubern.

Für den Salat
100 g kleine, tiefgefrorene, geschälte Shrimps
1 Prise Salz
½ Knollensellerie
1 kleiner säuerlicher Apfel, etwa Granny Smith
2 Frühlingszwiebeln
ein paar Stängel frische Petersilie

Für das Dressing
3 EL Naturjoghurt
½ EL natives Olivenöl extra
¼ TL Salz
1 TL Dijon-Senf

Die gefrorenen Shrimps in einen Topf legen, knapp mit kaltem Wasser bedecken und etwa 5 Minuten einweichen lassen. Dann die Hitze auf mittlere Stufe einstellen und 1 Prise Salz zufügen. Wenn das Wasser kocht und sich die Shrimps leuchtend rosa-orange gefärbt haben, gießen Sie sie unverzüglich durch ein Sieb ab und lassen sie abkühlen.

Den Sellerie schälen und in feine Streifen schneiden.

Den Apfel vierteln, das Kerngehäuse entfernen und die Viertel in dünne Streifen schneiden. Geschält werden muss der Apfel nicht.

Die Frühlingszwiebeln hacken und die Petersilie grob zerkleinern.

Die Zutaten für das Dressing in eine Schüssel geben. Sellerie, Apfel und Frühlingszwiebeln zufügen und alles so lange mischen, bis die Zutaten ganz mit dem Dressing überzogen sind. Nun die Shrimps in die Schüssel geben und vorsichtig unterheben.

Den Salat in eine Bento-Box füllen und mit Petersilie bestreuen.

Chef-Salat in der Multibox

1 PORTION

Das ist ein Chef-Salat in klassisch amerikanischem Stil, bei dem die Zutaten separat verpackt und erst beim Mittagessen kombiniert werden. Ich arbeite mit der Multibox-Methode, wenn ich Salatbestandteile mit unterschiedlichen Eigenschaften transportieren möchte. In diesem Fall packe ich Blattgemüse und anderes Gemüse in die größte Box, Käse, Hähnchenfleisch und Ei in eine zweite Box (die Walnüsse wickle ich in Frischhaltefolie ein, damit sie trocken bleiben) und das Dressing fülle ich in einen separaten Behälter.

Für den Salat
4–5 Walnusskerne
60 g in der Mikrowelle gedämpftes Hähnchen (Grundrezept siehe Seite 24) oder »Hähnchenschinken« (Grundrezept siehe Seite 25) bzw. gekochtes Putenfleisch
30 g Cheddar oder nach Belieben anderer Käse
10 cm Gurke, ohne Kerne
1 hart gekochtes Ei (Grundrezept siehe Seite 49)
Blattgemüse nach Belieben, etwa Kopfsalat, Rucola oder eine Mesclun-Mischung
4–5 Kirschtomaten

Für die Vinaigrette
1 EL natives Olivenöl extra
1 TL Dijon-Senf
1 TL Rotweinessig
½ TL Salz
schwarzer Pfeffer (ein paar Umdrehungen mit der Mühle)

Die Walnusskerne in einer Bratpfanne ohne Öl bei niedriger Hitze etwa 3 Minuten rösten. Dabei die Pfanne ab und zu rütteln und die Nüsse wenden. Wenn sich ein köstlicher Duft ausbreitet, die Walnüsse aus der Pfanne nehmen, abkühlen lassen und grob hacken.

Hähnchenfleisch, Käse und Gurke in feine Streifen schneiden (die Gurke am besten zunächst diagonal in Scheiben und diese dann in Streifen schneiden). Das Ei vierteln. (Wenn Sie möchten, können Sie das Ei auch in der Schale einpacken und erst kurz vor dem Essen schälen.)

Die Zutaten für das Dressing in einen kleinen Behälter mit dicht schließendem Deckel geben. (Perfekt geeignet ist ein Gläschen für Babynahrung oder ein kleines Marmeladenglas.) Zum jetzigen Zeitpunkt noch nicht durchschütteln.

Einen Transportbehälter mit so viel Blattgemüse füllen, wie Sie mögen. Die Gurke und die Tomaten obenauf legen. Käse, Hähnchenfleisch und Ei in einen zweiten Behälter packen, die Walnüsse in einen dritten (Sie können die Walnüsse auch in Frischhaltefolie wickeln und in den Behälter mit Käse, Hähnchenfleisch und Ei legen.)

Zur Mittagszeit das Glas mit dem Dressing so lange schütteln, bis sich alle Zutaten verbunden haben. Den Salat anrichten, das Dressing darübergießen – und genießen.

Klein geschnittener Cobb-Salat

1 PORTION

Klein geschnittene Salate eignen sich perfekt für Bentos, da sie sich – anders als bei ganzen Salatblättern – gut und kompakt in nur einem Behälter verpacken lassen. Versuchen Sie, den Blattsalat und die anderen Zutaten durch eine Barriere aus Salatblättern voneinander zu trennen, damit der Salat schön knackig bleibt.

Für den Salat
2 Scheiben Bacon
60 g in der Mikrowelle gedämpftes Hähnchen (Grundrezept siehe Seite 24) oder »Hähnchenschinken« (Grundrezept siehe Seite 25) bzw. gekochte Pute
15 g Roquefort oder anderer Blauschimmelkäse
½ Avocado
1 hart gekochtes Ei (Grundrezept siehe Seite 49)
1 EL gehackter Schnittlauch
3–4 Kirschtomaten
4–5 Blätter Römersalat
2–3 Blätter Radicchio

Für das Dressing
1 EL Olivenöl
1 Spritzer englische Worcestershire-Sauce
½ Knoblauchzehe, gerieben
1 EL Balsamico
1 TL Zitronensaft
1 TL Dijon-Senf
1 Prise Salz
schwarzer Pfeffer (ein paar Umdrehungen mit der Mühle)

Den Bacon in einer Pfanne ohne Fett kross braten. Ich erledige das in der Mikrowelle: Dazu den Bacon in Küchenpapier wickeln, dabei darauf achten, dass sich die Scheiben nicht überlappen. Den Bacon auf einen mikrowellengeeigneten Teller legen und auf hoher Stufe 3–4 Minuten in die Mikrowelle stellen, bis er kross ist (eventuell auch länger, das hängt von Ihrer Mikrowelle ab). Den Bacon abkühlen lassen und zerkrümeln.

Das Hähnchenfleisch würfeln. Den Käse zerkrümeln. Das Fruchtfleisch der Avocado in Würfel schneiden. Das Ei grob zerkleinern. Den Schnittlauch hacken. Große Kirschtomaten halbieren oder vierteln.

Ein Römersalatblatt beiseitelegen, das groß genug ist, um den Behälter oder die Bento-Box, die Sie verwenden möchten, damit auszulegen. Den restlichen Salat und den Radicchio in Stücke zerpflücken, die in etwa so groß wie die Fleischstücke sind.

Alle Zutaten für das Dressing in ein Glas oder einen Behälter mit dicht schließendem Deckel füllen.

Den zerpflückten Salat in eine Bento-Box oder einen Behälter mit dicht schließendem Deckel legen. Diese Schicht mit dem beiseitegelegten Salatblatt bedecken. Nun können Sie die restlichen Zutaten auf diese Lage geben, ohne dass der Salat durchweicht. Die Zutaten dabei in säuberlichen Reihen oder in Form eines Musters auf dem Salatblatt anordnen. Der verwendete Behälter sollte so groß sein, dass er durch den Salat komplett ausgefüllt ist – so verrutschen die Zutaten beim Transport nicht.

Den Dressing-Behälter separat mitnehmen. Vor dem Mittagessen das Dressing gut durchschütteln, bis sich alle Zutaten verbunden haben, und den Salat damit anmachen.

Salat-Bento mit Roastbeef und Rucola

1 PORTION

Ich liebe die leichte Schärfe von Rucola, und das Sesam-Dressing, das ich hier verwende, passt großartig zu seinem markanten Geschmack.

Für den Salat
1 Bund Rucola
100 g Roastbeef-Scheiben (Grundrezept siehe Seite 44)
½ kleine rote Zwiebel

Für das Dressing
1 EL weiße Sesamsamen, geröstet
1 EL Tahini oder japanische oder chinesische Sesampaste
½ TL Sesamöl
1 TL Pflanzenöl oder leichtes Olivenöl
1 EL Reisessig oder Apfelessig
1 TL Zucker
1 TL Sojasauce
1 Prise Salz

Rucola und Roastbeef in mundgerechte Stücke zerteilen. Die Zwiebel dünn schneiden.

Alle Zutaten für das Dressing in ein Glas oder einen Behälter mit dicht schließendem Deckel geben.

Rucola und Zwiebel in eine große Bento-Box füllen und das Roastbeef separat verpacken (Sie können es auch in Frischhaltefolie gewickelt neben Rucola und Zwiebeln legen). Den Dressing-Behälter separat mitnehmen. Vor dem Mittagessen das Dressing gut durchschütteln, bis sich alle Zutaten verbunden haben, und den Salat damit anmachen.

ABWANDLUNG: *Nehmen Sie als Ersatz für den Rucola (oder als Ergänzung dazu) anderes Blattgemüse mit ausgeprägtem Geschmack, etwa Brunnenkresse, Shungiku oder Radicchio.*

Panzanella-Bento

1 PORTION

Panzanella, der bekannte italienische Brotsalat, eignet sich perfekt für Bentos, da er vor dem Essen eine Zeit lang durchziehen sollte. Am besten schmeckt er mit reifen Tomaten. Ich röste das Brot in einem Tischbackofen oder schnell in der Pfanne, da es keinen Sinn macht, den Ofen für nur eine Portion anzuheizen. Sie können die Brotwürfel aber auch in größerer Menge im Voraus rösten und in einer luftdichten Weißblechdose aufheben.

Für den Salat
15 cm Baguette oder anderes knuspriges, festes Brot
½ EL Olivenöl
Salz
1 große oder 2 mittelgroße sehr reife Tomate(n)
½ kleine rote Zwiebel
10 cm Gurke
100 g frischer Mozzarella
4–5 frische Basilikumblätter
½ EL Kapern

Für das Dressing
1 EL Olivenöl
½ Knoblauchzehe, gerieben (ein paarmal über die Reibe fahren)

½ EL Rotweinessig
½ TL Dijon-Senf
1 Prise Salz
schwarzer Pfeffer

Das Brot in große Würfel schneiden. Wenn Sie es im Tischbackofen rösten wollen, beträufeln Sie die Würfel mit ½ EL Öl und bestreuen sie mit 1 Prise Salz. Die Würfel so lange backen, bis sie goldbraun und kross, in der Mitte aber noch nicht vollständig hart sind, dabei einmal wenden. Bei Verwendung einer Bratpfanne das Brot im Öl unter häufigem Wenden auf niedriger bis mittlerer Stufe goldbraun rösten und salzen. Anschließend abkühlen lassen.

Tomate(n) entkernen und würfeln. Die Zwiebel sehr dünn schneiden und mit etwas Salz bestreuen. Die Gurke von den Kernen befreien und in Scheiben schneiden. Den Mozzarella würfeln. Die Basilikumblätter in feine Streifen schneiden oder in kleine Stücke zerpflücken.

Alle Zutaten für das Dressing in einem Behälter oder Glas mit dicht schließendem Deckel mischen und gut durchschütteln.

Tomate(n), Zwiebel, Gurke, Mozzarella, Basilikum und Kapern in eine Schüssel geben, das Dressing zugießen und alles gut durchmischen. Das Brot zufügen und unterheben. (Sie können ein paar Brotwürfel zurückbehalten und separat verpacken, um dann kurz vor dem Essen den Salat damit zu bestreuen.) Den Salat in eine Bento-Box oder einen Behälter mit dicht schließendem Deckel füllen.

Salat-Bento mit Kohl und Wakame-Algen

1 PORTION

Ich weiß noch, dass meine Mutter mir gern einen kleinen Salat wie diesen hier in meine Bentos gepackt hat, als ich noch zur Schule ging. Am leckersten ist er mit zartem Frühkohl, aber Sie können auch normalen Kohl verwenden. Dieser Salat schmeckt am besten, wenn er eine Weile ziehen konnte, und ist daher ideal für Bentos. Wenn Sie dieses Salat-Bento als Hauptmahlzeit planen, nehmen Sie die gesamte im Rezept angegebene Menge. Möchten Sie den Salat dagegen als Beilage in einem Bento aus mehreren Komponenten verwenden, nehmen Sie entsprechend weniger.

Für den Salat
3–4 Kohlblätter
½ kleine Zwiebel
10 cm Gurke
100 g Krebsfleischimitat-Sticks
2 EL getrocknete Wakame-Algen, klein geschnitten
¼ TL Salz

Für das Dressing
½ EL Pflanzenöl
½ TL Sesamöl
1 EL Zitronensaft
2 TL Sojasauce
1 Prise Salz
1 Prise rote Chiliflocken oder Shichimi togarashi, optional

Die Kohlblätter vom Strunk befreien und in mundgerechte Stücke schneiden. Die Zwiebel dünn schneiden. Die Gurke von den Kernen befreien und aufschneiden. Die Krebsfleischimitat-Sticks zerkleinern.

Das Gemüse mitsamt den Wakame-Algen und dem Salz in einen robusten Plastikbeutel füllen. Den Beutel verschließen und mit den Händen gut kneten. Hierdurch wird das Gemüse sozusagen massiert und fällt schließlich leicht zusammen.

Die Zutaten für das Dressing in einer Schüssel mischen oder in ein Einmachglas mit dicht schließendem Deckel geben und gut durchschütteln. Das Dressing mit den Salatzutaten mischen. Ideal geeignet für dieses Salat-Bento ist ein vorgekühlter Thermo-Behälter, doch funktioniert eine Bento-Box, die mit einem Eisbeutel oder Kühlakku kühl gehalten wird, ebenfalls gut.

ABWANDLUNG: *Anstelle der Krebsfleischimitat-Sticks Kamaboko (japanische Fischpastete), abgetropften Dosen-Thunfisch oder Chikuwa (japanische geräucherte Fischpaste) verwenden. Eine ausgefallenere Option ist gekochter Oktopus, den man in jedem japanischen Lebensmittelladen bekommt, der eine Abteilung für Sashimi hat. Der Kohl lässt sich bei Bedarf durch Römersalat ersetzen.*

Ein Salat-Bento richtig packen

Wenn ich einen Salat verpacken möchte, nehme ich gern mehrere Boxen, anstatt alles in eine einzige Box zu füllen – insbesondere, wenn es sich um Blattsalat handelt. Blattsalat braucht, wenn er nicht klein geschnitten ist, ziemlich viel Platz um sich herum, damit er nicht zusammengedrückt wird. Daher halte ich für Salatblätter ein paar Behälter bereit, die größer als meine normalen Bento-Boxen sind. Hierbei handelt es sich um ganz gewöhnliche Plastikbehälter für Lebensmittel, die einen dicht schließenden Deckel haben. Auch empfiehlt es sich, das Salat-Dressing oder andere feuchte Zutaten wie etwa Kartoffelsalat oder Schinken getrennt von den Salatblättern zu verpacken, damit Letztere nicht zusammenfallen.

Es ist immer gut, den Salat mit einem Eisbeutel oder Kühlakku zu kühlen, insbesondere, wenn es draußen heiß ist: So bleibt das Grünzeug knackig und alles andere frisch. Meiner Meinung nach schmeckt ein Salat grundsätzlich leicht gekühlt am besten, ganz gleich, wie das Wetter ist. Kompakte Salate lassen sich auch gut in einem Thermo-Behälter transportieren, der zuvor einige Minuten in der Gefriertruhe durchgekühlt wurde.

In der Regel packe ich ein Brötchen, ein paar Scheiben Brot, einige Cracker oder ein oder zwei Onigiri-Reisbällchen zum Salat dazu.

Ich versuche immer, einen Vorrat von vorgekochtem Reis in der Gefriertruhe zu haben. Dann ist es einfach, sehr schnell Bentos zusammenstellen, bei denen alle möglichen Zutaten auf einem Reisbett angerichtet werden, und sogar Sushi! Alternativ können Sie auch Ihren Reiskocher mit Timer so einstellen, dass Sie am Morgen frisch gekochten Reis vorfinden. Sie können in japanischen Lebensmittelläden auch Reis kaufen, den Sie nur noch kurz in der Mikrowelle garen müssen.

Wenn ich hier von Sushi spreche, meine ich weder Sushi-Rollen noch Nigiri Sushi (die kleinen handgeformten Reisbällchen mit einem leckeren Topping, die in Sushi-Restaurants angeboten werden), denn diese beiden Arten sind ziemlich zeitaufwendig in der Herstellung und erfordern eine gewisse Übung. Die Bezeichnung Sushi bezieht sich hier auf einen mit Essig aromatisierten Reis. Die am einfachsten herzustellende und für Bentos am besten geeignete Variante heißt Chirashizushi – dabei handelt es sich um ein Sushi-Reisbett mit verschiedenen Toppings. Ein Reisbett, das aus normalem Reis (also nicht aus Sushi-Reis) besteht und von einem leckeren Topping gekrönt wird, heißt in Japan *donburi*.

Im Folgenden finden Sie einige Rezepte für schnelle und einfach herzustellende Toppings für Chirashizushi- und Donburi-Bentos.

Lachs- und Frischkäse-Chirashizushi

1 PORTION

Dieses Sushi-Bento wird mit gekauften Zutaten hergestellt – sofern Sie vorgekochten Reis in der Kühltruhe haben, brauchen Sie also den Herd überhaupt nicht anzuschalten. Achten Sie darauf, dass die Brunnenkresse ganz trocken ist, andernfalls wird der Reis zu sehr durchfeuchtet. Bei sommerlicher Hitze verpacken Sie dieses Bento am besten mit einem Eisbeutel oder Kühlakku.

Sushi-Reis
200 g gekochter warmer Reis, weiß oder braun (Grundrezept Reis siehe Seite 116)
2 TL Reisessig
⅛ TL Salz
⅛ TL Zucker

Topping
30 g Räucherlachs
30 g Rahm-Frischkäse, am besten tiefgefroren
5 cm Gurke
Salz
1 kleines Bund Brunnenkresse, gewaschen und trocken getupft
1–2 grüne Shiso-Blätter, optional, gewaschen und trocken getupft
1 EL Lachskaviar

Den Reis noch warm (hierdurch entwickelt sich das Aroma schneller und besser) in einer Schüssel mit Reisessig, Salz und Zucker vermengen. Hierfür einen in Wasser getauchten Reislöffel oder Pfannenwender nehmen und den Reis mit einer Schneidebewegung durchmischen, dabei die Körner nicht zerdrücken. Den Reis anschließend auf Zimmertemperatur abkühlen lassen.

Den Räucherlachs in Streifen schneiden. Den Frischkäse in kleine Würfel zerteilen (am besten funktioniert das, wenn Sie Frischkäse am Vorabend einfrieren – die kleinen Würfel tauen schnell auf und sind zur Mittagszeit verzehrbereit).

Die Gurke in sehr dünne Scheiben schneiden und mit etwas Salz bestreuen. Das Salz in die Scheiben einmassieren, dann die Gurke kräftig mit den Händen zusammendrücken, um überschüssige Feuchtigkeit herauszupressen. Die Brunnenkresse und die Shiso-Blätter grob hacken.

Den Boden einer Bento-Box mit dem Reis füllen. Das Reisbett mit Brunnenkresse, Gurke, Shiso-Blättern und Räucherlachs bedecken. Die Frischkäse-Würfel und den Lachskaviar darüber verteilen. Vor dem Essen alles durchmischen.

Thunfischsalat-Chirashizushi

1 PORTION

Thunfisch und Mayo mit Sushi-Reis? Glauben Sie mir, das schmeckt!

½ kleine rote Zwiebel
2 Blätter Römersalat
75 g Thunfisch aus der Dose, in Wasser
1–2 EL Mayonnaise
1 Prise Salz und schwarzer Pfeffer
1 hart gekochtes Ei (Grundrezept siehe Seite 49)
1 Portion Sushi-Reis (siehe vorheriges Rezept)
4–5 kleine Kirschtomaten
1 EL gehackter frischer Schnittlauch

Die Zwiebel sehr fein schneiden. Den Salat grob zerkleinern oder mit den Händen zerpflücken.

Den Thunfisch gründlich abtropfen lassen und mit Mayonnaise, Salz und Pfeffer mischen. Das Ei in Viertel oder Achtel schneiden.

Den Boden einer Bento-Box mit dem Reis füllen. Das Reisbett mit Salat und Zwiebel krönen. Den Thunfisch in die Mitte geben und die Eierviertel bzw. -achtel sowie die Kirschtomaten um den Fisch herum arrangieren. Mit Schnittlauch bestreuen.

Schinken-Avocado-Grapefruit-Chirashizushi

1 PORTION

Die Kombination klingt vielleicht ein bisschen seltsam, aber die Geschmackskomponenten harmonieren gut miteinander. Wenn Sie Mayonnaise in einer Spritzflasche zur Hand haben, können Sie alles mit schönen Mustern verzieren.

45 g geräucherter Schinken
¼ reife Avocado
etwas Zitronensaft
1 Radieschen
1 Grapefruit-Filet
ein paar frische Petersilienblätter
1 Portion Sushi-Reis (Rezept siehe Seite 113)
1 EL Mayonnaise

Den Schinken in feine Stückchen zerteilen. Das Fruchtfleisch der Avocado zerkleinern und mit so viel Zitronensaft beträufeln, dass sich die Stücke nicht verfärben. Das Radieschen in sehr dünne Scheiben schneiden. Das Grapefruit-Filet zerteilen. Die Petersilienblätter hacken.

Den Boden einer Bento-Box mit dem Reis füllen. Das Reisbett mit Avocado, Radieschenscheiben und Schinken bedecken. Alles mit Mayonnaise beträufeln und mit Petersilie bestreuen. Die Grapefruitstückchen in ein kleines Silikon-Förmchen oder ein Stück Frischhaltefolie verpacken und erst kurz vor dem Essen unter das Bento mischen. Auch die Mayonnaise lässt sich gut in einer kleinen Flasche oder einem Schraubglas mitnehmen und erst beim Anrichten zufügen.

Räucherlachs-Oshizushi mit Gurken-Pickles

1–2 PORTIONEN

Oshizushi bedeutet »zusammengepresster Sushi-Reis«. Durch das Zusammenpressen wird der Reis sehr kompakt, daher brauchen Sie für dieses Rezept 1 ½ Portionen Reis. Erscheint Ihnen das zu viel, nehmen Sie eine Einzelportion Reis (200 g) und packen ihn in einen kleinen rechteckigen Behälter, der in Ihre normale Bento-Box passt. Die leeren Bereiche füllen Sie mit anderen Zutaten. Alternativ können Sie natürlich auch eine kleinere Bento-Box für ein schnelles, leckeres Mittagessen nehmen. Wählen Sie eingelegte Gurken, die ein bisschen süß und nicht zu sehr nach Knoblauch schmecken.

1 mittelgroßes Ei
1 Prise Salz
½ oder 1 kleine eingelegte Gurke
½ rote Zwiebel
1 frisches Shiso-Blatt oder 2–3 Petersilienblätter
1 ½ Portionen Sushi-Reis (Rezept siehe Seite 113)
60 g Räucherlachs in Scheiben
1 dünne Scheibe Bio-Zitrone

Das Ei in einer Schüssel mit dem Salz verschlagen und in einer beschichteten Pfanne stocken lassen (Sie können auch eine normale Pfanne und ein wenig Öl oder Kochspray nehmen). Das Omelett beiseitestellen und abkühlen lassen.

Die eingelegte Gurke in dünne Scheiben schneiden. Die Zwiebel sehr dünn schneiden. Das Shiso-Blatt bzw. die Petersilie fein hacken.

Eine kleine Bento-Box (kleiner als diejenige, in der Sie das Gericht später transportieren) oder einen anderen rechteckigen Behälter mit einem Stück Frischhaltefolie auskleiden, das so groß ist, dass es an den Rändern überhängt. Die Hälfte des Reises einfüllen und mit der Rückseite eines befeuchteten Löffels gut zusammendrücken (im Bereich der Ecken dafür den Löffelstiel verwenden). Das Rührei gleichmäßig auf dem Reis verteilen und die zweite Hälfte vom Reis daraufgeben. Wiederum gut zusammenpressen. Die Gurkenscheiben und die Zwiebel obenauf legen, dann das Gericht mit dem Lachs krönen. Nochmals alles zusammenpressen, dann mit der Zitronenscheibe und dem Shiso-Blatt bzw. der Petersilie garnieren.

Den garnierten Reis vorsichtig aus dem Behälter heben und in mundgerechte Happen schneiden. Dann in die Bento-Box einfüllen.

Cheesesteak-Donburi

1 PORTION

Ich liebe das bekannte Philadelphia-Cheesesteak-Sandwich, aber ein dickes Brötchen durchweicht leider ziemlich schnell, wenn man es in eine Bento-Box packt. Die Füllung passt aber auch wunderbar auf Reis oder ein anderes Getreide. Ich bin hier mit dem Käse zurückhaltend umgegangen – nehmen Sie einfach mehr, wenn Ihnen danach ist.

1 Knoblauchzehe
1 kleine Zwiebel
½ mittelgroße rote oder gelbe Gemüsepaprika
2–3 Pilze
60 g Roastbeef-Scheiben (Grundrezept siehe Seite 44)
Salz und schwarzer Pfeffer
30 g Provolone-Käse
1 EL Olivenöl
200 g gekochter Reis oder anderes Getreide (Grundrezept Reis siehe Seite 116) oder gekochte Pasta
Ketchup oder Tomatensauce, optional

Den Knoblauch sehr fein hacken. Zwiebel, Gemüsepaprika und Pilze dünn schneiden. Das Roastbeef in mundgerechte Stücke zerteilen. Mit ein wenig Salz und Pfeffer würzen. Den Käse raspeln.

Das Olivenöl in einer Pfanne auf mittlerer Stufe erhitzen. Knoblauch und Zwiebel hineingeben und so lange dünsten, bis die Zwiebel anfängt, weich zu werden. Nun die Gemüsepaprika zufügen und mitgaren, bis sie ziemlich weich ist. Die Pilze in die Pfanne geben und 2–3 Minuten braten, dann das Roastbeef zufügen. Wenn das Fleisch gebräunt ist, ein wenig Salz und Pfeffer sowie den Käse dazugeben. Die Pfanne vom Herd nehmen.

Den Reis in eine Bento-Box füllen und mit der Cheesesteak-Mischung bedecken. Wenn Sie möchten, etwas Ketchup oder Tomatensauce zufügen.

Bento-freundliches Hähnchen-Eier-Donburi

1 PORTION

Hierbei handelt es sich um eine Variante des klassischen *oyako-don*, was so viel wie »Eltern-Kind-Schüssel« bedeutet. Normalerweise greift man dafür zu nur halb durchgegarten Eiern, doch da diese in einem Bento problematisch sind, verwende ich komplett durchgegarte Eier, die mithilfe einer Mentsuyu-Sauce feucht gehalten werden. Sie bekommen Mentsuyu in japanischen Lebensmittelgeschäften, alternativ bietet sich meine hausgemachte Version an.

1 mittelgroße Zwiebel
60 g Hähnchenfleisch ohne Haut und Knochen
2 mittelgroße Eier
3 EL Mentsuyu (Rezept siehe Seite 120)
60 ml Wasser
ein paar Mitsuba-Blätter oder glatte Petersilienblätter
200–300 g gekochter Reis, weiß oder braun (Grundrezept Reis siehe Seite 116)

Die Zwiebel sehr dünn schneiden. Das Hähnchen in Würfel zerteilen. Die Eier in einer Schüssel verquirlen.

Mentsuyu und Wasser in einer Bratpfanne aufkochen lassen. Die Zwiebel hineingeben, alles erneut aufkochen lassen und dann die Hitze reduzieren, bis alles nur noch leicht köchelt. Wenn die Zwiebel weich ist, das gewürfelte Hähnchenfleisch zufügen. Köcheln lassen, bis das Fleisch durch und die Flüssigkeit etwa zur Hälfte reduziert ist.

Etwa $^{2}/_{3}$ der Eier-Mischung einrühren und die Pfanne mit einem Deckel verschließen. Die Hitze etwas erhöhen und alles 30 Sekunden braten lassen. Dann das restliche Ei zufügen und nochmals 20–30 Sekunden garen. Nun Mitsuba- oder Petersilienblätter zufügen.

Für dieses Gericht eine ziemlich tiefe Bento-Box mit dicht schließendem Deckel verwenden. Den Reis auf dem Boden der Box verteilen und mit der Hähnchen-Eier-Mischung bedecken. Vor dem Schließen des Deckels abkühlen lassen.

Frühstücksfleisch-Donburi mit Brokkoli

1 PORTION

Der Trick besteht bei diesem Rezept darin, das Frühstücksfleisch in einer Bratpfanne ohne Öl zu braten. So tritt ein Teil des enthaltenen Fettes aus und die Oberfläche wird sehr kross.

1 kleiner Brokkoli
100 g Frühstücksfleisch
2 TL Sojasauce
1 EL Apfelsaft
1 Prise Cayennepfeffer
½ TL Salz
200–300 g gekochter Reis, weiß oder braun (Grundrezept Reis siehe Seite 116)

Die Brokkoli-Röschen abschneiden und den Stängel für eine andere Verwendung beiseitelegen. Das Frühstücksfleisch würfeln.

Eine beschichtete Pfanne ohne Öl auf mittlerer Stufe erwärmen. Das Frühstücksfleisch hineingeben und unter häufigem Wenden braten, bis die Würfel auf allen Seiten goldbraun sind. Das Fleisch auf einer Seite zusammenschieben und mit einem zusammengeknüllten Küchenpapier das überschüssige Fett aus der Pfanne wischen. Die Hitze erhöhen und Sojasauce, Apfelsaft und Cayennepfeffer zufügen und mit dem Fleisch vermischen. Die Pfanne vom Herd nehmen, das Fleisch herausnehmen und abkühlen lassen.

Während das Fleisch abkühlt, so viel Wasser in einen Topf geben, dass der (später zugefügte) Brokkoli vollständig damit bedeckt ist. Das Wasser zum Kochen bringen, dann Brokkoli-Röschen und Salz zufügen. Brokkoli bissfest garen, durch ein Sieb abgießen und abkühlen lassen.

Den Reis in eine Bento-Box füllen. Brokkoli und Frühstücksfleisch auf dem Reis anrichten und alles abkühlen lassen, bevor der Deckel geschlossen wird.

Zucchini-Donburi mit würzig gebratenem Tofu

1 PORTION

Der hier verwendete gebratene Tofu wird als Atsu-age oder dicker gebratener Tofu bezeichnet – es handelt sich dabei um Tofu-Blöcke, die langsam gebraten wurden, bis sich die Oberfläche braun gefärbt hat. Er enthält weniger Wasser als normaler Tofu und ist damit ideal für Bentos geeignet, da keine Gefahr besteht, dass die anderen Zutaten durchweicht werden. Da es sich hier um ein veganes Bento handelt, habe ich braunen Reis genommen, weil er mehr Nährstoffe enthält.

100 g gebratener Tofu am Stück (Atsu-age)
1 Knoblauchzehe
1 kleine Zucchini
1 Frühlingszwiebel
1 EL Olivenöl
1 EL Sojasauce
1 EL Doubanjiang (koreanische rote Bohnen-Chili-Paste), in 1 EL Wasser gelöst
200 g gekochter brauner Reis (Grundrezept Reis siehe Seite 116)

Den gebratenen Tofu in Würfel schneiden. Die Knoblauchzehe fein hacken. Die Zucchini in Scheiben schneiden und die Frühlingszwiebel in 5 cm lange Stücke zerteilen.

Eine Bratpfanne auf mittlerer Stufe erhitzen – zum jetzigen Zeitpunkt noch kein Öl hineingeben. Die Tofu-Würfel in die Pfanne legen und unter mehrfachem Wenden braten, bis sie an den Rändern leicht angebrannt sind. Dann aus der Pfanne nehmen.

Nun Olivenöl und Knoblauch in dieselbe Pfanne geben. Die Zucchini zufügen und bissfest braten. Die Frühlingszwiebel zugeben und 2–3 Minuten mitgaren. Den Tofu wieder in die Pfanne geben und alles mit Sojasauce und Doubanjiang würzen.

Den Reis in eine Bento-Box füllen. Die Tofu-Zucchini-Mischung auf dem Reis verteilen und alles abkühlen lassen, bevor der Deckel geschlossen wird.

Reis und anderes Getreide richtig kochen

Gedämpfter Reis ist die Grundlage der meisten traditionellen japanischen Bentos. Obwohl ich persönlich auf Reis basierenden Bentos den Vorzug gebe, habe ich andere gegarte Getreide ausprobiert, die sich ebenfalls gut in Ihrer Lunch-Box machen. Im Folgenden zeige ich Ihnen, wie Sie perfekten Bento-Reis herstellen, und mache Sie mit einigen vielleicht weniger bekannten, aber gleichermaßen leckeren Alternativen wie Quinoa, Gerste und Bulgur bekannt.

Reis

Bei dem in Japan für Bentos verwendeten weißen Reis handelt es sich um eine mittelkörnige Japonica-Sorte. Anders als Langkornreis ist diese Sorte in gekochtem Zustand leicht klebrig und bleibt auch nach dem Auskühlen feucht. Sie sollten in Ihren Bentos und insbesondere in Sushi-Gerichten keinen Rundkornreis verwenden, es sei denn, das Rezept verlangt das ausdrücklich. Denn er ist sehr klebrig und bildet zähe Klumpen, was im Normalfall nicht gewollt ist. Auch Langkornreis eignet sich nicht für Bentos, da er zu stark austrocknet – es sei denn, Sie möchten ein Pilaw oder gebratenen Reis zubereiten. Bei diesen Gerichten wird der Reis durch das beim Kochen verwendete Öl feucht gehalten.

Japonica-Reis (mitunter auch als Sushi-Reis bezeichnet) ist in vielen Läden erhältlich. Bekommen Sie keinen, können Sie jederzeit auf italienischen Risotto-Reis (etwa Vialone oder Arborio) oder spanischen Paella-Reis (etwa Bomba) zurückgreifen.

Manche Menschen ersetzen weißen Reis gern durch braunen oder gekeimten Reis, da Letzterer mehr Nährstoffe enthält. Da brauner Reis länger gekocht werden muss, rate ich dazu, ihn im Voraus zuzubereiten und in Einzelportionen einzufrieren – so können Sie Ihr Bento morgens trotzdem rasch zusammenstellen.

Grundrezept Reis Abspülen und Einweichen

Sie brauchen dazu
Messbecher
große Schüssel
feinlöchriges Sieb

Um sicherzustellen, dass der Reis gleichmäßig gart und Konsistenz sowie Geschmack optimal sind, sollte er abgespült und anschließend eine Weile eingeweicht werden. Insbesondere wichtig ist dies bei Japonica-Sorten, die in gekochtem Zustand pralle, feuchte Körner haben sollten.

1. Messen Sie den Reis sorgfältig ab und orientieren Sie sich dabei an der Tabelle auf Seite 117. Geben Sie ihn in eine große Schüssel – nehmen Sie dafür nicht den Topf Ihres Reiskochers, damit er nicht durch die Reiskörner zerkratzt wird.
2. Fügen Sie ein wenig kaltes oder zimmerwarmes Wasser dazu. Bewegen Sie den Reis mit der Hand behutsam hin und her und gießen Sie sofort danach das milchige Wasser ab. Es ist wichtig, das Wasser unverzüglich abzugießen – lassen Sie den Reis nicht darin einweichen, sonst nimmt er womöglich unerwünschte Gerüche und Aromen aus dem trüben Wasser auf.
3. Schritt 2 ein paarmal wiederholen. Bei japanischen Sorten reicht es in der Regel aus, den Reis drei- oder viermal zu spülen, da das Korn fein poliert und dadurch die meiste Stärke bereits von der Oberfläche entfernt ist. Wenn Sie dagegen Vialone-Reis oder einen anderen mittelkörnigen Reis mit viel Stärke an der Oberfläche zubereiten, müssen Sie ihn eventuell ein wenig öfter spülen, bis das Wasser klar bleibt. Es muss nicht kristallklar sein, doch sollten Sie den Reis gut erkennen können. Brauner Reis benötigt nur einige wenige Spülgänge.
4. Den Reis zum Abtropfen in ein Sieb geben. Wenn Sie es nicht eilig haben, lassen Sie ihn dort 15–30 Minuten abtropfen.
5. Bestimmen Sie anhand der Tabelle auf Seite 117 die Wassermenge, die Sie für Ihre Reismenge benötigen – beachten Sie dies genau. Weichen Sie den Reis entsprechend der angegebenen Zeit im Wasser ein.

Reiszubereitung im Topf

Ein schwerer Topf aus Gusseisen oder mit Aluminiumkern ist alles, was Sie zum Reiskochen brauchen.

1. Nach den gerade beschriebenen Spülvorgängen den Reis mitsamt dem abgemessenen Wasser in einen Topf geben und alles zum Kochen bringen.
2. Sobald das Wasser sprudelnd aufkocht, die Hitze auf niedrigste Stufe reduzieren. Den Topf mit einem dicht schließenden Deckel abdecken.
3. Stellen Sie auf dem Timer die ausgewiesene Kochzeit ein – richten Sie sich dabei nach der Tabelle auf Seite 117. Nehmen Sie den Deckel erst ab, wenn die Kochzeit abgelaufen ist – nicht vorher in den Topf linsen!
4. Ist die Kochzeit vorüber, die Hitze wieder auf höchste Stufe erhöhen. Warten Sie auf ein knisterndes Geräusch aus dem Topf – das zeigt an, dass jegliches noch vorhandenes Wasser verdunstet ist. Nun den Herd ausschalten.
5. Lassen Sie den Deckel auf dem Topf, bis die in der Tabelle angegebene Ruhezeit vorbei ist. Der Reis gart hierbei in der Restwärme nach.
6. Den Deckel abheben und den Reis mit einem Reislöffel auflockern.

Reiskochtabelle

Die Tabelle unten liefert folgende Angaben:

- Reissorte
- Wassermenge pro Tasse (= 200 g) Reis. Nehmen Sie zum Abmessen immer dieselbe Tasse – es kommt hier auf das Verhältnis von Reis zu Wasser an! (Wenn Sie einen Reiskocher benutzen, nehmen Sie stets die kleine Messtasse, die mitgeliefert wird.)
- Zahl der Spülgänge
- minimale Einweichzeit
- Kochzeit (Topfmethode)
- Ruhezeit bzw. Zeit zum Nachgaren

Andere Methoden der Reiszubereitung

Diese alternativen Methoden, um Reis zu kochen, funktionieren gut – eine Ausnahme bildet hier jedoch der braune Reis, da er eine längere Kochzeit hat. Im Fall von gekeimtem braunem Reis klappt es jedoch auch.

In der Mikrowelle

Diese Methode spart Ihnen nicht wirklich Zeit, da Sie den Reis auch wie oben beschrieben spülen und einweichen müssen, um ein perfektes Ergebnis zu erzielen. Sie ist jedoch praktisch, wenn Sie nur eine kleine Menge Reis kochen möchten, wenn Sie keinen Herd, aber eine Mikrowelle zur Verfügung haben oder wenn es in Ihrer Küche zu warm ist, um auch noch eine Kochplatte anzuheizen.

Sie brauchen dazu
mikrowellengeeignete(n) Glasschüssel oder Glasbehälter
Deckel oder Frischhaltefolie

1. Folgen Sie den auf Seite 116 gegebenen Anweisungen für das Abspülen, Abgießen und Einweichen von Reis. Messen Sie die benötigte Menge an Wasser anhand der Tabelle unten sorgfältig ab und geben Sie sie zusammen mit dem Reis in eine Glasschüssel oder einen -behälter. Dann decken Sie das Gefäß mit mikrowellengeeigneter Frischhaltefolie oder einem Deckel ab. (Ein gut passender Teller funktioniert ebenfalls als Deckel.)
2. Den Reis auf hoher Stufe (500–700 Watt) 8–10 Minuten kochen, bis das Wasser brodelt.
3. Reis bei niedriger Einstellung (200 Watt) nochmals 10 Minuten in der Mikrowelle belassen.
4. Den Reis in der Restwärme 10–20 Minuten nachgaren lassen. Vorsicht beim Hochheben des Deckels, da es in der Schüssel sehr heiß ist!

In der Bratpfanne

Mit dieser Methode können Sie gut kleine Reismengen – bis zu etwa 2 Tassen (= 400 g) – kochen.

Sie brauchen dazu
beschichtete Bratpfanne, etwa 28–30 cm Durchmesser mit dicht schließendem Deckel

1. Folgen Sie den auf Seite 116 gegebenen Anweisungen für das Abspülen, Abgießen und Einweichen von Reis.
2. Messen Sie die benötigte Menge Wasser anhand der Tabelle unten sorgfältig ab. Geben Sie Wasser und Reis in die Bratpfanne und legen Sie einen Deckel auf.
3. Reis und Wasser auf hoher Stufe erhitzen, bis das Wasser sprudelnd kocht. Den Deckel abnehmen und umrühren, dabei den Reis vom Boden der Pfanne lösen und gleichmäßig verteilen.
4. Den Deckel wieder auflegen und die Hitze auf niedrigste Stufe reduzieren. Den Reis 5 Minuten kochen lassen – oder so lange, bis sich auf der Oberfläche kleine, gleichmäßige Dampflöcher gebildet haben.
5. Die Hitze nochmals für ein paar Sekunden erhöhen, damit überschüssiges Wasser aus der Pfanne verdunstet. Den Herd ausschalten und den Reis 10 Minuten nachgaren lassen.

Reiskochtabelle

Reissorte	Wassermenge pro Tasse Reis	Zahl der Spülgänge	Einweichzeit	Kochzeit (Topfmethode)	Ruhezeit
Weißer Japonica-Reis	1 1/8 Tassen (270 ml)	4–5	30 Minuten	12–13 Minuten	10–20 Minuten
Anderer mittelkörniger Reis (z. B. Vialone)	1 1/4 Tassen (300 ml)	6–8	30 Minuten	12–13 Minuten	10–20 Minuten
Mittelkörniger brauner Reis*	1 1/2–1 3/4 Tassen (360–420 ml)	2–3	4 Stunden+ oder über Nacht	50–60 Minuten	30 Minuten
Gekeimter Reis	1 1/8–1 1/4 Tassen (270–300 ml)	2–3	60 Minuten	15 Minuten	10–20 Minuten
Langkornreis (z. B. Basmati)*	1 3/4 Tassen (420 ml)	3–4	30 Minuten	15 Minuten	5–10 Minuten

* Ein wenig Salz ins Kochwasser geben

Dampfkochtopf für braunen Reis

Ein Dampfkochtopf verkürzt die Garzeit von braunem Reis, da der Druck dazu beiträgt, die Außenhülle aufzubrechen.

1. Folgen Sie den auf Seite 116 gegebenen Anweisungen für das Abspülen, Abgießen und Einweichen von Reis. Messen Sie die benötigte Menge an Wasser für braunen Reis anhand der Reiskochtabelle sorgfältig ab. Geben Sie Wasser, Reis und Salz in den Dampfkochtopf und schließen Sie den Deckel.
2. Warten Sie, bis sich der Druck im Topf aufgebaut hat. Dann die Hitze herunterregeln und den Reis 25 Minuten kochen lassen.
3. Den Herd ausschalten und warten, bis sich der Druck abgebaut hat. Jetzt ist der Reis verzehrfertig.

Reis und anderes Getreide für die Vorratshaltung einfrieren

Da es einige Zeit dauert, um Reis und anderes Getreide zu garen, bietet es sich an, eine größere Menge davon zuzubereiten und diese dann in Einzelportionen einzufrieren.

Um gekochten Reis bzw. anderes Getreide portioniert einzufrieren, legen Sie zunächst die Größe der Einzelportionen fest (ich nehme dafür Tassen zum Abmessen, die 240 ml entsprechen bzw. ½ Tasse 120 ml). Gekochten mittelkörnigen Reis (ganz gleich, ob weiß oder braun) wickelt man zum Einfrieren in Frischhaltefolie und legt die Päckchen anschließend in einen robusten Gefrierbeutel.

Anderes Getreide füllt man am besten in Bento- oder Cupcake-Förmchen (siehe Bento-Accessoires Seite 124) und ordnet diese in einem großen Behälter oder auf einem Tablett an. Die Förmchen werden anschließend mit Frischhaltefolie bedeckt – verwendet man einen Behälter, reicht es, den Deckel zu schließen – und in die Gefriertruhe gestellt. Sie können die gefrorenen Förmchen im Anschluss in Gefrierbeutel geben. Alternativ füllen Sie das gekochte Getreide in große Gefrierbeutel, ohne es zuvor in Portionen aufzuteilen. Verschließen Sie die Beutel und drücken Sie sie flach, sodass jeweils eine dünne Platte entsteht. Wenn diese durchgefroren ist, können Sie einfach die benötigte Menge davon abbrechen.

Um Reis aufzutauen, füllen Sie ihn in einen mikrowellengeeigneten Behälter, bedecken ihn locker mit Frischhaltefolie (nicht dicht verschließen, sondern eine kleine Öffnung lassen) und stellen ihn auf hoher Stufe in die Mikrowelle – für 200 g rechnet man 2 Minuten. Dann die Folie entfernen, den Reis auflockern und nochmals 1 Minute in die Mikrowelle stellen. Diese Anweisungen gelten auch für Gerste. Quinoa und Bulgur benötigen zum Auftauen nur 1 ½–2 Minuten in der Mikrowelle.

Gekochtes, eingefrorenes Getreide sollten Sie innerhalb eines Monats aufbrauchen.

Anderes Getreide

Quinoa

Bereiten Sie Quinoa genauso vor wie Reis, einschließlich des Spülens (auf das Einweichen können Sie verzichten), und kochen Sie das Getreide auch entsprechend. Das Verhältnis von Quinoa und Wasser beträgt 1 : 1, das heißt auf 1 Tasse Quinoa (= 170 g) kommt 1 Tasse Wasser (= 240 ml). Die Zubereitung erfolgt wie oben beschrieben im Topf, in der Mikrowelle oder in der Bratpfanne. Sie können sogar einen Reiskocher (wählen Sie die »normale« Einstellung) verwenden. Quinoa schmeckt gut zu Dry Curry (Rezept siehe Seite 29).

Gerste

Mit ihrem nussigen Geschmack und der bissfesten Konsistenz bietet sich Gerste als leckere Alternative zu Reis an. Meiner Meinung nach schmeckt sie am besten, wenn eine Menge zusätzlicher Geschmackskomponenten ins Spiel kommen, daher schätze ich Gerste besonders in Suppen, in Form von Pilaw (in der Brühe zusammen mit Gemüse gegart) oder als Pfannengericht.

Im Wesentlichen gibt es zwei Arten von Gerstenkörnern: Perlgraupen und Rollgerste. Perlgraupen entsprechen dem weißen Reis, das heißt sowohl die faserigen Spelzen als auch die Kleie wurden entfernt. Rollgerste ähnelt dagegen eher dem braunen Reis (Vollkorn- oder Naturreis).

Perlgraupen werden auf dieselbe Weise zubereitet wie weißer Reis – allerdings rechnet man 2 Tassen Wasser (= 480 ml) auf 1 Tasse Perlgraupen (= 200 g). Rollgerste kocht man wie braunen Reis, hier funktioniert die Zubereitung im Dampfkochtopf gut (nehmen Sie 2 ½ Tassen Wasser (= 600 ml) für 1 Tasse (= 200 g) Rollgerste).

Gerste ist ein guter Ersatz für Reis in allen Gerichten mit einer aromatischen Sauce, etwa beim Tofu im Sukiyaki-Stil mit Shiitake-Pilzen (Rezept siehe Seite 57) oder in den Donburi-Reis-Bentos auf den Seiten 114 und 115.

Bulgur

Bei Bulgur handelt es sich um Weizenvollkorn, das aufgebrochen und vorgekocht ist. Es schmeckt gut in Bentos, Pilaws, Pfannengerichten oder mit Saucen-Gerichten wie Currys. Bereiten Sie Bulgur wie weißen Reis zu und nehmen Sie 2 Tassen Wasser (= 480 ml) auf 1 Tasse Bulgur (= 180 g). Auf den Schritt des Einweichens können Sie verzichten. Wenn Sie einen Reiskocher verwenden, wählen Sie einfach die »normale« Einstellung.

Bulgur ist ein guter Ersatz für Reis in allen Soboro-Bentos (Rezepte siehe Seiten 30 und 31), beim Tofu im Sukiyaki-Stil mit Shiitake-Pilzen (Rezept siehe Seite 57) oder in den Donburi-Reis-Bentos auf den Seiten 114 und 115. Ich rate allerdings definitiv davon ab, Sushi-Reisgerichte mit Bulgur zuzubereiten!

DASHI-BRÜHE RICHTIG ZUBEREITEN

Dashi bedeutet auf Japanisch so viel wie Brühe. Man stellt sie her, indem man den Umami-Geschmack aus Zutaten wie Konbu-Algen, getrocknetem oder fermentiertem Fisch oder Gemüse herauszieht und auf die Brühe überträgt. Dashi ist die Basis der meisten pikanten Gerichte in der japanischen Küche. Die Qualität Ihrer Dashi-Brühe ist ausschlaggebend für den Geschmack des gesamten Gerichts.

Es gibt verschiedene Arten, Dashi-Brühe herzustellen. Hier konzentriere ich mich auf zwei Methoden, die einfach sind, aber hervorragende Ergebnisse liefern. Beide Methoden kommen mit nur zwei Zutaten aus: getrockneten Konbu-Algen und Bonito-Flocken. Diese Flocken, in Japan *katsuobushi* genannt, sehen aus wie Sägespäne und werden gewöhnlich in vakuumverpackten Plastikbeuteln verkauft. Greifen Sie nicht zu den winzigen Bonito-Flocken-Beuteln, die auch im Handel erhältlich sind – sie dienen dazu, ein Gericht mit ein paar Flocken zu bestreuen, und keinesfalls zur Herstellung von Dashi-Brühe.

Dashi-Brühe lässt sich deutlich einfacher selbst herstellen als Hühner- oder Rinderbrühe – der Aufwand ist sehr viel geringer. Sie können sich das Leben auch erleichtern, indem Sie gekörnte oder pulverisierte Dashi-Brühe verwenden. Die Qualität dieser Instant-Dashi-Brühe wird immer besser, am besten testen Sie verschiedene Produktmarken, um herauszufinden, was Ihnen am besten schmeckt.

Grundrezept: Dashi-Brühe

ERGIBT 960 ML

Methode 1: Konventionelle Methode

Auf diese Weise wird Ichiban-Dashi hergestellt, sozusagen der erste Aufguss, der den meisten Geschmack hat und für Suppen und andere Gerichte genutzt wird, bei denen die Dashi-Brühe als primäre Umami-Quelle dient.

10 cm getrocknete Konbu-Algen
1 l kaltes Wasser
12 g Bonito-Flocken

Befreien Sie die Oberfläche der Konbu-Algen gründlich von Schmutz (wischen Sie dabei nicht zu viel von dem weißen Pulver ab, da dieses voller Umami-Geschmack steckt). Das kalte Wasser mit den Algen in einen Topf geben und diese mindestens 1 Stunde einweichen lassen.

Den Topf auf den Herd stellen, das Wasser zum Köcheln bringen und die Algen herausnehmen. Nun die Bonito-Flocken zufügen und den Herd ausschalten. Die Brühe ein paar Minuten ruhen lassen, bis die Bonito-Flocken auf den Topfboden sinken, dann durch ein feinmaschiges Sieb abseihen.

Methode 2: Kaltwassermethode

Dies ist ein ganz einfacher Weg, um Dashi herzustellen, allerdings hat die daraus resultierende Brühe deutlich weniger Geschmack als die konventionell hergestellte Variante. Ich intensiviere den Geschmack mithilfe von Bonito-Flocken.

1 l kaltes Wasser
10 cm getrocknete Konbu-Algen
18 g Bonito-Flocken

Alle Zutaten in ein Einmachglas oder eine Flasche mit dicht schließendem Deckel geben. Im Kühlschrank mehrere Stunden oder über Nacht durchziehen lassen. Vor Gebrauch abseihen.

ALTERNATIVEN ZU BONITO-FLOCKEN: *Bei der am häufigsten verwendeten Alternative handelt es sich um Niboshi, winzige getrocknete, eingesalzene Sardinen. Sie sind gut geeignet für die Herstellung von Dashi: nur ein paar davon in Wasser geben und einweichen lassen.*

Zweiter Dashi-Aufguss

Diese in Japan *niban-dashi* genannte Variante kommt in auf kleiner Flamme gekochten Gerichten wie Langsam geköchelter Kiriboshi-Daikon (Rezept siehe Seite 84) zum Einsatz. Um diese Brühe herzustellen, geben Sie die vom ersten Aufguss übrig gebliebenen Konbu-Algen und Bonito-Flocken in 960 ml Wasser und lassen alles ein paar Minuten ziehen. Sie können hierfür entweder die konventionelle Methode oder die Kaltwassermethode nutzen. Die Brühe anschließend abseihen und verwenden.

Reis-Gewürzmischung (Furikake)

Vom zweiten Aufguss übrig gebliebene Konbu-Algen und Bonito-Flocken lassen sich als Füllung für Onigiri-Reisbällchen verwenden. Oder folgen Sie diesem Rezept und verwandeln Sie sie in eine leckere und pikante Gewürzmischung, die Sie über Reis streuen können – Furikake. Wenn ich Dashi-Brühe koche, friere ich die dafür verwendeten Konbu-Algen und Bonito-Flocken anschließend immer ein, sodass ich jederzeit daraus Furikake machen kann.

1 Portion Konbu-Algen, fein gehackt (Reste von der Dashi-Herstellung)
1 Portion Bonito-Flocken (Reste von der Dashi-Herstellung)
6 g zusätzliche Bonito-Flocken
2 EL dunkle Sojasauce
2 EL Mirin oder 2 EL Sake mit 1 TL Zucker
3 EL weiße Sesamsamen, geröstet

Mit Ausnahme der Sesamsamen alle Zutaten in eine Bratpfanne geben und auf niedriger bis mittlerer Stufe erhitzen. Ständig umrühren, bis nahezu die gesamte Feuchtigkeit verkocht ist. Nun die Sesamsamen zufügen und alles unter Rühren weiterrösten, bis die Mischung ziemlich trocken ist. Hält sich im Kühlschrank bis zu 2 Wochen, in der Gefriertruhe bis zu 3 Monaten.

Konbu-Dashi

ERGIBT 960 ML DASHI-BRÜHE

Diese leichte Dashi-Brühe können Sie verwenden, wenn Sie einen subtilen Umami-Geschmack ins Essen bringen möchten, wie etwa im klassisch japanischen Tofu-Soboro (Rezept siehe Seite 59). Konbu-Dashi eignet sich auch für Veganer, da lediglich Wasser und Algen verarbeitet werden.

15 cm getrocknete Konbu-Algen
1 l kaltes Wasser

Befreien Sie die Oberflächen der Konbu-Algen gründlich von Schmutz (wischen Sie dabei nicht zu viel von dem weißen Pulver ab, da dieses voller Umami-Geschmack steckt). Das kalte Wasser mit den Algen in einen Topf geben und diese mindestens 1 Stunde einweichen lassen.

Den Topf auf den Herd stellen und das Wasser langsam zum Kochen bringen, dann die Hitze reduzieren und die Algen etwa 3 Minuten leicht köcheln lassen – nicht länger. (Hierdurch setzen die Konbu-Algen noch ein wenig mehr Umami frei. Auf keinen Fall länger kochen, sonst könnte die Brühe bitter werden.)

Die Algen herausnehmen und die Dashi-Brühe in allen Rezepten verwenden, die danach verlangen. Sie kann auch als Suppenbasis dienen.

ABWANDLUNG: *Zusammen mit den Konbu-Algen 2 getrocknete Shiitake-Pilze einweichen und köcheln lassen.*

ZUTATENTIPP: *Verwenden Sie die Konbu-Algen-Reste, die bei der Herstellung von Dashi im Rezept Langsam geköchelte Konbu-Algen (Rezept siehe Seite 88) angefallen sind.*

Gekörnte oder pulverisierte Instant-Dashi-Brühe richtig einsetzen

Gekörnte oder pulverisierte Instant-Dashi-Brühe funktioniert ähnlich wie Brühwürfel oder Brühe im Glas bzw. in der Dose. Im Lauf der Jahre hat sich die Qualität von Instant-Dashi-Brühe stark verbessert. Sie bekommen sogar gekörnte vegane Dashi-Brühe (aus Konbu-Algen) und natürlich die gängige Dashi-Brühe aus Konbu-Algen und Bonito-Flocken. Außerhalb von Japan ist Instant-Dashi-Brühe zudem preiswerter und leichter zu finden als die Zutaten, die für selbst gemachte Dashi-Brühe notwendig sind – obwohl hausgemachte Dashi-Brühe meiner Meinung nach sehr viel mehr Geschmack hat.

Im Allgemeinen rechnet man ½ TL gekörnte Dashi-Brühe auf 240 ml Wasser. Da der Instant-Dashi-Brühe eventuell Salz zugesetzt ist, sollten Sie immer zuerst abschmecken, bevor Sie mit Salz würzen oder andere salzhaltige Zutaten wie Miso oder Sojasauce zufügen.

Dashi aus getrockneten Shiitake-Pilzen

Streng genommen ist dies natürlich keine echte Dashi-Brühe, auf jeden Fall aber eine nützliche vegane Alternative. Verwenden Sie anstelle von Dashi-Brühe einfach das Einweichwasser, in dem Sie die getrockneten Shiitake-Pilze haben quellen lassen. Es steckt voller Umami, obwohl der Shiitake-Geschmack ziemlich hervorsticht – daran müssen Sie denken.

Dashi-Brühe im Vorrat

Dashi-Brühe hält sich im Kühlschrank 2–3 Tage. Sie können die Brühe auch in Eiswürfelbehältern einfrieren und die gefrorenen Würfel in einem verschließbaren Gefrierbeutel aufheben. Für Ihr Rezept nehmen Sie dann so viele wie nötig heraus. (Die Würfel in einem normalen, bis zum Rand gefüllten Eiswürfelbehälter entsprechen jeweils etwa 2 Esslöffeln Flüssigkeit.)

Mentsuyu

ERGIBT 480 ML

Hierunter versteht man ein Gewürzkonzentrat auf der Basis von Sojasauce, das voller Umami steckt. Ursprünglich war es dazu bestimmt, mit Wasser verdünnt und als Sauce zum Dippen oder als Suppe gereicht zu werden. Heutzutage nutzt man Mentsuyu auch als Gewürzzutat. Möchten Sie einen Dip für kalte Nudeln wie etwa Somen und Udon herstellen, verdünnen Sie die Würzsauce einfach im Verhältnis von 1 : 1 mit kaltem Wasser. Für die Herstellung von heißen Nudelsuppen mischen Sie 1 Teil Mentsuyu und 4–5 Teile heißes Wasser.

Mentsuyu bekommt man in japanischen Lebensmittelläden, doch ist es ganz einfach, die Würzsauce selbst zuzubereiten. Sie lässt sich in jedem Rezept verwenden, das nach Mirin, Sake und Sojasauce verlangt (siehe die Teriyaki-Hackfleischbällchen auf Seite 17) – und natürlich auch anstelle von purer Sojasauce.

Die im Folgenden angegebenen Mengen können Sie problemlos erhöhen oder reduzieren. Auf 1 Teil Sojasauce rechnet man 1 Teil Mirin und ½ Teil Sake – dazu kommen reichlich Konbu-Algen und Bonito-Flocken.

240 ml Sojasauce
240 ml Mirin
120 ml Sake
10 cm getrocknete Konbu-Algen
24 g Bonito-Flocken

Die flüssigen Zutaten in einer Kasserolle mischen und die Konbu-Algen zufügen. Ein paar Stunden oder über Nacht ziehen lassen.

Den Topf auf den Herd stellen, die Bonito-Flocken in die Flüssigkeit rühren und alles aufkochen lassen. Dann auf niedriger Stufe 5 Minuten köcheln lassen. Die Flüssigkeit abseihen und in einem Einmachglas oder einer Flasche im Kühlschrank aufheben. Die Sauce hält sich dort etwa 1 Monat lang.

ABWANDLUNG: *Für eine vegane Variante die Bonito-Flocken durch 5 getrocknete Shiitake-Pilze ersetzen. Die Pilze gemeinsam mit den Algen in der Flüssigkeit ziehen lassen.*

AUSSTATTUNG FÜR DIE BENTO-ZUBEREITUNG

Unverzichtbar

Sie müssen für die Bento-Zubereitung nicht jede Menge spezielles Zubehör kaufen, doch gibt es ein paar Gerätschaften, die ich in der Küche jeden Tag benutze.

Beschichtete Bratpfanne (26 cm Durchmesser) mit schrägem Rand

In meiner Küche fungiert diese Pfanne als eine Art Arbeitspferd, das ständig im Einsatz ist, und als wichtigstes Utensil für die Bento-Herstellung. Im Kapitel »Express-Bentos« habe ich fast ausschließlich diese Pfanne benutzt – nicht nur, um etwas darin scharf anzubraten oder zu sautieren, sondern auch zum Kochen und Dämpfen. Die Pfanne muss daher tief genug sein, um so viel Wasser oder eine andere Flüssigkeit zu fassen, dass man darin Lebensmittel dämpfen oder garen kann.

Beschichtete Bratpfanne (18 cm Durchmesser)

Ich nehme diese Pfanne, wenn ich ein oder zwei Stücke Hähnchenfleisch, Eier oder eine kleine Menge Gemüse zubereiten möchte. Sie ergänzt die oben erwähnte Pfanne mit 25,5 cm Durchmesser.

Kleine Kasserolle mit Stielgriff

Ich verwende ein Modell aus Edelstahl mit 20 cm Durchmesser und einer Tiefe von 15 cm. Darin koche ich Nudeln, Gemüse und vieles mehr. Am Stielgriff kann man die Kasserolle gut mit einer Hand fassen, um Kochwasser abzugießen.

Siebe in verschiedenen Größen und Maschenweiten

Ich besitze mehrere Siebe aus Metall mit nur einem Griff, mit deren Hilfe ich rasch gekochtes Gemüse und Ähnliches abgießen kann. Außerdem habe ich eine große Salatschleuder, und ich wasche das Blattgemüse immer sofort nach dem Einkaufen und hebe es dann im Kühlschrank auf.

Vorratsbehälter und Gefrierbeutel

Siehe »Verstauen Sie Ihre Vorräte akkurat« (Seite 13).

Nützliche Dinge

Die hier genannten Gerätschaften sind nicht unbedingt notwendig, für die Bento-Zubereitung jedoch äußerst hilfreich.

Reiskocher

Ein Reiskocher ist genial: Man schaltet ihn einfach an – und der Reis wird ganz von allein gar. Er macht die Zubereitung von Reis und vielen anderen Getreiden zum Kinderspiel. Während der Reis kocht, können Sie Ihre gesamte Aufmerksamkeit auf die restlichen Zutaten richten. Ihr Reiskocher braucht keine ausgefallenen Spezialfunktionen (ich nutze bei meinem nicht einmal die Warmhaltefunktion, obwohl dies heutzutage zur Standardausstattung vieler Reiskocher gehört), doch mache ich ziemlich häufig Gebrauch von dem eingebauten Timer. Ich spüle meinen Reis bereits am Vorabend und stelle den Timer so ein, dass der Reis am nächsten Morgen fertig gekocht ist.

Dampfkochtopf

Ein Dampfkochtopf macht Sinn, wenn Sie häufig getrocknete Bohnen und Vollkornreis bzw. -getreide auf den Tisch bringen. Sie können auch nur einen Dampfkochtopf anschaffen und auf einen Reiskocher verzichten, da sie darin auch Reis kochen können. Wenn Sie beides besitzen, haben Sie jedoch mehr Optionen. Im Dampfkochtopf können Sie auch Brühe zubereiten und zähe Fleischstücke garen. Moderne, für den Herd geeignete Dampfkochtöpfe gelten als sehr sicher, dennoch sollten Sie zuerst die Gebrauchsanweisung gründlich studieren. Elektrische Modelle sind heutzutage sehr beliebt und ebenfalls eine gute Wahl.

Mikrowelle

Eine Mikrowelle kann viel mehr, als nur gefrorenes Fleisch aufzutauen oder Reste aufzuwärmen. Ich koche darin auch kleine Mengen Reis oder anderes Getreide und dämpfe Gemüse.

Rechteckige oder quadratische Tamagoyaki-Pfanne

Das gerollte Tamagoyaki ist eine Standardzutat traditioneller japanischer Bentos. Sie können ein solches Omelett natürlich auch in einer ganz normalen runden Pfanne zubereiten, doch in einer kleinen quadratischen oder rechteckigen Pfanne bekommt es wie erwünscht gerade Ränder. Wenn Sie gern Tamagoyaki essen, sollten Sie auf diese Spezialpfanne nicht verzichten. Sie ist zudem auch praktisch als zusätzliche Pfanne, um schnell ein paar Würstchen oder eine kleine Portion Gemüse zu braten. Achten Sie beim Kauf darauf, dass die Pfanne zu Ihrem Herd passt – wenn Sie beispielsweise einen Induktionsherd haben, dürfen Sie kein Modell aus Aluminium wählen. Es lohnt sich, in eine Tamagoyaki-Pfanne guter Qualität zu investieren, die schwer ist und gut auf Ihrem Herd steht.

Lange Kochstäbchen

Ich habe eine ganze Palette von Gerätschaften, mit denen ich beim Kochen umrühren oder das Kochgut wenden bzw. herausnehmen kann. Am häufigsten in Verwendung sind aber die langen Kochstäbchen aus Holz oder Bambus, die in Japan *saibashi* genannt werden. Damit lassen sich Eier verquirlen, Zutaten mischen, das Kochgut in der Pfanne wenden, die Speisen in einer Bento-Box anrichten und vieles mehr. Wenn Sie Übung darin haben, Essstäbchen zu benutzen, rate ich Ihnen wirklich dazu, diese langen Kochstäbchen auszuprobieren.

BENTO-BOXEN UND IHRE AUSWAHL

Die richtige Größe finden
Die Kalorienmenge, die ein dicht gepacktes Bento mit Reis, Eiweiß, Gemüse etc. enthält, entspricht ungefähr der Anzahl der Milliliter, die die Bento-Box fasst. Im Durchschnitt benötigt eine erwachsene Frau 600–700 Kalorien zum Mittagessen, daher ist eine Bento-Box mit einer Kapazität von 600–700 ml ideal. Für einen durchschnittlichen männlichen Erwachsenen empfiehlt sich eine Box mit 800–900 ml Fassungsvermögen, während jemand mit einer körperlich anstrengenden Arbeit oder herzhaftem Appetit mit einer 1000–1200 ml fassenden Box gut beraten ist. Für kleine Kinder stehen kleinere Boxen zur Verfügung, vor Aktivität strotzende Teenager benötigen dagegen vermutlich eine ziemlich große Lunch-Box.

Die Kapazität einer Bento-Box bestimmen
Um herauszufinden, welche Kapazität eine Bento-Box hat, füllen Sie sie bis zum Rand mit Wasser und gießen dieses dann in einen Messbecher. Am besten eignet sich ein Messbecher mit metrischer Einteilung, da die Kapazität japanischer Bento-Boxen in Millilitern (ml) angegeben wird.

Arten von Bento-Boxen

Flache, einstöckige Bento-Box
Dieser Boxentyp lässt sich am einfachsten befüllen und ist in vielen verschiedenen Größen erhältlich. Der Klassiker ist eine rechteckige Box mit einem Fassungsvermögen von etwa 800 ml – ideal für Menschen mit gutem Appetit. Zu vielen einstöckigen Boxen gehören Food-Divider (Abtrennungen) und Bento-Förmchen. Wenn Sie eine flache Box transportieren möchten, stellen Sie sie ganz unten in Ihre Tasche, damit sie nicht darin herumrutscht.

Schmale, mehrstöckige Bento-Box
Eine stapelbare Box mit zwei oder drei Etagen, wie Sie sie oben rechts sehen, ist geeignet, wenn Sie bestimmte Bestandteile Ihres Bentos voneinander getrennt halten möchten – beispielsweise weißen Reis von Fleischbällchen mit Sauce. Oder Obst bzw. Salat von gebratenem Hähnchen. Da schmale mehrstöckige Bento-Boxen in der Breite nicht viel Platz benötigen, können sie gut in einem Rucksack oder einer Aktentasche mitgenommen werden. Achten Sie beim Kauf darauf, dass die Stapel-Box dicht schließende Deckel hat.

Zum Stapeln geeignete bzw. einzeln verwendbare Bento-Boxen
Die Behälter einiger Bento-Box-Systeme können sowohl gestapelt als auch einzeln verwendet werden (siehe unten). Die einzelnen Boxen besitzen dicht schließende Deckel, und das häufig mitgelieferte elastische Bento-Band kann (längs angebracht) entweder eine Einzelbox sichern oder (quer verspannt) eine zweistöckige Box.

Salatboxen
Wenn ich Lust auf einen großen, locker verpackten Salat zum Mittagessen habe, brauche ich einen geräumigen Behälter. Eine große Vorratsbox aus Kunststoff funktioniert hier gut, obwohl es natürlich auch spezielle Salatboxen gibt. Soll der Salat möglichst platzsparend verpackt werden, greife ich zu einer größeren, stapelbaren, zweistöckigen Bento-Box und befülle die beiden Abteilungen mit den verschiedenen Salatbestandteilen. Das hier abgebildete Modell punktet mit Deckeln, in die sich ein Eisbeutel integrieren lässt – ideal, um Ihren Salat frisch und kühl zu halten.

Kleine Beilagenboxen

Ich liebe diese kleinen Boxen, die sich ineinander gestapelt aufbewahren lassen: In die größte kommt das Bento-Hauptgericht, in die kleineren ein Beilagensalat, Obst, ein Snack und alles andere, was man vom Bento getrennt mitnehmen möchte.

Thermo-Behälter

Derartige Behälter haben auslaufsichere Deckel und halten das Essen über mehrere Stunden warm oder auch kalt. Sie sind perfekt, wenn Sie zum Mittagessen heiße hausgemachte Suppen und Eintöpfe schätzen, aber an Ihrem Arbeitsplatz keinen Zugang zu einer Mikrowelle haben.

Ursprünglich waren Thermo-Behälter relativ groß, da sie für Menschen mit körperlich anstrengenden Jobs vorgesehen waren. Heutzutage gibt es sie in vielen verschiedenen Größen – auch so klein, dass man darin zusätzlich zur Bento-Box eine kleine Portion Suppe mitnehmen kann.

Mehrteilige Thermo-Bento-Box-Sets

Hierzu gehören in der Regel ein dicht verschließbarer Behälter für Suppe, einer für Reis und eine oder mehrere Beilagenboxen. Diese Sets sind gewöhnlich ziemlich groß und daher gut für Menschen mit einem herzhaften Appetit geeignet.

Materialien für Bento-Boxen

Plastik

Plastik-Boxen sind leicht, nicht teuer und zerbrechen nicht, wenn sie herunterfallen. Lesen Sie die Gebrauchsanweisung (oder die Beschreibung auf der Webseite, wenn die Anweisungen auf Japanisch sind), um sicherzugehen, dass die Box für Geschirrspüler und Mikrowelle geeignet ist. Viele japanische Bento-Boxen erfüllen heutzutage diese Kriterien, mit Ausnahme des Deckels, der wegen der Lackverzierungen oftmals von Hand gespült werden muss. Bento-Boxen namhafter Hersteller sind frei von Bisphenol A (BPA).

BENTO-BOX-TIPP: *Benutzen Sie Einweg-Bento-Boxen aus Kunststoff, die Sie vom Imbiss mitgenommen haben, nicht mehrfach. Genau wie Einweg-Wasserflaschen aus Plastik sind sie hierfür nicht geeignet und bekommen schnell kleine Kratzer und Löcher.*

Edelstahl

Edelstahl ist umweltfreundlicher als Kunststoff und für den Geschirrspüler geeignet, jedoch nicht für die Mikrowelle. Investieren Sie ruhig in eine Edelstahlbox guter Qualität, da die billigen dünnwandig sind und leicht Dellen bekommen. Modelle mit einer Silikondichtung rings um den Deckelrand sind auslaufsicher.

Bento-Boxen aus Aluminium stellen eine leichtere Alternative zu Edelstahl dar. Moderne Aluminium-Boxen sind mit einem schützenden Überzug ausgestattet. Wenn Sie noch ein Retro-Modell aus früheren Tagen ergattert haben, achten Sie darauf, keine stark säurehaltigen Speisen einzufüllen, da das Metall hierdurch korrodieren könnte.

Glas und Emaille

Möchten Sie den Einsatz von Plastik möglichst vermeiden, sind Glas und Emaille eine gute Alternative. Bento-Boxen aus Glas sind selten, doch lässt sich ein feuerfestes Glasgefäß gut als Bento-Box umfunktionieren und eignet sich sowohl für die Gefriertruhe als auch für Mikrowelle und Geschirrspüler.

Bento-Boxen aus Emaille sind in Japan erhältlich, haben es aber derzeit (während ich dieses Buch schreibe) noch nicht in die westlichen Länder geschafft. Emaille eignet sich für Geschirrspüler und Backofen, jedoch nicht für die Mikrowelle. Das Material ist langlebiger als Glas und leicht zu säubern.

Holz

Modelle aus Holz eignen sich weder für den Geschirrspüler noch für die Mikrowelle, müssen von Hand gespült und sorgfältig getrocknet werden, zudem sind sie nicht auslaufsicher. Dazu kommt, dass eine qualitativ hochwertige Bento-Box aus Holz teuer ist. Dennoch liebe ich es, meine hölzernen Bento-Boxen von Zeit zu Zeit einzusetzen, insbesondere für traditionelle Bentos auf der Basis von Reis. In einer Bento-Box aus Holz können die Speisen nämlich »atmen«: Überschüssige Feuchtigkeit wird aufgenommen, wodurch die Gerichte superfrisch bleiben, insbesondere der Reis. In jüngster Zeit findet man auch Plastik-Bento-Boxen mit einem hölzernen Exterieur, was die Ästhetik von Holz mit den praktischen Eigenschaften von Plastik vereint.

BENTO-ACCESSORIES

Utensilien
Traditionelle japanische Bentos werden mit Essstäbchen gegessen. Einige Bento-Boxen werden zusammen mit Stäbchen verkauft, ein paar verfügen sogar über in den Deckel integrierte Stäbchen-Halterungen. Natürlich können Sie die Stäbchen auch separat kaufen. Die meisten für Bentos bestimmten Essstäbchen sind ziemlich kurz – etwa 20 cm lang – und bereits in einer praktischen Transportbox verpackt. Essstäbchen gibt es in vielen lustigen Designs und Farben.

Der Handel bietet auch Löffel, Gabeln und Messer an, die Sie ganz einfach zusammen mit Ihrem Bento mitnehmen können. Wenn Sie in den Bento-Läden nichts finden, was Ihnen gefällt, versuchen Sie es im Outdoor- oder Campingbereich oder in Geschäften für Babybedarf. Sie können natürlich auch ganz normales Besteck in eine saubere Serviette wickeln und mitnehmen.

Behälter für Getränke
Wenn Sie schon Ihr Mittagessen von zu Hause mitbringen, warum nicht auch Ihre Getränke? Es gibt im Handel jede Menge wiederverwendbare Getränkebehälter, sowohl in der normalen als auch in der Thermo-Variante. Halten Sie im Outdoor- und Campingbedarf sowie in Bento-Läden danach Ausschau.

PACKTIPP: *Füllen Sie eine robuste Mehrweg-Plastikflasche mit Ihrem Lieblingsgetränk und stellen Sie sie in die Gefriertruhe. An heißen Tagen wickeln Sie diese Flasche in ein Handtuch und kühlen damit Ihr Bento – das erspart Ihnen den Eisbeutel. Zur Mittagszeit ist das Getränk aufgetaut und trinkfertig, aber immer noch eiskalt.*

Food-Divider und Bento-Förmchen
In Bento-Förmchen aus Silikon lassen sich bereits im Vorfeld zubereitete Speisen gut aufheben, außerdem kann man diese Förmchen perfekt in eine Bento-Box integrieren. Starre oder flexible Abtrennungen helfen ebenfalls beim Befüllen der Bento-Box. Flexible, dekorative Food-Divider werden *baran* genannt, hierzu zählen auch die blattartigen Modelle, die man in Sushi-Behältern aus dem Schnellimbiss findet.

Bento-Spieße
Sie halten nicht nur verschiedene Bestandteile eines Gerichts zusammen, sondern bringen auch Farbe in Ihre Bento-Box. Niedliche Cocktail- oder Party-Spieße funktionieren hier ebenfalls gut und sind in der Regel länger als Bento-Spieße. Cocktail-Spieße aus Holz eignen sich gleichermaßen.

Keine gute Idee ist es, derartige Spieße in Bentos für kleine Kinder oder unaufmerksame Esser zu verwenden, da man daran ersticken kann. Nehmen Sie stattdessen essbare Pasta-Sticks (siehe Seite 64).

Flaschen und Saucenbehälter mit Deckel
Flaschen sind nützlich, wenn Sie eine sehr flüssige Sauce transportieren wollen oder Bentos für mehrere Personen zubereiten, die alle unterschiedliche Mengen an Sauce zu ihrem Bento essen möchten. Für dickflüssigere Saucen wie Mayonnaise sind Behälter mit einer breiteren Öffnung (und dem entsprechendem Deckel) die bessere Wahl, auch lassen sie sich besser reinigen als Flaschen. Alternativ können Sie zu Mayonnaise oder Ketchup in kleinen Einwegverpackungen greifen.

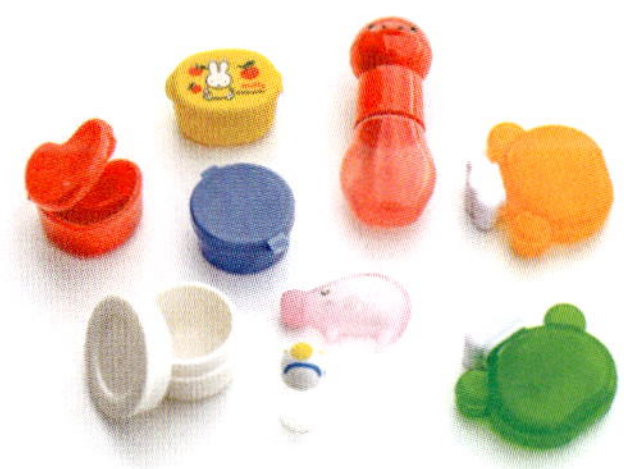

Eisbeutel/Kühlakkus
Wenn es draußen heiß ist, verpacken Sie Ihre Bento-Box zusammen mit einem Eisbeutel oder Kühlakku, damit das Essen nicht verdirbt. Auch bei kälterer Witterung schmecken einige Lebensmittel, etwa Salate, gekühlt besser. Möchten Sie Ihr Mittagessen längere Zeit kühl halten, stecken Sie die Bento-Box zusammen mit einem Eisbeutel oder Kühlakku in eine Isoliertasche. Praktisch sind Bento-Boxen, die in den Deckel oder die Box integrierte Eisbeutel besitzen.

Taschen und Verpackungen
Wenn Sie Ihre Bento-Box in einer kleinen Stofftasche transportieren oder sie in ein Tuch (entweder in das traditionelle japanische Futoshiki-Tuch oder eine einfache Stoffserviette) wickeln, bietet dies einen zusätzlichen Schutz vor dem Auslaufen. Im Handel gibt es auch spezielle isolierte Bento-Taschen. Ein um die Bento-Box gewickeltes Tuch kann zudem als kleines Platzdeckchen oder Picknickdeckchen dienen.

Register

Danksagung

Dieses Buch wäre ohne die Unterstützung und Ermutigung durch meinen Ehemann Max Wyss nicht zustande gekommen. Er war technischer Berater in Sachen Fotografie, inoffizieller Redakteur und Feedback-Geber – und wusch riesige Mengen an Geschirr ab.

Meine Mutter Michiko Ebina war meine ständige Wegbegleiterin und Mentorin: Sie half mir beim Hacken und Umrühren, grub alte Familienrezepte aus und gab mir auch aus der Ferne gelegentlich einen Tritt in den Hintern, damit ich weitermachte.

Meine Lektorin Cathy Layne ging mit mir durch dick und dünn, trotz aller Verzögerungen und Stimmungsschwankungen von mir, und goss meine Worte in Form. Ich danke auch Tomoe Tsutsumi für ihre gestalterische Arbeit und ebenfalls Laura Shatzkin, Tomoe Sumi und allen anderen bei Kodansha USA für ihre Geduld und Unterstützung.

Ein Dankeschön geht auch an Thomas Bertrand von Bento&co (en.bentoandco.com), der uns wieder einmal für die Fotos in diesem Buch viele wunderschöne Bento-Boxen und Bento-Accessoires zur Verfügung gestellt hat.

Zu guter Letzt gilt meine Liebe und Dankbarkeit den vielen über die ganze Welt verteilten Lesern meines ersten Kochbuchs *Bento für jeden Tag* und anderer Veröffentlichungen sowie den Besuchern meiner Webseiten – merci für euren konstanten Beistand, eure Vorschläge und euren Enthusiasmus über viele Jahre hinweg. Es ist euer Verdienst, dass dieses Buch letztendlich verwirklicht werden konnte.

Makiko Itoh

Über die Autorin

Makiko Itoh wurde in Tokio, Japan, geboren. Sie wuchs in Japan, England und den USA auf und durchlief dort auch Schule und Ausbildung. Obwohl sie viele Jahre lang in Ländern lebte, in denen japanische Lebensmittel und Zutaten nur schwer zu bekommen waren, kehrte sie stets zu ihren kulinarischen Wurzeln zurück. 2003 hob sie die Website JustHungry.com aus der Taufe – das Ziel war, Menschen, die ähnliche Probleme beim Ergattern wichtiger Zutaten hatten, die Besonderheiten der japanischen Hausmannskost nahezubringen. 2007 brachte sie eine begleitende, dem Bento-Box-Lunch gewidmete Website – JustBento.com – an den Start. Ihr erstes Buch, *Bento für jeden Tag: Kreative gesunde Mahlzeiten zum Vorbereiten und Mitnehmen* ist ein internationaler Bestseller. Für *The Japan Times* schreibt sie eine monatliche Kolumne über die Geschichte der Lebensmittel in Japan (natürlich mit Rezepten). Zurzeit pendelt sie zwischen der französischen Provence und Yokohama in Japan. Wenn Sie Neues erfahren wollen, besuchen Sie ihre Facebookseite:
facebook.com/justbento.justhungry/